Marion Landwehr

KORSIKA
MIT DEM WOHNMOBIL

Die schönsten Entdeckertouren

BRUCKMANN

Die unendliche Weite der Insel vom Wohnmobil aus betrachtet.

INHALT

» INSEL DER SCHÖNHEIT

Der Hafen von Bastia heißt die Urlauber willkommen.

Paradies für Reisemobilisten!

Betrachtet man Korsikas Straßennetz, ist die gebirgige Mittelmeerinsel nicht unbedingt das, was man unter einem klassischen Ziel für Wohnmobilreisen verstehen würde. Doch davon abgesehen ist Korsika ein Paradies für Reisemobilisten. Denn: Die Insel ist viel zu schön und zu vielseitig, um nur an einem oder zwei Standorten den ganzen Urlaub zu verbringen. Deshalb ist ein Wohnmobil das ideale Gefährt, um so viele Ecken und Winkel der Insel wie möglich kennenzulernen, was dank der flächendeckenden Dichte an Campingplätzen auch problemlos möglich ist.

FREIHEITSLIEBENDE KORSEN

Bevor wir uns der »Insel der Schönheit«, wie Korsika genannt wird, widmen, sei ein kurzer Exkurs über ihre Bewohner erlaubt, um einiges auf dem französischen Eiland besser verstehen zu können. Die Korsen gelten als stolz, freiheitsliebend, mitunter als verschlossen und unnahbar und auch als ein wenig renitent. Ein gutes Maß an mediterraner Gelassenheit ist den Insulanern ebenfalls zu eigen.

Den Korsen an sich gibt es dabei erklärtermaßen nicht, vielmehr waren Korsikas Bewohner stets den Einflüssen verschiedener Völker und Eroberer ausgesetzt. Formell sind die Insulaner heute Franzosen, denn Korsika ist politisch gesehen eine Gebietskörperschaft Frankreichs mit Sonderstatus; das heißt, das korsische Volk ist Teil des französischen Volkes – zumindest ist das auf dem Papier der Fall. Dem aktuellen Status geht eine lange und bewegte Geschichte voraus, die noch immer nicht abgeschlossen ist, wie wir weiter unten noch sehen werden.

Von den rund 330 000 Bewohnern hat nur etwa die Hälfte ihre Wurzeln auf der Insel. Einen großen Anteil machen die Franzosen vom Festland sowie algerischstämmige Einwohner aus. Der Rest setzt sich aus italienischen und nordafrikanischen Saisonarbeitern und aus Rentnern vom europäischen Festland zusammen. Die meisten Einwohner zählen die Städte Bastia und Ajaccio, während im gebirgigen Inselinneren nur wenige und vor allem ältere Leute in den zum Teil verlassenen und fast ausgestorbenen Bergdörfern leben. Überhaupt leidet Korsika an einer Überalterung, da die jungen Leute die Insel aus Mangel an Arbeitsplätzen verlassen und sich auf dem Festland niederlassen.

Die offiziell französischen Korsen tragen keine französischen Namen – ihre Nachnamen sind eine Mischung aus Französisch und Italienisch und dazu noch ein bisschen »korsifiziert« – heraus kommen Schöpfungen wie Cesari und Bernadi. Dasselbe gilt übrigens für die zweisprachigen Ortsschilder, auf denen der Ort auf Französisch und darunter auf Korsisch geschrieben steht. Eine Art der Renitenz äußert sich darin, dass der französische Ortsname oft durchgestrichen ist oder durchschossen wurde, damit nur der korsische Ortsname lesbar bleibt. Damit bleiben die Unabhängigkeitsbestrebungen der Insulaner stets präsent und optisch anhaltend sichtbar.

DIE KORSISCHE SPRACHE

Das bringt uns zur Sprache auf der Mittelmeerinsel und auch sie ist eine Sache für sich. Zwar gilt Französisch als die offizielle Amtssprache und so gut wie jeder Korse versteht es und spricht es auch – aber es gibt auch die korsische Sprache. Es handelt sich dabei um eine mit dem toskanischen Dialekt verwandte romanische Sprache, die zu Zeiten der pisanischen Herrschaft geprägt wurde. Sie hat mit dem Französischen nichts gemein und auch Touristen, die über ein gutes Schulfranzösisch verfügen, haben keine Chance, Korsisch zu verstehen. Auch wenn sich natürlich französische Satzbausteine ins Korsische mischen.

Erst seit den 1970er-Jahren ist Korsisch wieder Schulsprache. Und seit die Universität von Corte 1981 wiedereröffnet wurde, wird es in all seinen Facetten schriftlich fixiert, denn bis dahin existierte es nur gesprochen. Das bedeutet, Korsisch ist als Teil der Identität der Insulaner mittlerweile anerkannte Regionalsprache. Ein Drittel der Inselbewohner beherrscht es fließend.

An dem hartnäckigen Gerücht, die Korsen würden nur Korsisch und Französisch sprechen und alles andere nicht verstehen, ist schon lange nichts mehr dran. Viele Korsen können inzwischen Englisch und hier und da sogar ein paar Brocken Deutsch. In den Touristenorten sind sogar die Mahlzeiten auf der Speisekarte ins Deutsche übersetzt.

Die Straßenschilder sind zweisprachig.

ALLES BEGANN MIT ...

In Bezug auf das Wesen und die Sprache der Korsen spielt die wechselvolle Geschichte der Mittelmeerinsel eine große Rolle. Funde belegen, dass Korsika bereits um 6600 v. Chr. besiedelt war – Filitosa im Süden der Insel ist die älteste Siedlung, die entdeckt wurde. Die dortige Form des Zusammenlebens löste die Jäger und Sammler der Steinzeit ab. Richtig sesshaft wurden die Menschen dann im Neolithikum, das 4500 v. Chr. endete. Anschließend entstand die Megalithkultur (etwa 3500–1600 v. Chr.), die Relikte dieser Zeit sind heute noch erhalten in Form von Menhiren – großen, unbehauenen Steinblöcken. Man findet sie meist an Grab- oder Kultanlagen in vielen Regionen der Mittelmeerinsel. Aus der Bronzezeit (etwa 1600 v. Chr.) stammen die turmartigen Bauten, »Torri« genannt, denen man auf Korsika heute ebenfalls noch begegnet.

Um 600 v. Chr. erreichten die Griechen Korsika. Sie errichteten nahe dem heutigen Aléria die Handelsniederlassung Alalia. Etwa 300 Jahre später erschienen auch die Römer auf der Bildfläche. Sie führten Krieg gegen

Die Fundstätte von Filitosa gibt Zeugnis der Megalithkultur.

Die urkorsische Stadt Sartène ist stolz auf ihre Bemühungen um die Unabhängigkeit.

die Bewohner Alalias, ließen sich dort nieder und unterwarfen schließlich ganz Korsika.

Im Frühmittelalter fielen zunächst Vandalen und Ostgoten (5. Jahrhundert n. Chr.) ein, ein Jahr später fiel die Insel an das Byzantinische Reich und wurde vom oströmischen Kaiser verwaltet. 713 n. Chr. tauchten erstmals die Mauren auf, Angehörige der nordafrikanischen Berberstämme. Es folgte die Eroberung durch Karl den Großen und um 750 n. Chr. plünderten Piraten die Insel, versklavten die Menschen und breiteten sich

an der Küste aus. Erst im 11. Jahrhundert konnten die Besatzer wieder vertrieben werden. Es sollten jedoch weitere folgen.

Im Jahr 1077 übernahm der Bischof von Pisa die Verwaltung Korsikas. In der Folgezeit entstanden zahlreiche romanische Kirchen und Kathedralen. Als auch Genua Anspruch auf die Insel erhob, wurde Korsika zwischen Pisa und Genua aufgeteilt. Nach einer verlorenen Seeschlacht räumte Pisa die Insel und die Genuesen herrschten fortan für 500 Jahre auf Korsika. Zwar lehnten die Korsen sich heftig gegen diese Vorherrschaft auf, dennoch währte sie bis zum Jahr 1768. »Relikte« dieser Zeit sind malerische Hinterlassenschaften wie Zitadellen, Wachtürme und Bogenbrücken. Für die Korsen war das allerdings keine angenehme Zeit – aufgrund der Verschuldung Genuas wurden die Einkünfte aus Korsika weitergegeben und die Einwohner hatten unter einer hohen Steuerlast und Ausbeutung zu leiden.

Im korsischen Unabhängigkeitskrieg des 18. Jahrhunderts bewiesen die Korsen ihren Freiheitswillen, der bis heute stark ausgeprägt ist. Nach mehreren Aufständen gegen die Genuesen folgte 1735 die Ausrufung der

Zerschossene Straßenschilder sind ein Erkennungszeichen der Insel.

Unabhängigkeit Korsikas. Eine entscheidende Rolle in den Unabhängigkeitsbestrebungen spielte der korsische Freiheitskämpfer Pasquale Paoli, dem die Korsen eine demokratische Verfassung zu verdanken haben. Genua überließ 1768 den Franzosen die Rechte an Korsika und zog sich damit endgültig von der Mittelmeerinsel zurück.

Dies bedeutete für die Korsen eine erneute Fremdherrschaft, was nicht so ohne Weiteres akzeptiert wurde – Paoli erklärte Frankreich den Krieg. Doch in der Schlacht bei Ponte Novu 1769 wurden die Korsen von den Franzosen geschlagen, Paoli floh ins Exil. 1798 wurde Korsika zu einem französischen Département, aber erst im 19. Jahrhundert gaben die Insulaner ihren Kampf gegen die Franzosen auf.

1942 wurde Korsika von den verbündeten Truppen Deutschlands und Italiens besetzt, dabei wurden zum Teil schwere Schäden angerichtet. Nach dem Krieg halfen amerikanische Truppen bei der Ausrottung der Malariamücken und der von diesen übertragenen Epidemie. Und auch im 20. Jahrhundert schwelte es weiter auf der Insel. Es wurden gezielt Franzosen auf der Insel angesiedelt und von Paris aus versuchte man, die Identität der Korsen zu torpedieren, indem zum Beispiel die korsische Sprache aus dem Alltag verbannt werden sollte. Das nahmen die unbeugsamen Korsen natürlich nicht so hin – 1976 bildete sich die Korsische Nationale Befreiungsfront (FLNC), die auch mit roher Gewalt und Bombenanschlägen nicht zimperlich umging, um die Unabhängigkeit von Frankreich zu erreichen. Im Jahr 2000 schließlich gestand Frankreich Korsika eine größere Autonomie unter der Bedingung zu, dass die Gewalt ein Ende hat. Heute erinnern noch Straßenschilder und andere Objekte mit Einschusslöchern an diese rebellischen Zeiten.

Eine starke Bewegung, die auf Korsika für die Unabhängigkeit von Frankreich kämpft, stellen die sogenannten Separatisten dar. Sie wurden bei den Regionalwahlen 2015 erstmals stärkste Kraft im Regionalparlament. Der ehemalige Bürgermeister von Bastia, Gilles Simeoni, führt als Präsident die korsische Regionalregierung an. Auf der politischen Agenda der Separatisten stehen Forderungen nach mehr Autonomie und die Ablehnung, die korsischen Interessen wei-

Der Freiheitskämpfer Pasquale Paoli wird auf Korsika als Nationalheld verehrt.

terhin von Paris lenken zu lassen. Diese Ziele wurden dem französischen Präsidenten Emmanuel Macron bei einem Besuch auf der Insel Anfang 2018 vorgetragen.

DER VATER DES VATERLANDES

Dem Freiheitskämpfer Pasquale Paoli (1725–1807) kommt auf Korsika eine große Bedeutung zu. Obwohl er schon seit über 200 Jahren tot ist, ist er auf der Insel immer noch überall präsent. Liebevoll wird er auch heute noch »U Babbu di a Patria« (Der Vater des Vaterlandes) genannt. Paoli wird als Nationalheld verehrt. Er hat die Genuesen bekämpft, die Führung der Insel für viele Jahre übernommen und in dieser Zeit eine demokratische Verfassung erschaffen. Darüber hinaus machte er Corte im Herzen der Insel zur Hauptstadt Korsikas. Nicht zuletzt kurbelte Paoli die Wirtschaft an, indem er den Ackerbau förderte und Sümpfe trockenlegen ließ. Er gründete Grundschulen und die Universität von Corte, womit er maßgeblich zur Bildung der Kinder und Jugendlichen beitrug.

Als 1768 die Genuesen die Insel an Frankreich abgaben, wandte Paoli sich gegen die neue Regierung. Nachdem er jedoch ein Jahr später bei Ponte Novu von den Franzosen geschlagen worden war, musste er ins englische Exil. Als Pasquale Paoli während der Französischen Revolution eine neue Chance für die Unabhängigkeit seiner korsischen Heimat sah, kehrte er auf die Insel zurück und versuchte erneut, die Insel in die Unabhängigkeit zu führen, distanzierte sich jedoch von den radikalen Revolutionären. Daraufhin wurde er als Département-Präsident abgewählt.

Ende des 18. Jahrhunderts erhielt Paoli Unterstützung von den Briten gegen die Franzosen, allerdings war das Verhältnis zwischen dem korsischen Freiheitskämpfer und den Briten angespannt. 1795 emigrierte Paoli erneut und verstarb schließlich nach insgesamt 47 Jahren im Exil am 5. Februar 1807 in London. Nachdem seine Asche zunächst in London beigesetzt worden war, wurde sie 1889 nach Morosaglia, seine korsische Geburtsstadt, überführt. Die Urne wird in der Kapelle in Paolis Geburtshaus aufbewahrt, in dem das Musée Natale de Pasquale Paoli untergebracht ist.

POLITISCHE STRUKTUR

Seit Anfang 1976 besteht Korsika aus den beiden französischen Départements Corse-du-Sud und Haute-Corse. Corse-du-Sud (Südkorsika, korsisch »Pumonti« oder »Corsica suttana«) hat seine Präfektur in Ajaccio und trägt die Ordnungsnummer 2A, die man meist auf den korsischen Nummernschildern findet. Auf einer Fläche von 4014,20 Quadratkilometern leben 153 000 Menschen. Haute-Corse (Oberkorsika, korsisch »Corsica suprana« oder »Cismonte«) mit der Ordnungsnummer 2B hat den Präfektursitz in Bastia. Hier leben 175 000 Einwohner auf 4665,49 Quadratkilometern.

Seit dem 1. Januar 2018 üben die beiden Départements keine staatlichen Kompetenzen mehr aus, bleiben aber weiterhin als statistische Einheiten bestehen. Die Zweiteilung der Insel entspricht der geologischen Gliederung in das Schiefermassiv des Nordostens und das Granitmassiv im Süden mit dem Tavignano als Grenzfluss.

Die Gumpen der Gebirgsflüsse sind nicht nur an heißen Tagen ein Genuss.

INSEL MIT VIELEN MARKENZEICHEN

Zu Recht trägt das vielseitige, raue und prächtige Eiland den Beinamen »Insel der Schönheit«. Die Schöne ist von Nord nach Süd nur 183 Kilometer lang und 83 Kilometer breit, diese Fläche hat es aber in sich. Das Hochgebirge mit seinen zahlreichen über 2000 Meter hohen Gipfeln wird im Westen von einer schroffen Küste umfasst, während sich im Osten Korsikas eine breite Ebene hinter den endlos langen Sandstränden verbirgt, die in ein Mittelgebirge übergeht.

Im Norden wird Korsika vom Ligurischen Meer begrenzt, im Osten und Süden vom Tyrrhenischen Meer und im Westen vom westlichen Mittelmeer. Korsika liegt zwischen den beiden Ländern Frankreich und Italien – vom französischen Festland (Nizza) ist die Insel 180 Kilometer entfernt, vom italienischen (Livorno) 83 Kilometer. Zur Nachbarinsel Sardinien sind es von Bonifacio im Süden aus nur zwölf Seekilometer.

Die Hänge sind von Macchia überwuchert – das ist der für Korsika typische Pflanzenmix aus Lavendel, Ginster, Zistrose, Myrte, Baumheide und Erdbeerbaum. All das zusammen verströmt einen unvergleichlichen Duft, der mehr als alles andere typisch für Korsika ist. Die Macchia blüht vom späten Winter bzw. frühen Frühjahr je nach Höhenlage bis Ende Juni. Im heißen Sommer vertrocknet die Vegetation und die Landschaft erhält ein steppenartiges Kleid. Im Frühsommer blühen Blumen auf den alpinen Wiesen, gleichzeitig liegt in höheren Lagen bis in den Juni hinein Schnee.

Die kristallklaren, eiskalten Gebirgsseen und Flussgumpen sind ein weiteres Markenzeichen von Korsika. Tosende Wasserfälle stürzen in natürliche Felsbecken, Flüsse finden ihren Lauf vom Hochgebirge in die Ebene – über die Jahrtausende erschufen sie zahlreiche Täler und Schluchten. Rund um die Flussmündungen breiten sich teils feine, teils grobkörnige Sandstrände oder auch herrliche Kieselsteinstrände aus. Die typisch korsischen Bergdörfer thronen entweder stolz auf Bergkämmen und Felsspornen, schmiegen sich an steile Hänge oder verstecken sich in Talkesseln. Im Kontrast dazu stehen die Küstendörfer, die sich in beliebte Badeorte verwandelt haben.

Rund um die Insel sind die typischen Genuesentürme verteilt. Am zahlreichsten treten die markanten Wachtürme am Cap Corse auf.

Die Korsen wissen, wie man Dolce Vita praktiziert.

Die bis zu 20 Meter hohen Rundtürme (nur wenige Ausnahmen sind eckig und stammen aus der pisanischen Zeit) mit einem Durchmesser von bis zu zehn Metern sind ein Relikt der genuesischen Herrschaft im 16. Jahrhundert – einer Zeit, als Piraten die Insel immer wieder überfielen. Zum Schutz vor diesen Angriffen errichteten die Korsen die »Torregiana«, ein Verteidigungssystem, das aus einer gleichmäßig über die Küste verteilten Kette von Wachtürmen bestand. Sie lagen meist an den Spitzen kleiner Kaps. Wurde ein feindliches Schiff gesichtet, wurde ein Signalfeuer entzündet, das man von den Nachbartürmen aus sehen konnte. Dort wurden dann ebenfalls Feuer entfacht, sodass die Nachricht wie ein Lauffeuer die ganze Insel umrundete. Von den ehemals 150 Türmen ist heute noch etwa die Hälfte erhalten; nur wenige kann man besteigen bzw. von innen anschauen.

Allgegenwärtig ist auch das markante korsische Wappen: der korsische Kopf oder »Maurenkopf« mit krausem Haar und weißem Stirnband auf weißem Untergrund. Es gilt als Freiheitssymbol der Korsen, es ist aber nicht erwiesen, wessen Profil hier dargestellt ist. Die Korsen nennen die Fahne schlicht »La Bandiera Testa Mora« (Die Fahne mit dem Maurenkopf) und um sie ranken sich zahlreiche Legenden. Einer zufolge soll ein maurischer Herrscher eine junge Korsin nach Spanien entführt haben. Ihr korsischer Verlobter reiste hinterher, es kam zum Kampf, der Verlobte schlug dem Mauren den Kopf ab und hielt diesen als Zeichen seines Triumphes hoch. Wahrscheinlicher jedoch ist die Theorie, dass das korsische Wappen ursprünglich den Kopf eines dunkelhäutigen Menschen mit verbundenen Augen darstellte. Paoli selbst soll die Binde auf die Stirn verschoben und den Ohrring entfernt haben, denn beides waren Symbole der Sklaverei, von denen Paoli die Korsen befreit hatte. So wurde das Sinnbild der Sklaverei in ein Sinnbild der Freiheit verwandelt.

DAS STRASSENNETZ ALS HERAUSFORDERUNG

Unterschiedlicher können Straßen eigentlich nicht sein: An der zerklüfteten Westküste und im Gebirge sind Korsikas Straßen eng, manche können nur einspurig genutzt werden, hier ist zum Teil das Befahren mit dem

Gerne blockiert auch mal eine ganze Schafsherde den Verkehr.

Wohnmobil nicht möglich. Viel besser ist das Straßennetz an der Ostküste. Zwischen den touristischen Badeorten gibt es gut ausgebaute Schnellstraßen.

Prinzipiell unterscheidet man die Départementstraßen, die mit einem D gekennzeichnet sind, und die gut ausgebauten RT- und T-Straßen, das sind die Territorialstraßen: Die T10, RT10 und die T11 erschließen die Ostküste zwischen Bonifacio im Süden und Bastia im Norden. Bonifacio und Ajaccio an der Westküste verbindet die T40, von Ajaccio aus führt die T20 durch das Inselinnere über Corte bis nach Ponte Leccia. Dort verzweigt sich die Schnellstraße in die T20 Richtung Ostküste und die T30 in den Norden. Parallel dazu verläuft die RT301 ebenfalls in nördliche Richtung, sie ist aber deutlich kurvenreicher angelegt als die T30. Letztere erschließt die Küste im Norden über L'Île-Rousse bis nach Calvi.

Der Abschnitt an der Westküste zwischen Ajaccio und Porto ist von einer stark zerklüfteten Küste geprägt. Sie mit dem Wohnmobil zu bereisen ist nicht empfehlenswert, weshalb es für diesen Bereich keine Routenvorschläge in diesem Buch gibt.

Die Beschaffenheit der Straßen hat sich in den letzten Jahren insgesamt deutlich verbessert. Vor allem die Passstraßen waren in sehr desolatem Zustand – mit tiefen Schlaglöchern, ohne seitliche Sicherung und mit schlechtem Belag. Doch auch wenn vieles ausgebessert wurde, bleiben viele Strecken schmal und kurvenreich, was für Fahrer von Wohnmobilen oft eine Herausforderung ist. Zwar gibt es auf besonders engen Straßen immer wieder Ausweichmöglichkeiten, jedoch muss eines der beiden entgegenkommenden Fahrzeuge hierfür mitunter ein ganzes Stück rückwärtsfahren – mit dem Reisemobil kein Spaß, vor allem nicht an steilen oder unübersichtlichen Stellen. Besonders enge Straßen sollten also mit einem entsprechend großen Gefährt gemieden werden.

Die in diesem Reiseführer vorgeschlagenen Routen beinhalten ausschließlich mit dem Wohnmobil befahrbare Straßen. Wo nötig, wird darauf hingewiesen, dass Straßen nur für kleinere Wohnmobile geeignet sind. Selten sind sie für Wohnmobile ganz gesperrt oder nur eingeschränkt befahrbar. Doch auch das ist an den entsprechenden Stellen vermerkt.

Manches Ausweichmanöver wird zum Abenteuer.

Vor engen, unübersichtlichen Kurven sollte man vorsichtshalber hupen und langsam weiterfahren. Außerdem ist es empfehlenswert, häufig in den Rückspiegel zu schauen und bei jeder Gelegenheit aufschließende Fahrzeuge passieren zu lassen, um riskante Überholmanöver zu vermeiden.

Gerade auf den Bergstraßen kreuzen übrigens immer mal wieder Wildschweine, Schafe oder Ziegen den Weg – oft bevölkern ganze Herden die Straße und machen ein Passieren zunächst unmöglich. Schon deshalb sollte man mit angepasster Geschwindigkeit und vorausschauender Fahrweise unterwegs sein.

Für alle Fahrzeuge gilt: Die Bergpässe sind nur mit angemessenem Tempo befahrbar. Das heißt auch: Für vermeintlich kurze Strecken immer viel mehr Zeit und Puffer einplanen – jeder Kilometer dauert auf Korsika ein bisschen länger als gewohnt.

DER AUFBAU DES REISEFÜHRERS

Um den Aufwand einer Route einschätzen zu können, finden Sie zu Beginn jeder Tour einen kurzen Überblick über Start- und Endpunkt, die Gesamtkilometerzahl und die empfehlenswerte Reisezeit. Anhand der Fahrzeit können Sie einschätzen, mit wie vielen Tagen Sie für die jeweilige Route kalkulieren sollten.

Die vorgeschlagenen Routen breiten sich so über das Reisegebiet aus, dass die Insel Korsika nahezu vollständig abgedeckt ist. Allerdings ist es so gut wie unmöglich, alle Routen in nur einem Urlaub abzufahren – es sei denn, man hätte viele Wochen Zeit dafür. Denn jede Region, die über eine der Routen erschlossen ist, beansprucht Zeit und Aufmerksamkeit für die vielfältigen Aktivitäten und auch einmal für längeres Verweilen an einem schönen Ort. Man sollte sich also möglichst im Vorfeld die Regionen aussuchen, die man unbedingt sehen möchte. Die Routen sind untereinander kombinierbar und schließen zum Teil aneinander an. Das macht es einfacher, viel auf der Insel zu sehen und zu erleben und trotzdem nicht in Stress zu geraten. Wenn Sie zum ersten Mal auf Korsika sind, werden Sie sowieso wiederkommen. Zu reizvoll ist diese herrliche Mittelmeerinsel und die meisten Urlauber, die einmal hier waren, sind von ihrem Charme infiziert!

KLEINES WÖRTERBUCH

DEUTSCH	FRANZÖSISCH	KORSISCH
DAS WICHTIGSTE		
ja	oui	si
nein	non	nò
bitte	s'il vous plaît	per piacè
Vielen Dank!	Merci beaucoup!	Grazie tante!
Ich verstehe./Ich verstehe nicht.	Je comprends./Je ne comprends pas.	Capische./No capische.
Guten Morgen!	Bonjour!	Bongiòrnu!
Guten Abend!	Bonsoir!	Bóna sèra!
Hallo! – Tschüss!	Salut!	Salute! – Ciao!
Auf Wiedersehen!	Au revoir!	Avvèdeci!
Wie geht es Ihnen?	Ça va?	Cumu state?
Verzeihen Sie!	Excusez-moi!	Scusate!
In Ordnung! Einverstanden!	D'accord!	Và bé!
Guten Appetit!	Bon appétit!	Bon prò!
Gefahr	danger	perìculu
UNTERWEGS		
Auto	voiture	vittura
Bahnhof	gare	gara
ankommen	arriver	ghjunghje
geradeaus	tout droit	drittu
links/rechts	à gauche/à droite	mancinu/manu
Norden/Süden/Westen/Osten	nord/sud/ouest/est	nordu/sudu/estu/ponentu
Strand	plage	marina
Fluss	rivière	fiume
Boot	bateau	batèlu
Geld	argent	arghjentu

DEUTSCH	FRANZÖSISCH	KORSISCH	DEUTSCH	FRANZÖSISCH	KORSISCH
ZAHLEN					
1	un, une	unu	10	dix	déce
2	deux	dui	20	vingt	vinti
3	trois	trè	30	trente	trènta
4	quatre	quattru	40	quarante	quaranta
5	cinq	cinqui	50	cinquante	cinquanta
6	six	séi	60	soixante	sessanta
7	sept	sétte	70	soixante-dix	settanta
8	huit	óttu	80	quatre-vingt	ottanta
9	neuf	nóve	90	quatre-vingt-dix	novanta
			100	cent	centu

Traumhafte Bergdörfer, raue Landschaften, Gebirge und Meer – das ist Korsika!

» DIE ROUTEN

1 GENUESISCHE WACHTÜRME AUF DEM MARKANTEN ZEIGEFINGER

Die Halbinsel Cap Corse im Norden von Korsika

Zauberhafte kleine Hafenstädtchen, besonders schöne und ruhige Strände, Weinberge sowie Unmengen von genuesischen Wachtürmen sind das Markenzeichen der nach Norden ausgerichteten Halbinsel Cap Corse. Wie ein ausgestreckter Zeigefinger wirkt die 40 Kilometer lange und bis zu 15 Kilometer breite Landzunge, die so eindrucksvoll und geballt den Charme der Mittelmeerinsel versprüht wie kaum eine andere Region auf Korsika. Ein bis zu 1324 Meter hoher Gebirgskamm durchzieht das Kap und sorgt für eine ungewöhnliche Nähe zwischen Meer und Bergwelt.

Erbalunga ist das erste Fischerdörfchen am Cap Corse.

Links: Kleine Restaurants wie »Le Pirate« in Erbalunga sind kulinarische Highlights.

Rechts: Direktverkauf vom Weingut

Während viele Urlauber die Fähre im Fährhafen von **Bastia** (zur ausführlichen Beschreibung der Stadt siehe Tour 6) verlassen und in Richtung Süden oder Westküste entschwinden, wenden sich vergleichsweise wenige gen Norden. Das Cap Corse ist immer noch deutlich weniger besucht als die beiden Küsten im Osten und Westen der Insel bzw. das Inselinnere. Das sollte man sich zunutze machen und eine vergleichsweise beschauliche Region intensiv genießen.

An der Küste entlang führt die D80 Richtung Norden und auf den ausgestreckten Zeigefinger. Die Küstenstraße ist mitunter eng und kurvenreich, ist aber mit dem Wohnmobil jederzeit machbar – für das gebirgige Innere der Halbinsel sieht das indes ganz anders aus. Deshalb liegt der Fokus dieser Tour um das Cap Corse entlang der Küste mit ihren entzückenden Orten und schönen Stränden. Während die östliche Küstenseite noch flach zum Meer hin abfällt und schöne Badebuchten bildet, zeigt sich die Westseite zerklüftet.

AN DER OSTKÜSTE DES KAPS

Man sollte mit gut gefülltem Tank Richtung Cap Corse starten, denn Tankstellen sind rar auf der Landzunge. Die ersten zehn Kilometer der D80 führen durch besiedeltes Küstengebiet mit schönen Villen, zur Rechten ist stets das Mittelmeer präsent. Dann ist der Ort **Erbalunga** erreicht mit seinen romantischen engen Gassen und den Restaurants über dem kleinen Fischerhafen. Das mediter-

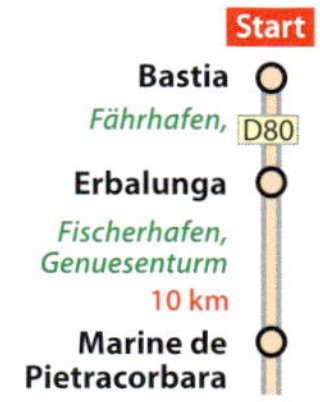

SPECIAL

WEINANBAU AM CAP CORSE

Für Weinliebhaber ist das Cap Corse ein absolutes Muss. Die Weinberge auf den niedrigen Berghängen und rund um die Hügeldörfer bringen die Trauben für den »Vin de Corse Coteaux du Cap Corse« hervor sowie den »Muscat du Cap Corse« und die »Île de Beauté«-Weine. Sie können weiß, rot oder rosé sein, wobei die Roséweine die Hälfte des Gesamtertrags ausmachen. Den im Norden der Mittelmeerinsel angebauten Wein kann man auf Weinverköstigungen probieren; hierfür besucht man ein Weingut (»domain« oder »clos«) und fragt einfach nach dem besten Weiß- oder Rotwein (»vin blanc« oder »vin rouge«). In der Hochsaison ist das jederzeit möglich, ansonsten auf Anfrage. Die bekannteste Weinregion ist das Patrimonio an der Westseite des Kaps nordöstlich von Saint-Florent. Empfehlenswerte Weingüter sind die Domaine de Gioielli westlich von Macinaggio und die Clos Nicrosi im Zentrum von Macinaggio.

ROUTE 1

START- UND ENDPUNKT
Bastia und Saint-Florent

STRECKENLÄNGE
122 Kilometer

FAHRZEIT
2 bis 3 Tage

BESTE JAHRESZEIT
Mai bis Oktober

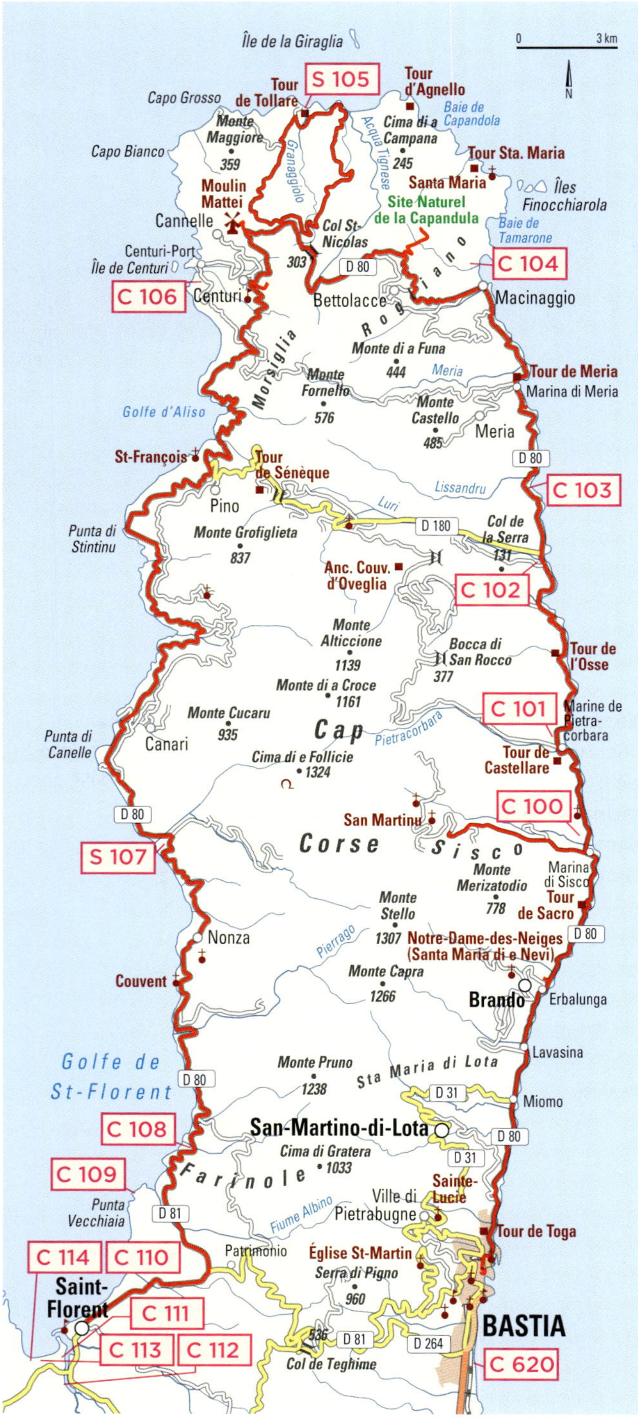

rane Dörfchen ist ein gelungener Auftakt für die Erkundung der Urlaubsinsel. An der äußeren Landzunge des Ortes steht ein Genuesenturm. Um zu diesem und dem Fischerhafen zu gelangen, parkt man auf dem ausgeschilderten großen Parkplatz, der sich links von der D80 (Richtung Norden) befindet, und erkundet den Turm zu Fuß. Von diesem aus ist auch der Fischerhafen mit seinen Restaurants und Cafés erreichbar. Fischliebhaber schwören auf das Restaurant Le Pirate. Die Tische am Meer bieten eine herrliche Aussicht als Beilage zu den gehobenen Fischgerichten.

Nach dem malerischen Fischerort verändert sich die Landschaft recht schlagartig. Sie wird wilder und unberührter, der Einzugsbereich der verhältnismäßig großen Stadt Bastia verschwindet. Weitere sechs Kilometer später auf der Küstenstraße folgt beim Ort **Sisco** der Campingplatz A Casaiola. Er liegt zwar 300 Meter vom Strand entfernt, dafür gibt es vom Platz aus tolle Blicke in die Berge.

KULTUR

GENUESISCHE RUNDTÜRME

Ab Mitte des 16. Jahrhunderts schützten die Genuesen die Küste Korsikas mit mächtigen Rundtürmen gegen Piraten. Diese griffen die Insel immer wieder an, plünderten und verschleppten korsische Einwohner, um sie zu versklaven. Ein gut funktionierendes Verteidigungssystem musste also her, das in Form einer Kette von Wachtürmen geschaffen wurde. Ursprünglich reihten sich meist an den Spitzen der kleineren Landspitzen entlang 150 solcher Bauwerke, die bis zu 20 Meter hoch waren und einen Durchmesser von etwa zehn Metern hatten. Heute stehen davon noch 67, manche nur noch als Ruine – und nur wenige der intakten Türme können offiziell besichtigt werden. Wenn ein feindliches Schiff gesichtet wurde, entzündeten die Wachen auf der obersten Plattform des Turms ein Signalfeuer, das die Wachen auf den Nachbartürmen sehen konnten. Diese entzündeten dann ebenfalls ein Feuer und so wurde die »Nachricht« von Turm zu Turm verbreitet, bis die ganze Insel umrundet war; auf diese Weise konnte sich die Bevölkerung in Sicherheit bringen.

In der nachfolgenden Ortschaft **Marine de Pietracorbara** findet man eine schöne, feinsandige Badebucht mit dem Strandrestaurant U Sant Antone in Genuesenturm-Optik. Oberhalb der Bucht erheben sich die Reste eines richtigen Genuesenturmes, des Tour ruinée de Castellare. Nimmt man den Fußmarsch dort hinauf auf sich, wird man mit großartigen Ausblicken belohnt.

Wer nicht im Meer, sondern im Fluss baden möchte, wendet sich über die D232 etwa sechs Kilometer Richtung Nordwesten (Pietracorbara) und erreicht so den Weiler **Selamace**. Nach einer scharfen Rechtskurve parkt man das Auto auf einem großen Parkplatz, der sich auf einer Plattform befindet und eine Durchfahrtshöhenbeschränkung von 2,20 Metern hat. In fünf bis zehn Minuten

Malerische Genuesenbrücke bei Salemace

Marine de Pietracorbara
abenteuerlicher Turm und Badebucht
9 km
Porticciolo

Was früher der Verteidigung der Insel diente, ist heute eine Touristenattraktion.

Der Küstenort Meria

gelangt man zu Fuß zu einer Badegumpe mit Genuesenbrücke. Der Weg startet am Scheitelpunkt der Kurve. Übernachten kann man auf dem Camping La Pietra kurz hinter dem Ort I Giunchi an der D232 Richtung Selamace, der aufgrund seiner Lage 500 Meter vom Strand entfernt und seiner Ausstattung mit Pool und Restaurant sehr empfehlenswert ist.

Der nächste Genuesenturm, der Tour de l'Osse, lässt nicht lange auf sich warten, er befindet sich zwischen den beiden Ortschaften Pietracorbara und Porticciolo oberhalb der Straße. Und auch das nächste Fischerdorf folgt schnell, es ist der schmucke Ort **Porticciolo** mit pastellfarbenen, schiefergedeckten Häusern – wie aus dem Bilderbuch!

Die drei letzten Küstenorte an der Ostseite des Kaps und an der D80 sind **Santa Severa**, **Meria** und **Macinaggio**. Während die beiden ersteren nichts Außergewöhnliches zu bieten haben, ist Macinaggio im nördlichen Bereich des Fingers ein adretter Ort mit dem größten Jachthafen des Kaps sowie etlichen Restaurants, Cafés und Läden. Zudem gibt es einen schönen Sandstrand zwei Kilometer nördlich des Ortes in der Bucht von Tamarone.

Außer dem oben genannten Campingplatz La Pietra folgen Richtung nördliches

Porticciolo
Bilderbuchort mit bunten Häusern
5 km
Santa Severa
3 km
Meria
6 km
Macinaggio
Touristenort, großer Jachthafen
4 km
Rogliano

KULTUR

WEINFEST IN LURI

Immer am ersten Juli-Wochenende findet in Marine de Luri, einem Stadtteil von Santa Severa, das Weinfest Fiera di u vinu statt. Man kann dann auf dem Dorfplatz die Weine aller bekannten Produzenten Korsikas probieren und käuflich erwerben. Dazu gesellt sich ein buntes Unterhaltungsprogramm, bei dem man als Tourist einen schönen Einblick in die Traditionen der korsischen Weinkultur erhält. Auch für authentisches korsisches Essen mit vielen Schafs- und Ziegenmilchprodukten, Olivenöl und Honig ist gesorgt und man lernt handwerklliche Produkte kennen. Weinfeste gehören auf Korsika zum guten Brauch, insbesondere, wenn sie in so traditionellen Weinanbaugebieten wie dem Cap Corse stattfinden.

Abendstimmung in Macinaggio

Kap im Weiler Meria der Platz Vista Mare und nördlich von Macinaggio Camping de la Plage U Stazzu. Beide eignen sich gut für eine erste Nacht auf Korsika nach Ankunft mit der Fähre – von Bastia aus sind es 38 Kilometer bis Macinaggio; ist man morgens angekommen, kann man sich unterwegs in Ruhe die einzelnen Küstenorte anschauen.

RUNDE BEI MACINAGGIO

Macinaggio ist ein Touristenort mit entsprechendem Betrieb in der Hochsaison. Er präsentiert sich weniger charmant als die bisherigen Küstenorte, verfügt aber über eine ausgeprägte Infrastruktur. Die Hafenpromenade bietet Restaurants und Bars und neben dem Strand nördlich des Dorfes gibt es noch etwas nördlicher den über eine Piste erreichbaren, sehr schönen Strand Tamarone.

Wer die Wanderschuhe schnüren möchte: Vom Camping de la Plage U Stazzu führt eine ein Kilometer lange Schotterpiste (nur für Camper, keine größeren Wohnmobile!) bis zur Bar U Paradisu. Dort startet ein 4,4 Kilometer langer Rundweg, der zunächst an der Küste entlang herrliche Blicke auf eine vorgelagerte Insel mit malerischem Genuesenturm offenbart und sich dann durch die Macchia über einen Hügel zieht. Von hier eröffnet sich ein neuer, wunderschöner Blick auf eine Bucht mit dem Turm Santa Maria, umgeben von tiefblauem Wasser und mit einem Leuchtturm im Hintergrund. Es geht landeinwärts bis zur Kapelle Santa Maria und auf einem breiten, bequemen Wanderweg

Die Wanderung über den Sentier des Douaniers ist auch in Teilstücken möglich und sehr schön.

Das Bergdorf Rogliano schmiegt sich malerisch an einen Hang.

zurück zur Bar. Diese Rundwanderung folgt einem Teil des berühmten **Sentier des Douaniers**, der herrliche Blicke auf die Inseln des toskanischen Archipels bietet. Er beginnt offiziell am Hafenparkplatz, wo ein Wanderschild den Weg weist. Man kann ihn in beliebiger Länge begehen, die Gesamtlänge beträgt 25 Kilometer, darin sind 616 Höhenmeter enthalten.

ÜBER DIE BERGE

Mit oder ohne Übernachtung verlässt man nach Macinaggio die Küste und wendet sich dem Inneren der Landzunge zu. Auf dem nun folgenden Streckenabschnitt wird das Cap Corse von Ost nach West durchquert. Man bleibt auf der D80, die zwischen Macinaggio und den beiden Ortschaften Centuri und Pino an der Westküste des Kaps ein paar Engstellen aufweist.

Über eine einen Kilometer lange Nebenstraße (für Wohnmobile zu eng und mit unübersichtlichen Kurven versehen) ist der wie ein Adlerhorst auf dem Hang thronende Ort **Rogliano** erreichbar, eine ehemals wohlhabende Gemeinde, die mit einer herrlichen Aussicht punktet – und mit Burgruinen, einem das Ortsbild bestimmenden Genuesenturm und einem ehemaligen Kloster. Es führt eine kurze Verbindungsstraße zurück zur D80, sodass man in Reiserichtung bleibt und nicht dieselbe Straße wieder zurückfahren muss.

Wer einen holprigen, kurvenreichen Abstecher nicht scheut, kann ab **Botticella** eine sieben Kilometer lange Fahrt (einfacher Weg) zur Nordspitze des Kaps und in den Fischerort **Barcaggio** wagen. Hin- und Rückweg führen über die D153 und die Dörfer Ersa und Tollare. Im Touristenort Barcaggio sind der lange Sandstrand und ein Spaziergang entlang des Strandes und über die Felsküste zum Genuesenturm Tour d'Agnello (ebenfalls Teilstrecke des langen Wanderweges Sentier des Douaniers, siehe oben) empfehlenswert.

Im benachbarten Ort **Tollare** findet man einen Wohnmobilstellplatz oberhalb des Strandes mit tollem Blick auf eine vorgelagerte Insel. Bis zum schönen Strand sind es 300 Meter zu Fuß. Frischwasser und Entsorgung sind vorhanden, eine Übernachtung kostet 15 Euro.

Rogliano
Genuesenturm, ehemaliges Kloster
5 km
Botticella
8 km
Barcaggio
langer Sandstrand, Genuesenturm D153 D253
7 km
Botticella
7 km
Moulin Mattei
Windmühle D80
9 km
Centuri
Fischerdorf, Langustenfang
3 km
Pino

DIE WILDE WESTSEITE

Zurück auf der D80, folgt am **Col de la Serra** rechter Hand der Startpunkt für den Spaziergang zur restaurierten Windmühle **Moulin Mattei** (vom Parkplatz an der Passstraße aus sind es etwa zehn Minuten zu Fuß dorthin), die malerisch auf einer Anhöhe gelegen ist. Die Mühle ist so etwas wie das Wahrzeichen des Cap Corse und schon von Weitem von der Straße aus sichtbar. Am Ziel wird man bei klarer Sicht mit einem sagenhaft schönen Blick bis zum französischen und italienischen Festland sowie bis zum Monte Cinto im Inselinneren belohnt. Überdies hat man im Hochsommer Gelegenheit, lokale Produkte sowie vor allem Liköre und Aperitifs aus eigener Herstellung einzukaufen – Kenner haben längst das Werbebanner auf dem Turm für den Aperitif »Cap Corse Mattei« erkannt. Die Inhaber-Familie der Destillerie mit Standort in Bastia ist es nämlich, die die alte Windmühle Anfang des 20. Jahrhunderts restauriert hat, sodass sie heute die letzte von ursprünglich vielen Windmühlen ist.

Ein paar kurvenreiche Kilometer weiter folgt als erstes Fischerdörfchen an der Westseite des Kaps **Port de Centuri**. Zu ihm führt eine auf den ersten eineinhalb Kilometern abenteuerliche, später neu asphaltierte und insgesamt vier Kilometer lange Zufahrtsstraße. Das herrlich charmante Dörfchen besitzt ein entzückendes Zentrum mit bunten Häusern rund um den Hafen und zieht hauptsächlich französische Touristen an. Da der Ort für den Langustenfang berühmt ist, sollte man in einem der ursprünglichen Restaurants Meeresfrüchte genießen. Tagesfrisch und vom Restaurantchef persönlich gefan-

An der Kirche von Botticella vorbei geht es zur nördlichsten Spitze des Cap Corse.

Schicke Windmühle als Werbeträger für den Aperitif Cap Corse

Bilderbuchort Port de Centuri

gene Delikatessen kann man sich im »Le Langoustier« am Ende des Nordquais schmecken lassen. Neben Langusten gibt es natürlich auch andere frische Fischgerichte. Das Feinschmeckerrestaurant für Fischliebhaber ist kein Geheimtipp, sondern eher eine Institution im Ort, die in jedem Reiseführer Erwähnung findet.

Um Port de Centuri zu erkunden, lässt man das Wohnmobil am besten auf dem großen Parkplatz im Süden Centuris stehen und geht ein kurzes Stück zu Fuß zum Hafen, denn die Durchfahrt durch den Ort ist nicht möglich. Wenn es zeitlich passt, ist der Sonnenuntergang über dem Hafenbecken ein romantisches Erlebnis. Am beeindruckendsten ist das bei einem kühlen Bier oder einem korsischen Wein in einem der Restaurants am Hafen. Im Anschluss böte sich eine Nacht auf dem Campingplatz Isulottu an, eineinhalb Kilometer südlich von Port de Centuri und zehn Minuten vom Strand entfernt mit tollem Meerblick. Vom Platz aus lohnt sich ein Ausflug zu der gut erhaltenen Klosteranlage mit einer großartigen Aussicht. Das Kloster wird hauptsächlich für private Anlässe vermietet.

Als Badeziel ist Port de Centuri nur bedingt geeignet. Neben kleineren Kiesbuchten gibt es im Ortsteil Muté, etwa einen Kilo-

SPECIAL

EXQUISITES KRUSTENTIER

Der kleine Hafenort Port de Centuri wird als »Wiege der französischen Langustenfischerei« bezeichnet. Etwa ein Dutzend Fischerfamilien sind pro Jahr mit dem Fang dieser Meerestiere beschäftigt. Damit ist der kleine beschauliche Hafen von Centuri einer der bedeutendsten Korsikas. Die Langusten werden mit großen Netzen aus den Tiefen des offenen Meeres gezogen. Dies geschieht meist weitab der Nordspitze der Insel. Wenn die Fischer dann gegen Abend in den Hafen zurückkehren, wird es richtig hektisch; denn dann wird der Fang von Bord gebracht, verladen und auf die Restaurants am Hafenbecken verteilt. Mit Fernand, dem Besitzer des Restaurants Le Langoustier, kann man sogar mit seinem Boot Laura auf Tour gehen.

Pino
Tour de Sénèque
12 km
Marinca

meter südlich vom Hafen, einen größeren Kiesstrand mit einer Tauchschule in der Hochsaison.

In luftigen Höhen schwebt der nächste Ort: Eingebettet in eine üppige Vegetation, schmiegt sich **Pino** an den Berghang. Der Blick zum Meer streift ein ehemaliges Franziskanerkloster aus dem 15. Jahrhundert sowie einen alten Genuesenturm.

ZUM TURM DES SENECA

Bei **Fieno**, auf der Höhe des Ortes Pino und fernab jeder Zivilisation (die Straße ist in einen Hang gefräst), startet eine Wanderung zum **Tour de Sénèque**. Man kann ihn auf zwei Arten und in zwei Längen erreichen: Einmal über einen vier Kilometer langen Weg, der an einem Parkplatz im oberen Ortsbereich von Fieno startet, 214 Höhenmeter überwindet und zwar steil, aber gut machbar ist. Für die Abkürzungsvariante fährt man über die D180 in Richtung Luri (Landesinneres) und ab einer einsamen Kirche über eine holprige Asphaltstraße (für Wohnmobile gesperrt, für Camper in Ordnung) zum Parkplatz des ehemaligen Château di Motti. Das einstige Kloster diente bis in die 1980er-Jahre als Kinderheim und versprüht heute eher den trostlosen Charme eines alten Fabrikgebäudes. Von hier aus ist man in einer Viertelstunde am Turm, das letzte Stück bewältigt man kraxelnd. Am Turm angekommen, winkt als Belohnung ein grandioser Panoramablick.

Will man als Wohnmobilfahrer von dieser Seite aus und nicht ab Fieno die Wanderung unternehmen, kann man an der Kirche parken und über einen größtenteils parallel zur Straße

Im Tour de Sénèque soll Seneca im korsischen Exil gelebt haben.

Fangfrische Langusten gibt es im Restaurant »Le Langoustier« in Port de Centrui.

Ungewöhnlich beim Turm von Nonza ist seine eckige Form.

verlaufenden Wanderweg bis zum Château gehen und von dort den Aufstieg zum Turm wie beschrieben in Angriff nehmen.

Wir bleiben auf der D80. Für Wohnmobile wird die Fahrt ab hier abenteuerlich. Die Straße klebt an mehreren Stellen direkt im Felsen, die Kurven winden sich unübersichtlich über einem tiefen Abgrund und sind nur durch ein niedriges Steinmäuerchen »gesichert« – man sollte den Gegenverkehr stets durch Hupen auf sich aufmerksam machen. Die Landschaft ist zerklüftet, wild, unberührt und … einfach herrlich! Es folgen ein paar Mini-Orte, die meist nur eine Snackbar oder ein Restaurant bieten. Ein Abstecher in das charmante Bergdorf **Canari** mit einem schönen, weiß getünchten Glockenturm und einem wunderbaren Ausblick ließe sich kurz nach **Marinca** einflechten. Es geht knapp acht Kilometer über die D33 hinauf, die Fahrt dauert gute 20 Minuten.

KORSIKAS SCHWARZE STRÄNDE

In einer Bucht befindet sich der Genuesenturm **Tour d'Albu** mit Badestrand – der eine merkwürdige, dunkelgrau-schwarze Farbe aufweist. Es handelt sich um einen der

KULTUR

BERÜHMTER PHILOSOPH IM EXIL

Der Legende nach sollen Fundamente unterhalb des Tour de Sénèque die Reste des korsischen Wohnsitzes des römischen Philosophen Lucius Annaeus Seneca sein. Er wurde von Kaiser Claudius im Jahr 41 n. Chr. in die Verbannung geschickt, weil er angeblich eine Liaison mit einem kaiserlichen Familienmitglied hatte. Der Kaiser soll ebendiese Frau später selbst geheiratet haben und sie war es auch, die Seneca aus der Verbannung erlöste. Insgesamt acht Jahre verbrachte Seneca im korsischen Exil. In dieser Zeit hat der Philosoph zwei Trostschriften verfasst: Eine beschäftigt sich mit der Forderung nach stoischem Schicksalsgehorsam, die andere mit Senecas dringendem Wunsch, dass die Verbannung beendet werden solle. In der Trostschrift an seine Mutter versichert Seneca jedoch, dass er nicht unglücklich auf Korsika sei.

schwarzen Asbest-Strände, wegen der die Westseite des Cap Corse einen zweifelhaften Ruhm genießt.

Oberhalb der D80 wurde einst Asbest abgebaut. Die Asbestfabrik von Nonza war bis zu ihrer Schließung im Jahr 1965 eine der größten Europas. 1928 hatte man mit dem Abbau, der vielen Menschen in der Region Arbeit gab, begonnen. Heute sind neben dem schwarzen Strand noch die ehemaligen Baracken der Arbeiter als Relikte vorhanden. Verantwortlich für die Färbung der Kiesstrände um Nonza sind die Geröllmassen, die als Nebenprodukte des Asbestabbaus ins Meer gekippt wurden.

Farblich adäquat präsentiert sich auch der ein Kilometer lange **schwarze Strand von Nonza**. Das Baden ist zwar unbedenklich, da sich im Laufe der Zeit der Asbest im Kiesel gebunden hat; allerdings wird wegen der starken Strömungen rund um Nonza vom Baden im Meer abgeraten. Über 1000 Treppenstufen führen vom Dorfzentrum zu dem oft menschenleeren Strand hinunter. Hinter der Bucht von Albu befinden sich Wohnmobil-Stellplätze mit Entsorgungsstation, Stromanschlüssen und Duschen.

Nonza selbst ist ein quirliges, entzückendes Örtchen. Von hier aus reicht der Blick bereits bis in die Balagne, in die andere Richtung bis an die Nordspitze des Kaps. Ungewöhnlich ist die Form des Tour Paoline – es ist ein viereckiger Sarazenen-Wehrturm, der über dem Dorf wacht. Der Turm ist nachts eindrucksvoll illuminiert und zusammen mit dem beleuchteten Nonza wirkt die Szene wie eine Eisenbahnlandschaft. Man steigt über Treppen und Gassen hinter dem beschaulichen Dorfplatz zum Wehrturm hinauf. Das Innere des Turms kann besichtigt werden und be-

Zweifelhaften Ruhm hat der Asbestabbau rund um Nonza dem Kap beschert.

Der umstrittene schwarze Strand von Nonza

Blick auf Nonza vom Wehrturm aus

inhaltet die Fotoausstellung eines einheimischen Fotografen.

Nonza thront auf einem Felsen, der fast senkrecht aus dem Meer auf eine Höhe von 160 Metern hinaufragt. Parkplätze gibt es entlang der D80 innerhalb des Ortes, mit ein bisschen Suchen findet man auch ein Plätzchen für ein größeres Wohnmobil.

Mit dem Camping A Stella zehn Kilometer südlich von Nonza gibt es seit dem Platz L'Isulottu in Port de Centuri wieder eine Gelegenheit, an der Westseite des Kaps zu campen. Es ist ein großer Platz an einer Bucht mit Kies- und Sandstrand. Wer die nächtlich illuminierte Szenerie in Nonza genießen möchte, findet hierfür eine passende Übernachtungsoption. Vom Platz aus ist die Beleuchtung leider jedoch nicht sichtbar.

Das Abendessen kann man mit oder ohne Übernachtung auf dem Platz A Stella in dem authentisch korsischen Restaurant A Casella einnehmen. Es befindet sich dreieinhalb Kilometer östlich vom Campingplatz und ist über die D333 erreichbar.

Die Erlebnistour über das Cap Corse neigt sich mit der Fahrt nach **Saint-Florent** dem Ende entgegen und findet mit der Bilderbuchstadt zugleich einen würdigen Abschluss. Auf dem Weg dorthin bieten sich die beiden Campingplätze Camping U Sole Ma-

SPECIAL

EINER GEGEN ALLE

Um den Wehrturm Tour Paoline rankt sich folgende Legende: 1768 wurde er von den Franzosen belagert, alle Soldaten hatten sich bis auf ihren alten Hauptmann Jacques Casella angesichts der drohenden Niederlage aus dem Staub gemacht. Trotzdem donnerte aus allen Schießscharten des Turms ein Geschützfeuer. Dergestalt unter Beschuss, schickten die Franzosen einen Abgesandten los, der über freies Geleit der Soldaten im Turm verhandelte – und sehr erstaunt war, als ein einzelner und zudem deutlich betagter Mann den Turm herabstieg! Casella hatte mit einem System aus Schnüren sämtliche Waffen und Kanonen gleichzeitig abgefeuert und so den Eindruck erweckt, eine ganze Mannschaft verteidige den Turm.

Saint-Florent
quirlige Touristenstadt, „korsisches Saint-Tropez"
19 km
Ziel

rinu (direkt am Meer) und Camping d'Olzo als alternative Übernachtungsmöglichkeiten für die Plätze in und um Saint-Florent an.

Unmittelbar vor dem Ort durchfährt man das berühmte Weinbaugebiet **Patrimonio** – zahlreiche Weingüter am Wegesrand machen auf diese Tatsache aufmerksam, dazwischen hat sich auch eine Brauerei mit Biobier und Degustation geschummelt.

KULTUR IN SAINT-FLORENT

Saint-Florent mit seiner Lage zwischen den steilen Ausläufern der Westflanke des Kaps auf der einen und der wüstenartigen Region Désert des Agriates auf der anderen Seite ist ein touristisches Zentrum – im Sommer mit einer zehnmal so hohen Bevölkerungszahl wie in den ruhigen Wintermonaten! Der Küstenort ist deshalb angereichert mit Bars, Restaurants, Boutiquen, Kunsthandwerk- und Souvenirshops. Sehenswert ist vor allem der Jachthafen, der als einer der schönsten Frankreichs gilt, weshalb der Ort sich mit dem Beinamen »korsisches Saint-Tropez« schmücken darf.

Mittelpunkt von Saint-Florent ist der **Place Doria**, zu dem alle Gässchen der Altstadt hinführen. Von dort geht es auch hinauf zur **Zitadelle**, ein im Jahr 1440 errichtetes Bauwerk, das bis ins 18. Jahrhundert Sitz des Bischofs und Gouverneurspalast war. Die nicht besonders schmucke Zitadelle ist kein Muss, aber einen kleinen Spaziergang dorthin ist sie wert, allein wegen der Ausblicke auf den Golf von Saint-Florent von dort oben (am besten bei Sonnenuntergang!).

Die **Kathedrale Santa Maria Assunta** aus dem 12. Jahrhundert liegt etwas außerhalb, etwa einen Kilometer vom heutigen Ortszen-

Das korsische Saint-Tropez: der Küstenort Saint-Florent

Restaurants und Cafés am Place Doria

Der mondäne Jachthafen ist eine Augenweide.

trum entfernt. Das dreischiffige, sakrale Bauwerk besticht durch seine reichen Verzierungen, die Halbsäulen an der Apsis und das filigran ausgearbeitete Kranzgesims. Ein Löwe und zwei Schlangen bewachen als Skulpturenschmuck den Eingang zu beiden Seiten. Im Inneren der Kathedrale werden die Überreste eines uniformierten Soldaten aus den römischen Katakomben ausgestellt. Er wird als Saint-Flor verehrt, denn er starb im 3. Jahrhundert als Märtyrer. Er gab dem Städtchen seinen Namen.

Als Kontrast zum Kulturprogramm gilt der südlich von Saint-Florent gelegene, drei Kilometer lange Sandstrand **Plage de la Roya**. Es ist ein großer, zweigeteilter Strand mit flachem Zugang, durch die geschützte Lage in der Bucht zusätzlich kinderfreundlich und über die Straßen Cipitone und Route de la Plage von der D81 aus erreichbar. Entlang der beiden Strandabschnitte kann man parken, auch mit einem Wohnmobil. Nördlich des Ortes gibt es Kiesstrände, die jedoch meist direkt hinter der Straße liegen. Einige

AUSFLUG

ZWEIMAL TRAUMSTRAND, BITTE!

Die beiden karibischen Traumstrände Plage du Lotu und Plage de Saleccia sind nur mit dem Boot oder zu Fuß erreichbar. Vom Plage de la Roya in Saint-Florent geht es zu Fuß zweieinhalb Kilometer an der Küste entlang, bevor man auf der Höhe der Bucht von Fornali auf den Wanderweg Sentier du Littoral trifft. Er führt vorbei am Punta di Cepo, an kleinen Stränden und am Genuesenturm Mortella. Elf Kilometer nach dem Startpunkt folgt der Sandstrand von Lotu. Der Rückweg entspricht dem Hinweg. Man kann auch eine der Strecken zu Fuß und die andere per Boot des Unternehmens Popeye zurücklegen. So hat man noch genug Zeit für einen Badeaufenthalt. Eine andere Option wäre, mit dem Boot zum Lotu-Strand zu fahren, von dort sechseinhalb Kilometer zum Plage de Saleccia zu wandern und mit dem Taxiboot nach Saint-Florent zurückzufahren. Alternativ lassen sich die Traumstrände per Jeep, Quad oder Buggy erreichen – ein Anbieter ist zum Beispiel Saleccia Off Road (saleccia-off-road.com).

Campingplätze befinden sich hinter dem Plage de la Roya, sind aber durch die Straße von ihm getrennt. Von diesen Plätzen aus kann man schön am Strand entlang zu Fuß in die Stadt gehen.

Saint-Florent ist auch Ausgangspunkt für alle Arten von Vergnügungen auf dem Wasser. Ob man Bootsausflüge machen will, ein Kajak mieten, einen Tauchkurs belegen oder sich im Surfen versuchen – es ist für alles gesorgt. Tretboote mit und ohne Wasserrutsche sowie Kajaks und Stehpaddel-Boards kann man am Plage de la Roya (hinter dem Camping U Pezzo) bei Agriates Kayak mieten (agriateskayak.com). Der Anbieter Popeye unternimmt nicht nur Schiffsausflüge an den herrlichen weißen Sandstrand Lotu (nicht mit dem Auto erreichbar!), sondern steuert auch mit dem Taxiboot den 20 See-Minuten entfernten Saleccia-Strand an (lepopeye.com). Sehr schön ist es, eine Bootsfahrt mit einer Wanderung zu kombinieren, was ein Tagesausflug ist (siehe Kasten).

Unwirklich schön und nie überfüllt ist der Traumstrand Saleccia.

Die massige Zitadelle befindet sich auf einer Anhöhe über der Stadt.

PRAKTISCHE HINWEISE

FÄHREN

Piombino–Bastia, Livorno–Bastia, Portoferraio (Elba)–Bastia, Savona–Bastia, Genua–Bastia, Nizza–Bastia, Toulon–Bastia, Marseille–Bastia, Golfo Aranci-Bastia

TOURISTENINFORMATIONEN

Office de Tourisme Intercommunal de Bastia
Place Saint-Nicolas, 20200 Bastia,
Tel. +33 4 95542040,
bastia-tourisme.com

Office de Tourisme Intercommunal Cap Corse-Capicorsu
Port de Plaisance, 20248 Macinaggio,
Tel. +33 4 95354034,
capcorse-tourisme.corsica

Office de Tourisme de Saint-Florent-Nebbiu-Conca d'Oru
11 Rue de la Citadelle,
20217 Saint-Florent,
Tel. +33 4 95370604,
corsica-saintflorent.com

KARTEN

IGN Korsika Cap Corse 1:25 000
IGN Korsika Bastia 1:25 000: Golfe de St-Florent

CAMPING- UND STELLPLÄTZE

C100 **Camping A Casaiola**
(S. 180/D4, 183/G1) Lieu-dit Mortola, La Marine, 20233 Sisco,
Tel. +33 4 95352010,
camping-acasaiola.com
GPS-Daten: 42.811842, 9.485844
Gepflegter Campingplatz in einer naturnahen Anlage, mit Pool und Snackbar. Am Ende des Platzes Stellplätze ohne Strom, aber mit gigantischem Bergblick. Schmaler Zufahrtsweg!

C101 **Camping La Pietra** (S. 180/D4)
Presa lieu dit, 20233 Pietracorbara,
Tel. +33 4 95352749,
la-pietra.com
GPS-Daten: 42.839735, 9.472806
Über einen schönen Weg durch Wiese und Wald erreicht man den empfehlenswerten

Der Camping de la Plage U Stazzu bei Macinaggio

Schattige Stellplätze auf dem Camping d'Olzo

Badestrand von Marine de Pietracorbara. Sauberer, gepflegter Platz mit sehr guter Ausstattung (Laden, Restaurant, großer Pool).

C102 **Camping Santa Marina** (S. 180/C3) D80, Santa Severa, 20228 Luri, Tel. +33 6 99132943, camping-santamarina.com
GPS-Daten: 42.886550, 9.471794
25 Kilometer nördlich von Bastia und 100 Meter vom Meer entfernt (durch die D 80 getrennt) liegt dieser Campingplatz nahe dem charmanten Örtchen Santa Severa. Schöner, schattiger Platz, gute Lage. Stromanschlüsse vorhanden.

C103 **Camping Vista Mare** (S. 180/C3) Morteta, 20287 Meria, Tel. +33 6 85440963, vistamare-corsica.com
GPS-Daten: 42.905521, 9.466292
Camping Vista Mare (ehemals Aria Marina) ist ein kleiner, ruhiger Platz mit weiter Sicht aufs Meer und direktem Zugang zur Bucht von Morteta. Terrassenartige Wiesenstellplätze, Pool mit Meerblick sowie einfache, funktionale Infrastruktur. Ideal für Ruhesuchende und Naturliebhaber.

C104 **Camping de la plage U Stazzu** (S. 180/C2) Route Acqua Salse, 20248 Macinaggio, Tel. +33 7 75292362, camping-u-stazzu.jimdo.com
GPS-Daten: 42.964338, 9.447404
Campen fast direkt am Meer: Die Strände von Macinaggio und Tamarone sind fußläufig erreichbar. Neue sanitäre Anlagen und gemauerte, überdachte Grillstellen. Günstiger Startpunkt für den Wanderweg Sentier des Douaniers (Teilstrecken möglich). Mit Stromanschlüssen, Tischtennis und Boulebahn.

S105 **Wohnmobilstellplätze Aire de Camping-Car Tollare** (S. 180/C1) D253, 20275 Ersa
GPS-Daten: 43.007590, 9.387589
Neu eingerichteter, gepflegter Gemeinde-Stellplatz etwas oberhalb eines einsamen Strandes mit Frischwasser- und Entsorgungsstation. Der 300 Meter lange Zufahrtsweg zum Strand ist für Wohnmobile nicht gestattet.

C106 **Camping L'Isulottu** (S. 180/B2) Morsiglia, 20238 Centuri, Tel. +33 4 95356281, isulottu.fr
GPS-Daten: 42.959222, 9.353930
Ruhig gelegener schattiger Platz mit 150 Stellplätzen. Waschmaschine, Lebensmittelladen (in der Hauptsaison), Stromanschlüsse und Entsorgungsstation

Nur schwer zu toppen sind die spektakulären Plätze direkt am Strand des Camping A Stella.

sind vorhanden. 800 Meter vom Strand entfernt, zu dem man über einen kleinen Pfad gelangt. Auch der malerische Ort Port de Centuri ist zu Fuß erreichbar.

S107 Aire Municipale Parking de la Plage d'Albu (S. 180/B4, 183/F1)
Marine d'Albo, 20217 Ogliastro,
GPS-Daten: 42.810985, 9.335637
Stellplätze direkt an einem schönen Kiesstrand (in etwa 50 Metern Entfernung). Einfacher Strandparkplatz ohne Versorgung. Am Strand gibt es ein Restaurant.

C108 Camping A Stella
(S. 180/B5, 183/F2) Marine de Farinole,
20253 Patrimonio, Tel. +33 4 95371437,
campingastella.com
GPS-Daten: 42.729573, 9.342754
100 Stellplätze auf einem gepflegten Gelände. Mit Snackbar, Stromanschlüssen und Waschmaschine. Direkt am Strand in einer Bucht gelegen und mit Plätzen sowohl direkt am Meer als auch schattig unter Bäumen. Ab Mitte Juni gibt es Holzofenpizza direkt am Platz.

C109 Camping U Sole Marinu
(S. 180/B6, 183/F2)
Lieu dit, Catarelli,
20253 Patrimonio, Tel. +33 4 95371220,
usolemarinu.com
GPS-Daten: 42.717926, 9.329614
Zufahrt über eine holprige Straße, dafür sehr ursprünglicher und ruhig gelegener Campingplatz direkt an einem Kiesstrand. Kleiner Lebensmittelmarkt für den täglichen Bedarf.

C110 Camping d'Olzo (S. 180/B6, 183/F3)
1170 Rue des Goumiers Marocains,
20217 Saint-Florent,
Tel. +33 4 95370334, campingolzo.com
GPS-Daten: 42.693576, 9.326725
Ein etwas gehobenerer Platz (3 Sterne) mit Pool und Pizzeria am Golf von Saint-Florent und 500 Meter vom Strand entfernt. Nahe Patrimonio, dem berühmtesten Weingebiet Korsikas. Ruhige Lage mit schattigen Plätzen. Stromanschlüsse vorhanden.

C111 Camping Kalliste Village
(S. 180/B6, 183/E3)
332 Route de la Roya,
20217 Saint-Florent,
Tel. +33 4 95370308, camping-saintflorent.fr
GPS-Daten: 42.673651, 9.298140
Der Campingplatz bietet fast direkten Strandzugang und liegt nur 600 Meter vom Zentrum Saint-Florents entfernt. Ideal für alle Aktivitäten rund um Saint-Florent. Pool, kleiner Laden und Brötchenservice.

C 112 **Camping La Pinède** (S. 180/B6, 183/E3) Route Casta–Lieu-dit Serrigio, 20217 Saint-Florent, Tel. +33 4 95370726, camping-la-pinede.net
GPS-Daten: 42.665157, 9.300226
La Pinède befindet sich direkt am Ufer des Aliso-Flusses und gegenüber der Zufahrt zum Plage de la Roya. Die schönsten (und teuersten) Plätze liegen direkt am Flussufer. Es sind ein Pool und ein Kinderspielplatz vorhanden, außerdem ein kleiner Laden und eine Pizzeria. Insgesamt gepflegter, schön angelegter Campingplatz.

C 113 **Camping U Pezzo** (S. 180/B6, 183/E3) Route de la Roya, 20217 Saint-Florent, Tel. +33 4 95370165, upezzo.com
GPS-Daten: 42.673979, 9.292050
Über die Straße gelangt man zum Sandstrand Plage de la Roya, in 15 Minuten ist man zu Fuß in Saint-Florent. Wegen der leichten Hanglage bieten fast alle Stellplätze Meerblick. Restaurant und Kinderspielplatz vorhanden.

C 114 **Camping L'Acqua Dolce** (S. 180/B6, 183/E3) Route de la Roya, 20217 Saint-Florent, Tel. +33 4 95370863 oder +33 4 95371282, campingacquadolce.fr
GPS-Daten: 42.674003, 9.286669
Platz nach dem Camping U Pezzo, insgesamt ähnliche Ausstattung und Beschaffenheit wie dieser. Ebenfalls nur durch die Straße vom Sandstrand Plage de la Roya getrennt. Etwa 100 Plätze, Restaurant und kleiner Laden mit frischen Backwaren am Morgen. Hunde sind nicht erlaubt.

Gehobene Ausstattung mit Pool auf dem Camping Kalliste Village

2 VON DER WÜSTE DURCHS GRÜNE TAL ZUM OBSTGARTEN KORSIKAS

Trubel in der Balagne, Beschaulichkeit im Asco-Tal

Steinwüste, Meer und Berge – ein Naturspektakel sondergleichen!

In Korsika liegen die unterschiedlichsten klimatischen Bedingungen und Landschaften nah beieinander. Das wird besonders deutlich bei der folgenden Tour, die zunächst durch die reizvolle Einsamkeit der Steinwüste Désert des Agriates führt. Zugleich bietet diese an ihrem Küstenabschnitt wahre Traumstrände. Dann geht es hinein in das Tal des Flusses Asco und schließlich in die Balagne, die dank ihrer Fruchtbarkeit »Obstgarten Korsikas« genannt wird. Besuchermagnete in dieser Region sind die beiden quirligen Hafenstädtchen L'Île-Rousse und Calvi.

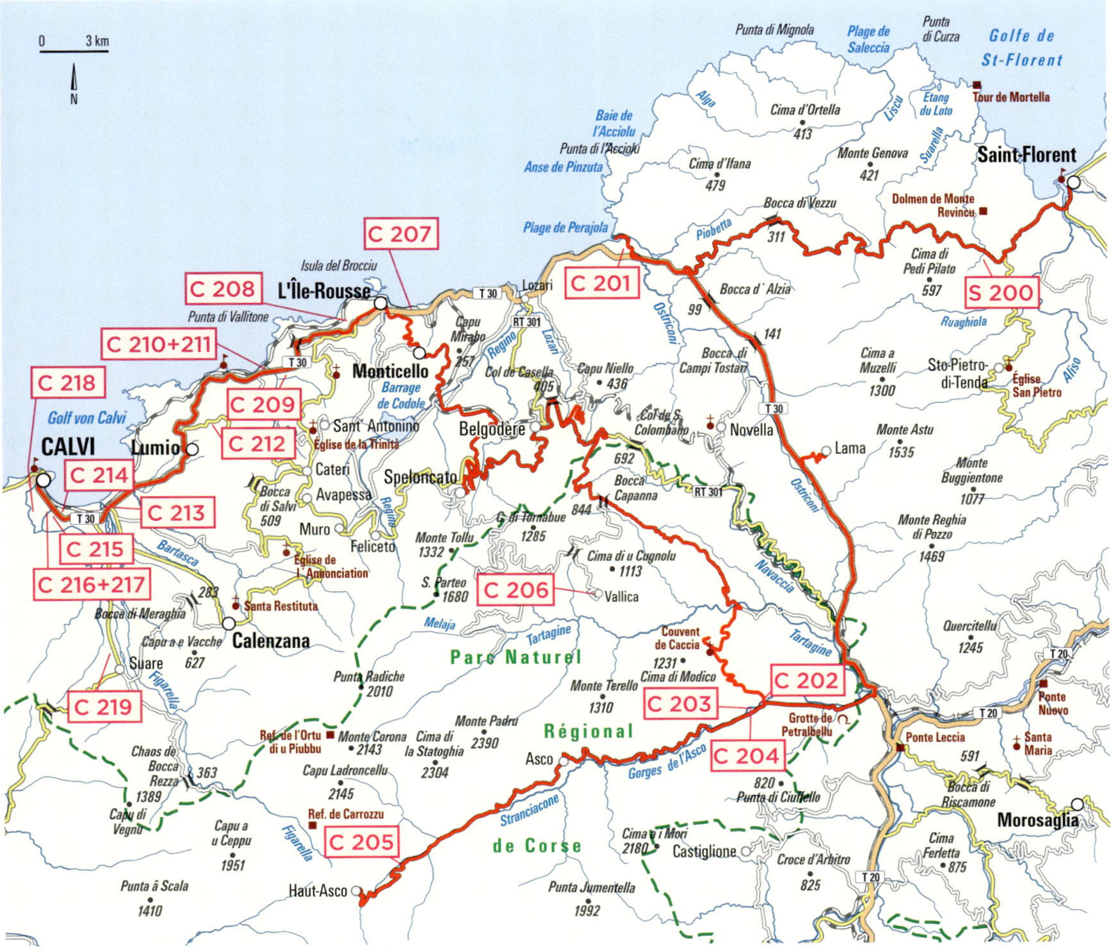

Nach dem Besuch des Städtchens **Saint-Florent** (Beschreibung siehe Tour 1) geht es über die D81 in südwestliche Richtung. Bis zur Kreuzung mit der D62 verläuft die Straße kurvenreich – was sich nach dieser Kreuzung noch steigert, während unsere Strecke weiter auf der D81 in westliche Richtung führt. Kurz nach der Kreuzung zweigt eine schmale Straße ab zum Camping à la ferme La Canardière, ein etwas abseits und infolgedessen ruhig gelegener Platz. Die Zufahrt erfolgt über eine etwa eineinhalb Kilometer lange Schotterstraße.

DIE STEINWÜSTE

Rund 40 Kilometer weit zieht sich der Küstenstreifen der **Désert des Agriates**. Die Region ist weitgehend unbewohnt, die Natur vollständig sich selbst überlassen. Dabei herrschen mitunter extreme klimatische Bedingungen mit Temperaturen bis zu 40 Grad im Landesinneren und wenig Niederschlägen.

Bei der Fahrt auf der D81 ergeben sich herrliche Ausblicke auf das kontrastreiche Farbspektakel aus grauem Gestein, grünen Wäldern und dem tiefblauen Meer im Hintergrund. Es sind in regelmäßigen Abständen Parkbuchten zum Anhalten und Staunen vorhanden.

Bevor man ins Inselinnere abbiegt, sollte man dem **Strand von Ostriconi** einen Besuch abstatten. Dort kann man sich entweder dem reinen Badevergnügen hingeben oder eine Küstenwanderung unternehmen. Man wechselt von der D81 auf die T30 Richtung

ROUTE 2

START- UND ENDPUNKT
Saint-Florent und Calvi

STRECKENLÄNGE
186 Kilometer

FAHRZEIT
2 bis 3 Tage

BESTE JAHRESZEIT
Mai bis Oktober

Prämiertes Dorf Lama

Küste, biegt am Campingplatz Village l'Ostriconi von der T30 ab und folgt der Beschilderung zum Strandparkplatz – Achtung: Die Durchfahrtshöhe ist auf zwei Meter beschränkt. Wer auf dem Campingplatz Village de l'Ostriconi übernachtet, hat, mit einem kurzen, aber schönen Wegstück versehen, direkten Strandzugang vom Platz aus.

Die Traumbucht mit dem naturbelassenen Ostriconi-Strand gilt als eine der schönsten im Norden Korsikas. Durch den feinen, hellen Sand schlängelt sich ein grasgrüner Bach. Dank der abgeschiedenen Lage ist der Strand nie überfüllt, er bietet Schnorchelfelsen bei ruhigem Wasser, aber auch mal starken Wellengang und eine nicht ganz ungefährliche Strömung. Im Juli und August gibt es eine Badeaufsicht. Der Sonnenuntergang an diesem herrlichen Strand ist ein Erlebnis!

ABSTECHER INS ASCO-TAL

Mit oder ohne Bade- bzw. Wanderstopp führt unser Weg nun ins Inselinnere mit dem Ziel Asco-Tal. Wo die D81 auf die T30 trifft, geht es weiter auf der gut ausgebauten T30 in südliche Richtung. Ein kurzer Abstecher führt uns in das authentische korsische Dorf **Lama**. Der Ort ist hübsch restauriert und wurde als »Village Fleuri« prämiert – das ist ein Wettbe-

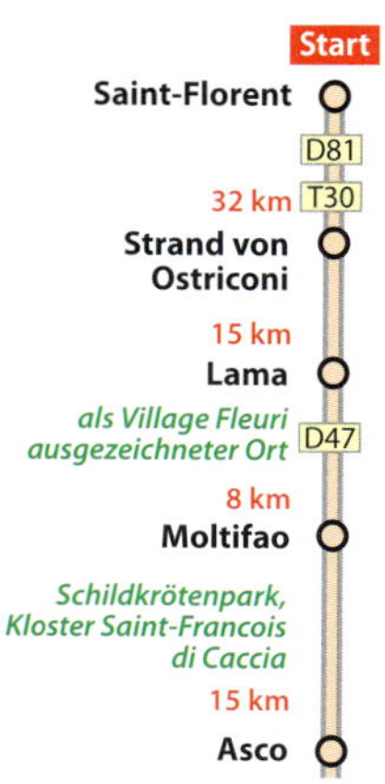

SPECIAL

KORSIKAS KORNKAMMER

Der steinwüstenartige Küstenstreifen der Désert des Agriates zwischen dem Cap Corse im Osten und der Balagne im Westen war bis zu Beginn des 20. Jahrhunderts fruchtbares Acker- und Weideland – was der Region einst den Beinamen »Kornkammer Korsikas« gab. Es wurden Weizen, Oliven, Feigenbäume und Zitrusfrüchte angebaut. Doch der Anbau führte zu einer Überbeanspruchung des Bodens und Brandrodung sowie Erosion ließen eine verödete Landschaft entstehen, die in ihrer Kargheit einer Mondlandschaft gleicht. Aus der vormals fruchtbaren Küstenregion wurde eine felsige Wüste. Die Vegetation hat sich diesen Bedingungen angepasst und bietet heute als Kontrastprogramm zur Wüstenoptik Macchia, Ginster, Myrte und Heidekraut.

Moltifao ist der größte Ort im Asco-Tal.

werb blumengeschmückter Städte und Ortschaften, bei dem Lama mit vier Blumen die höchste Auszeichnung erhielt. Lama liegt im Ostriconi-Tal und besticht vor allem durch seine engen, mittelalterlichen Treppengassen in einer urkorsischen Altstadt, die an den Berg gebaut ist. Wohnmobile parken am besten am unteren Parkplatz des Ortes, von wo aus es nach links ins Dorf hinaufgeht.

Direkt neben dem oberen Parkplatz befindet sich die Touristeninformation, die einen Ortsplan bereithält. Die interessanten Stationen innerhalb des Dorfes sind im Rahmen eines Rundgangs beschrieben, die korrespondierenden Nummern findet man auf Tafeln an den Häusern des Ortes. Lama ist Ausgangspunkt für zwei zwei- bis dreistündige Wanderungen, auch hierüber erhält man eine ausführliche Beschreibung bei der Touristeninfo. Lama bietet an mehreren Stellen im Ortsbereich wunderschöne Blicke über das Ostriconi-Delta bis ans Meer.

Es geht weiter gen Süden, bis die T30 die D47 kreuzt. Auf dieser biegen wir ins Asco-Tal ab. Die D47 geht nahtlos über in die D147, die als Sackgasse 30 Kilometer nach der Kreuzung mit der T30 endet.

Als erster Ort im Asco-Tal ist **Moltifao** erreicht. Drei Campingplätze hat man zur Auswahl, wenn man im Ortsbereich übernachten möchte: Zuerst kommt Camping E Canicce, an einem Fluss und in einem Naturpark gelegen mit Pool und allerhand Freizeitaktivitäten. Der nächste im Bunde ist Camping Cabanella, ein eher kleiner Platz an einer Gumpe des Flusses Asco. Und schließlich folgt Camping Tizarella, auch ein kleiner Platz mit Blick in die Berge.

Crêpes mit Aussicht gibt's im Café »La Miellerie d'Asco«.

Auf der Fahrt durchs Asco-Tal findet man immer wieder Zugang zu Badegumpen.

Schildkrötenpark Village des Tortues in Moltifao

In Moltifao ist vor allem für Familien mit Kindern ein Besuch des Schildkrötenparks **Village des Tortues** (direkt an der D147 Richtung Asco gelegen) Pflichtprogramm. Hier kann man sich zum Beispiel von der typisch korsischen Schildkröte Tortue d'Hermann ein Bild machen – und das im Hochsommer am besten am Vormittag oder späten Nachmittag, da sich die gepanzerten Wesen in der Mittagshitze gern verkriechen. Zwischen 13 und 14.30 Uhr ist der Park aus diesem Grund geschlossen.

Auf einer kleinen Passhöhe befindet sich die zweite Sehenswürdigkeit, nämlich die überwucherten Ruinen des Klosters **Saint-Francois di Caccia**. Die 1510 errichtete Einsiedelei wurde nach ihrer Zerstörung 1569 als Kloster wiederaufgebaut und ständig erweitert, seit einer Plünderung im Jahr 1774 jedoch zerfällt es – was ihm heute einen durchaus unheimlichen Touch verleiht. Verstärkt wird die besondere Atmosphäre durch den Friedhof, der um das ehemalige Kloster herum angelegt ist (sogar im Inneren der eingefallenen Kirche gibt es Gräber).

Der eigentliche Ortskern von Moltifao befindet sich nicht direkt an der Durchfahrtsstraße durchs Asco-Tal, sondern nördlich davon, eine Besichtigung kann also auch bei dem unten beschriebenen alternativen Rückweg aus dem Tal eingebaut werden.

GUMPENBADEN UND KLETTERVERGNÜGEN

Nach dem Schildkrötenpark verengt sich die D147 mit Beginn der wilden Schlucht **Gorges**

Eine Bezwingung des Monte Cinto ist eine der größten Herausforderungen auf Korsika.

de l'Asco merklich und ist für größere Wohnmobile und Gespanne eine Herausforderung und nur eingeschränkt zu empfehlen. Für kleine Camper ist die Fahrt unproblematisch. Es folgen entlang des Flusses einige Badegumpen und mit dem Parc Asco Vallée Aventure ein Klettervergnügen in der absoluten Natur (Kontaktdaten des Anbieters: In Terra Corsa, Tel. +33 4 95476948, interracorsa.com). Am rechten Straßenrand befindet sich ein Parkplatz, von wo aus man über eine Hängebrücke den Eingang zum Park erreicht.

Die Straße weitet sich noch einmal und gibt den Ort **Asco** mit seiner Hanglage preis – es ist die einzige größere Siedlung im gleichnamigen Tal. Mitten im Ort startet an einer Kapelle (an der Abzweigung zum Friedhof) ein kleiner Spaziergang zu einer romantisch-schönen genuesischen Brücke mit Badegumpen drum herum. Abseits des Verkehrs spannt sie sich fotogen über den Fluss Asco. Rund um Asco fallen die zahlreichen Bienenstöcke ins Auge – der Ort ist berühmt für seinen Honig, den man hier kaufen kann. Für eine Einkehr mit typisch korsischem Essen oder einem kühlen Getränk inklusive schöner Aussicht ist das Restaurant "Boutique Acropole Corse" empfehlenswert.

AUSFLUG

AUF DEM GIPFEL DER INSEL

Von allen hohen Bergen Korsikas ist der Monte Cinto der höchste. Sein Gipfel befindet sich auf 2706 Meter Höhe, wofür der stramme Wanderer 1300 Höhenmeter ab Haut Asco über den Nordhang des Berges bewältigen muss. Startpunkt ist der Parkplatz südlich des Hotels Le Chalet. Eine rote Markierung und Steinmännchen weisen den Weg. Es gibt Kraxeleinlagen und Schuttpassagen (für die Wanderstöcke empfehlenswert sind). Kritische Stellen sind mit Ketten gesichert. Der Weg führt abwechslungsreich unter anderem an einem See und einer Felsnadel vorbei und über ein Plateau bis zu einem Gratkamm und zum Vorgipfel. Ist das kleine Gipfelkreuz auf über 2700 Meter Höhe erreicht, bietet sich ein spektakulärer Blick von der Ost- bis zur Westküste, kein Gipfel ist im Weg – man blickt aus der Vogelperspektive auf die 2000er hinab.

Vom Asco-Tal zweigt das Tassineta-Tal ab – in dieses kann man hineinwandern.

Nach weiteren acht Kilometern, der Fluss heißt inzwischen Stranciacone, befindet sich am Straßenrand ein großer Parkplatz, von dem aus man beliebig weit in das nach Nordwesten hineinreichende **Tassineta-Tal** hineinwandern und unterwegs Badepausen im Fluss einlegen kann. Nur ein kurzes Stück weiter fogt der herrlich naturnahe Campingplatz Camping Monte-Cinto – die ideale Ausgangsstation für eine Besteigung des höchsten Berges Korsikas, des **Monte Cinto**.

Im Ort Haut Asco, am Ende des Asco-Tals, ist das im Sommer 2018 eröffnete »La Maison de la Montagne: Ecomusée – Maison du Mouflon à Asco« einen Besuch wert: Neben Fotos und anschaulichen Modellen gibt es interaktive Stationen und einen Film über Mufflons, eine Wildschafgattung, die es ursprünglich nur auf Korsika und Sardinien gab. Ergänzt wird das Museum durch einen Lehrpfad im Außenbereich.

KURS ZURÜCK ZUR KÜSTE

Mit oder ohne Aufstieg auf den höchsten Berg Korsikas – an dieser Stelle des Asco-Tals ist die Welt definitiv zu Ende. Also drehen wir um und fahren das schöne Tal wieder in östliche Richtung zurück. Um nicht exakt denselben Rückweg zu nehmen und gleich einige wunderschöne Dörfer der **Balagne** mit in die Fahrt einzubauen, kann man in Moltifao und nahe dem Camping E Canicce auf die D47 Richtung Norden abbiegen. Zwar ist diese Strecke länger und die Straße oft grenzwertig, da eng und holprig, andererseits zeigt sich die Insel Korsika hier mit ihrer geballten Naturgewalt.

Auf dieser Alternativroute folgt kurz nach Moltifao eine Abzweigung zu dem kleinen Ort **Castifao** im Tartagine-Tal (Sackgasse). Markant thront oberhalb des Dorfes der eckige Wehrturm von Paganosa. In Castifao endet die D47.

Nun geht es mitten hinein in das Hinterland der **Balagne**, die hier durch hübsche Bergdörfer besticht, während sie an ihrer 40 Kilometer langen Küstenlinie schöne Badeorte bietet. Die Strecke führt weiter über die D247 – die Straße ist eng, aber mit Wohnmobil gut machbar, weil wenig Verkehr herrscht. Der Ort **Piana** entlang des Weges wartet mit einer genuesischen Brücke auf, die man gut zu Fuß erreichen kann (ausge-

Der Dorfplatz von Belgodère

schildert mit »Pont Génois« am Abzweig einer Schotterstraße, der man etwa 250 Meter weit folgt). Das Brückchen ist sehr malerisch und überspannt eine ruhige, etwa eineinhalb Meter tiefe Badegumpe.

In Piana zweigt auch die D547 in nördliche Richtung ab – auf ihr folgt eine einsame Fahrt, die durch hügelige Heide- und Weidelandschaft führt. Alles ist grün, es ist kaum jemand unterwegs, die Straße ist mitunter abenteuerlich in die Hänge gefräst. Alte, verfallene Weide-Trennmäuerchen verstärken das Gefühl der Einsamkeit vor der unendlichen Weite dieses Landstrichs.

Die D547 mündet in die D963, die schließlich auf die etwas größere RT301 trifft, wo es in Richtung Palasca geht; es bleibt weiterhin eine herrliche Fahrt wie durch das Auenland. Von der RT301 zweigt kurz später die enge, kurvenreiche D163 in das Kunsthandwerkerdorf **Palasca** ab, ein verträumter Ort in 400 Meter Höhe über dem Vallée de l'Ostriconi. Das Wohnmobil muss man unbedingt am Dorfeingang stehen lassen, denn der Ort mit seinen verwinkelten, engen Gassen ist nicht einmal für einen normalen Pkw geeignet. Sehenswert in diesem Örtchen sind der barocke Glockenturm der Kirche Santa Maria

AUSFLUG

AUF DEN AUSSICHTSREICHEN MONTE TOLU

Die Balagne und ihre schönen Bergdörfer von oben sehen – das ist bei einer Bergwanderung auf den Monte Tolu möglich. Aussichts- und abwechslungsreich führt der Weg, der am Pass Bocca di a Battaglia auf 1101 Meter Höhe startet, über Weideland, Bergpfade, über einen Sattel und nicht zuletzt auf allen vieren kraxelnd zum 1332 Meter hoch gelegenen Gipfelkreuz. Unterwegs blicken wir auf das Meer, die Balagne, die Bergdörfer – und auch mal in ein Paar Kuhaugen. Wenn der Weg auch recht unkompliziert mit einer orangefarbenen Markierung geradeaus geht, bietet er doch ständig neue Panoramablicke und Impressionen. Am Parkplatz beim Startpunkt befindet sich die Snackbar A Merendella, wo man sich nach der Tour belohnen kann (Col de Battaglia, 20259 Pioggiola, Tel. +33 6 23249365, in der Hochsaison Dienstag bis Samstag 10.20-17 Uhr, Sonntag 11-17 Uhr).

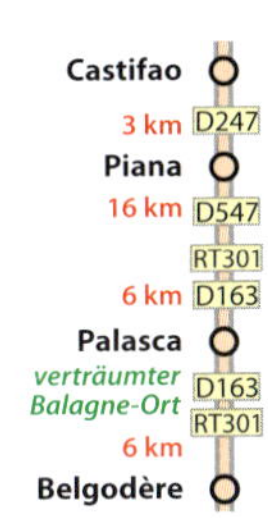

Erkennungsmerkmal des Küstenortes L'Île Rousse ist die vorgelagerte Insel mit Leuchtturm und Genuesenturm.

Assunta am Ortseingang und der Aussichtspunkt am Ortsende.

Weiter auf der RT301, zwei Kilometer nach dem Abzweig, folgt das Bergdorf **Belgodère**, wo deutlich mehr los ist als in Palasca: Es gibt Läden, Kneipen und einen fröhlich bevölkerten Dorfplatz. Neben den schönen Panoramablicken (empfehlenswert ist vor allem die Aussicht vom Felsen »Tegghie«) ist in dem charmanten Ort die Kirche Saint-Thomas aus dem 16. Jahrhundert sehenswert sowie weitere religiöse Bauwerke um den Ort herum. Rechts unterhalb der Ortsmitte gibt es einen Parkplatz, der vom Dorfplatz aus ausgeschildert ist. Ein Abstecher über die D71 würde noch das kleine Adlernest **Speloncato** in die Sammlung der Bergdörfer aufnehmen.

L'ÎLE ROUSSE IM HERZEN DER BALAGNE

Die gut ausgebaute Nationalstraße RT301 bringt uns zurück zur Küste und nach **L'Île-Rousse**, einem der beiden berühmten Küstenorte der Balagne. Badespaß und alle Arten von Wassersportaktivitäten stehen auf dem Programm, während wir die Küste und die weiteren Freizeitmöglichkeiten in und um L'Île Rousse erkunden.

Der lebhafte Küstenort ist zugleich ein eigenwilliges Hafenstädtchen. Das ist auf den Freiheitskämpfer und Nationalhelden Korsikas, Pasquale Paoli zurückzuführen, der L'Île-Rousse als strategische und wirtschaftliche Konkurrenz zu dem nahen, Genua-treuen Calvi gegründet hat. Die Korsen sollten nämlich über die Balagne herrschen und nicht Genua. Bis heute vermeiden es die widerspenstigen Bewohner, den Ort nach seinem französischen Namen zu benennen, und bezeichnen ihn entweder auf Korsisch mit »Isula Rossa« oder einfach nur »L'Isula«. Der Ortsname, ganz gleich, welcher Sprache man sich nun bedient, ergibt sich aus der vorgelagerten Insel La Pietra – mit Leuchtturm und Genuesenturm darauf –, deren rotes Felsgestein bei Sonnenuntergang spektakulär schön leuchtet. Durch einen Damm ist die Insel mit dem »Festland« der Stadt verbunden. Der perfekte Sonnenuntergangsspaziergang!

Die Gassen und Straßen von L'Île-Rousse sind schachbrettartig angelegt mit vielen Straßencafés, Restaurants und Läden. Es ist

immer viel los und im Hochsommer auch gern mal bis in die Nacht hinein. Aber im Prinzip ist der Ort überschaubar. Seinen besonderen Reiz machen der Haus-Sandstrand, die beiden Nachbarstrände **Bodri** (eineinhalb Kilometer westlich von L'Île-Rousse, mit großem Parkplatz auch für Wohnmobile für 2,50 Euro pro Tag) und **Lozari** (sieben Kilometer östlich) aus sowie die Buchten in der Umgebung auf der einen und die malerische Balagne auf der anderen Seite der Stadt. Auf der Uferpromenade entlang des weißen Sandstrandes lässt es sich vortrefflich flanieren. Für sportlich Aktive vermietet am Strand von Lozari das Unternehmen In Terra Corsa Katamarane, Surfbretter und Kajaks. Auch geführte Aktivitäten wie Canyoning sind möglich (detaillierte Informationen unter interracorsa.com).

Im Zentrum liegt die **Altstadt**, deren Herz auf dem großzügig angelegten Marktplatz **Place Paoli** schlägt. Hier kann man nicht nur den unterschiedlichsten Aktionen beiwohnen und auf dem Wochenmarkt einkaufen, sondern auch die Marmorstatue Pasquale Paolis bewundern, die auf der Mitte des Platzes prangt. In der renovierten, historischen Markthalle **Marché Couvert** an der Nordseite des Platzes wird am Vormittag frisches Obst und Gemüse verkauft.

Turmruine im Stadtbereich von L'Île Rousse

SPECIAL

DER OBSTGARTEN KORSIKAS

Im 11. Jahrhundert, als die Gegend der heutigen Balagne von Überfällen sarazenischer Piraten heimgesucht war, wurden Lehensherren in der Balagne eingesetzt. Sie errichteten Burgen zur Überwachung der Küste und unterstützten die Benediktiner, welche die durch die ständigen Überfälle zerstörte Landwirtschaft wieder aufbauten. Am Ende des 13. Jahrhunderts war durch diese Maßnahmen die Balagne zur Weinanbauregion geworden. Gleichzeitig hatte man eine Vielzahl von Kirchen erbaut, weswegen man das Gebiet auch die »heilige Balagne« nannte. Als sich im 13. Jahrhundert auch die Genuesen in der Region niederließen und die Landwirtschaft förderten, wurde die Balagne zum fruchtbaren »Garten Korsikas«.

Auszeit im Parc de Saleccia

Nicht zuletzt hat sich L'Île-Rousse zu einem bedeutenden **Fährhafen** entwickelt – Fähren aus Marseille, Toulon, Savona und Nizza legen hier an und machen den Hafen neben Calvi zu einem der beiden Drehkreuze der Balagne. Eine weitere »Infrastruktur« bietet die **Tramway de Balagne**, eine Schmalspur-Eisenbahn, die L'Île-Rousse mit Calvi verbindet und auf einer landschaftlich reizvollen Reise entlang der Küste an den Stränden haltmacht. Die Fahrt in dem ruckeligen Gefährt, das zu Recht den Beinamen »U Trinighellu« (Die Zitternde) trägt, ist ein Erlebnis der besonderen Art und bietet eine gute Möglichkeit, einen Tagesauflug zu weniger überlaufenen Stränden zu unternehmen. Im etwas kleineren Format kann man mit der nostalgischen Bimmelbahn **Petit Train** durch L'Île-Rousse cruisen.

Mit dem Touristenbähnchen durch L'Île Rousse

Das Wohnmobil kann man am zentrumsnahen Parkplatz an der Ortsdurchfahrt am Abzweig der D63 nach Monticello abstellen. Eine stadtnahe Übernachtung ist auf den beiden Plätzen Camping Terre d'Oliviers östlich des Stadtzentrums oder Camping Le Bodri westlich davon möglich. Terre d'Oliviers ist 800 Meter vom Ortskern und 400 Meter vom Sandstrand entfernt, Le Bodri ist eineinhalb Kilometer von L'Île-Rousse entfernt und hat direkten Zugang zum Plage de Bodri.

AUSFLÜGE IN DIE UMGEBUNG VON L'ÎLE-ROUSSE

Wer vor allem in der Hochsaison dem Trubel der Stadt entfliehen möchte, nimmt sich im **Parc de Saleccia** auf halber Strecke zwischen L'Île-Rousse und dem Strand von Lozari (an der T30) eine geruhsame Auszeit. Der mediterrane Park beinhaltet einen botanischen Garten mit unterschiedlichen Themenwegen, einen Spielplatz und einen Zoo mit Bauernhoftieren sowie ein kleines Restaurant und Getränkestände. Im Internet findet man alle relevanten Informationen zu dem Naturpark unter parc-saleccia.fr..

Wieder etwas ins Hinterland der Balagne führt uns der Weg, wenn wir das zauberhafte Örtchen **Sant'Antonino** besuchen möchten. Wie ein Adlerhorst präsentiert sich das Dorf mit seinen Granitsteinhäusern auf der Spitze einer hohen Bergkuppe hoch über der Balagne. Den kreisförmig angelegte Ort, der zu einem der ältesten und schönsten Korsikas zählt, kann man sehr gut über eine Wanderung erreichen – es geht etwa zwei Kilometer weit (einfacher Weg) und 150 Höhenmeter bezwingend zu dem Ort, dessen enge Gassen Handwerkskunst und Spezialitätenlädchen säumen. In der Dorfmitte gibt es einen

Ein Blickfang im mittelalterlichen Künstlerdorf Pigna ist die Kirche.

Aussichtspunkt mit tollem Panoramablick auf die umliegenden Dörfer bis hin zum Meer.

Startpunkt für den Fußmarsch ist das Kloster **Couvent de Corbara** an der D151. Das im Jahr 1465 von Franziskanern gegründete Kloster ist ebenfalls sehenswert. Im 19. Jahrhundert wurde hier ein theologisches Seminar eingerichtet, dessen Räume man besichtigen kann. Etwa sieben Kilometer vom Zentrum von L'Île-Rousse entfernt geht es links hinauf zu einem großen Parkplatz.

Parken kann man auch das Wohnmobil ohne Einschränkungen auf einem riesigen Parkplatz außer- beziehungsweise unterhalb von Sant'Antonino bei der Kirche. Die meisten Restaurants im Ort bieten von ihrem Außenbereich aus zauberhafte Blicke. Diesbezüglich besonders empfehlenswert ist das Restaurant I Scalini, dessen mediterran bunt ausgestattete Terrasse quasi frei über der Balagne schwebt.

In der Hauptsaison (Juni bis September) gibt es nicht nur für Familien mit Kindern ein kleines Bonbon in Sant'Antonino: Dann kann man den Ort vom Rücken eines Esels aus erkunden. Am unteren Parkplatz des Ortes startet die 30-minütige Tour am Nachmittag; gelassen schaukeln die Tiere ihre Reiter durch die schmalen Gassen und Gewölbegänge.

Ebenfalls an der D151 und nördlich von Sant'Antonino befindet sich das Dorf **Pigna** mit viel Kunsthandwerk; manche Künstler lassen sich beim kreativen Arbeiten über die Schultern schauen. Ein kostenloser Parkplatz steht oberhalb des autofreien Dorfes zur Verfügung, unten gibt es einen kostenpflichtigen Parkplatz für zwei Euro pro Tag (dort jedoch nur für kleine Camper).

Für die Aktivitäten rund um L'Île-Rousse bietet es sich an, den Standort in der Hafenstadt zu belassen und im Rahmen von Tagesausflügen die Ziele der Umgebung anzusteuern, da es vor allem im Hinterland keine Campingplätze für Wohnmobile gibt.

DER KÜSTENSTREIFEN DER BALAGNE

Ist man mit dem Sightseeing von L'Île-Rousse und Umgebung fertig und wendet sich Richtung Westen und der nächsten Hafenstadt Calvi zu, stehen im Ortsbereich von Algajola drei Campingplätze zur Verfügung:

Der Strand von Agajola mit dem gleichnamigen Ort

Der familiäre Camping Balanea liegt östlich von Algajola und ruhig, etwas abseits der T30. Es folgen im Ortsbereich von Algajola die beiden Plätze A Marina Camping (sehr groß, großzügig angelegt und sauber) und Le Camping de la Plage in direkter Strandnähe – beide Campingplätze befinden sich an der T30. Auf dem nachfolgenden Campingplatz Cala di Sole kann man hauptsächlich Apartments und kleine Bungalows mieten, es gibt nur wenige Stellplätze für Wohnmobile.

Romantischer kann man nicht dinieren: Die Tische des Restaurants »Le Matahari« stehen auf dem Strand.

Algajola an der Spitze einer langen Bucht ist ein beschaulicher kleiner Ort direkt an der Küste mit einer **Zitadelle**, die jedoch nicht öffentlich zugänglich ist. Von der Uferpromenade aus kann man allerdings einen sehr schönen Blick auf das alte Gemäuer erhaschen. Unterhalb davon gibt es schöne Cafés, Restaurants und Souvenirläden. Eine Sehenswürdigkeit des Ortes ist die kleine Kirche **Chapelle Saint-Michel d'Algajola** direkt an der Felsküste. Hauptattraktion Nummer eins ist jedoch der eineinhalb Kilometer lange Sandstrand – er heißt im westlichen Bereich **Plage d'Algajola**, im östlichen **Plage d'Aregno**, ist aber ein und derselbe. Da der kinderfreundliche Strand als Traumstrand bezeichnet wird, ist er zumindest in der Hochsaison ziemlich gut besucht.

Genau auf halber Strecke zwischen L'Île-Rousse und Calvi sitzt auf einer Landspitze und zwei Kilometer abseits der T30 der Ort **Marine de Sant'Ambroggio**. Der Strand, der sich in die Bucht schmiegt, lockt durch seine geschützte Lage vor allem Surfer an. Durch den Ort und über eine schmale Straße ist die **Punta Spano** mit Kletterfelsen und Genuesenturm erreichbar. Ebenfalls ab-

seits der T 30 lädt ein Stückchen weiter Richtung Calvi das Restaurant Le Matahari zu einem gediegenen Abendessen ein. Die hübsch eingedeckten Tische stehen hier direkt auf dem Sand des Strandes, infolgedessen ist der Ausblick fantastisch und die Atmosphäre mit Kerzen und Fackeln am Abend sehr romantisch. Es wird gehobenes Essen serviert, der Service ist ebenfalls besonders. Eine Reservierung ist unbedingt erforderlich (Plage de l'Arinella, 20260 Lumio, Telefon +33 4 95607847, lematahari.com).

Ein wunderschöner Platz in Lumio, an der T30 gelegen und mit spektakulärem Ausblick ist der Camping Le Panoramic. Er verfügt über eine gute Ausstattung und bietet unter anderem einen Pool in der Hauptsaison. Von diesem Platz aus kann man im Rahmen eines Spazierganges das verlassene Dörfchen **Occi** erreichen – bzw. dessen Überreste. Das geheimnisvolle Ruinendorf, 377 Meter hoch über der Balagne gelegen, ist besonders eindrucksvoll wegen seiner Panoramalage und des grandiosen Rundumblicks von dort. Occi wurde im Jahr 1589 gegründet, um diese Zeit gab es 150 Bewohner, die von Viehzucht und Landwirtschaft lebten. Aber bereits im 19. Jahrhundert haben die Bewohner das Dorf nach und nach verlassen.

CALVI – PERLE DES NORDENS

Das Städtchen **Calvi** hat Gewicht auf Korsika, nicht nur als Hauptstadt der Balagne, sondern auch als Ferienzentrum. Calvi ist unter anderem berühmt wegen der hübschen Altstadt und der eindrucksvollen Zitadelle, aber auch das Hafengebiet, in dem Jachten in allen Preiskategorien vor Anker liegen, ist ansprechend. Ein fast fünf Kilometer langer, heller, feiner Sandstrand säumt die Küste des Städtchens am Golf von Calvi.

Die Geschichte des Hafenortes ist turbulent. Zunächst als Festung von den Römern im ersten Jahrhundert gegründet und Hunderte Jahre später von den Vandalen und Ostgoten zerstört, entstand im 11./12. Jahrhundert wieder ein kleiner Hafenort unter pisanischer Herrschaft. Es folgten Auseinandersetzungen zwischen den Anhängern Pisas und Genuas, wobei sich letztere im Jahr 1268 auf einem Felsen verschanzten und die heutige Oberstadt gründeten. Zehn Jahre später wurde Genua zu Hilfe gerufen. Jahrhundertelang ge-

Occi ist ein verlassenes Ruinendorf über der Balagne.

Algajola
Traumstrand und Zitadelle
4 km
Marine de Sant'Ambroggio
15 km
Calvi
Hauptstadt der Balagne
Ziel

Die Oberstadt mit Zitadelle überwacht die Stadt Calvi.

hörte Calvi danach zur Republik Genua, widersetzte sich Unabhängigkeitsbestrebungen und entwickelte sich zu einem wichtigen genuesischen Militärposten, bis das Städtchen 1768 an Frankreich über geben wurde.

Bis heute ist die Aufteilung Calvis in eine **Oberstadt** und eine **Unterstadt** erhalten geblieben. Während die Oberstadt von mittelalterlichen, ruhigen und engen Gassen durchzogen ist und erhöht liegt, versprüht die quirlige Unterstadt einen fröhlichen Charme. Ob bei einem Bummel durch die Gässchen oder entlang der Hafenquais oder beim Blick von der Mole auf die Stadt – immer herrscht hier buntes Treiben, ganz besonders in der Rue Georges Clemenceau und

Mediterrane Stimmung herrscht in den engen Gässchen Calvis.

am Quai Landry mit den vielen Restaurants. Die **Zitadelle** hoch oben auf einem wuchtigen Felsen ist das Wahrzeichen und die berühmteste Sehenswürdigkeit der Stadt. Sie ist weithin sichtbar und auch bei der Fähranfahrt auf den Fährhafen von Calvi begrüßt sie mit ihrer Lage direkt über dem Meer die Gäste auf der Insel. Man gelangt über den Place Christophe Colomb und durch eine Zugbrücke hinein in die befestigte Bastion. Ein Gang auf dem Mauerring um die Festung herum bietet tolle Ausblicke.

Apropos Kolumbus: Ob es ein Gerücht oder eine Tatsache ist, wird wohl niemals zweifelsfrei geklärt werden. Doch unter den Korsen hält sich hartnäckig die Legende, dass **Christoph Kolumbus** in Calvi geboren wurde – und zwar im Jahr 1441 im heutigen Maison Christophe Colomb in der Rue Colomb, ausgewiesen durch eine Gedenktafel. Auch Städte in Italien, Spanien und Portugal beanspruchen für sich, Geburtsort des Entdeckers Amerikas zu sein. Aber immerhin lebte die Familie Colomb noch bis ins 18. Jahrhundert in Calvi. Don Fernando, seines Zeichens Sohn des Christoph Kolumbus, versicherte seinen Mitmenschen stets, sein Vater sei an der korsischen Küste geboren.

In der Oberstadt befindet sich am Place d'Armes auch der **Gouverneurspalast** aus dem 13. Jahrhundert. Er beherbergt heute die Offiziersmesse der letzten Bastion der Fremdenlegion auf Korsika. Inmitten der Zitadelle prangt außerdem die barocke **Cathédrale Saint-Jean-Baptiste**. Daneben wurde das **Oratoire de Saint-Antoine** zum Museum für sakrale Kunst umfunktioniert und ist dem heiligen Antonius, dem Schutzheiligen der Tiere, gewidmet.

Nach so viel altem Gemäuer kann man sich auf die lebhaften Gassen der Unterstadt freuen. Am Zugang befinden sich der Bahnhof, wo die Balagne-Bahn hält, sowie die Touristeninformation. Am **Quai Landry** unterhalb der Zitadelle kann man in einem der wunderschönen Straßencafés und Restaurants direkt am Wasser die munter schaukelnden Boote im Jachthafen bestaunen. An der belebten Hauptstraße **Rue Georges Clemenceau** liegen die Plätze San Carlu und Crudeli. Auf dem Place Crudeli spielen auf den Stufen der Kirche Sainte-Marie-Majeure Musiker. An den Platz grenzt der kleine Markt **Marché Couvert**, ein Lebensmittelmarkt, auf dem es neben Obst und Gemüse korsische Spezialitäten, Fleisch und Fisch zu kaufen gibt (täglich zwischen 8 und 12 Uhr). Von Juni bis September bieten Bauern auf dem Markt **U picculu maractu di qui** auf dem Place du Monument aux Morts täglich außer montags von 8 und 13 Uhr regionales Obst und Gemüse an.

Blick von der Oberstadt auf Unterstadt, Hafen und Strand

Beim Aufstieg auf das Capu di à Veta ergeben sich tolle Blicke auf die Bucht von Calvi.

Große Parkplatzkapazitäten findet man auf dem gebührenpflichtigen Parkplatz unterhalb der Zitadelle, für längere Wohnmobile ist er allerdings nicht geeignet.

Wer es eher gemächlich mag und keine schweißtreibende Wanderung unternehmen möchte, kann an einer der vielen Bootsfahrten ab Calvi teilnehmen. Es geht zum Beispiel mit dem Unternehmen Giru Mare (girumare.com) zur **Grotte des Veaux Marins** bei der Halbinsel La Revellata. Bei einer zweistündigen Bootstour fährt man nicht nur in die geheimnisvolle Grotte hinein, sondern kann auch die Unterwasserwelt und den Leuchtturm der Halbinsel bewundern. Die Fahrten starten am Quai Landry, ebenso die Fahrten zum UNESCO-Naturschutzgebiet von **La Scandola**, die vier Stunden dauern. Die Halbinsel La Scandola ist nur über eine mehrstündige Wanderung oder mit dem Boot zu erreichen, etliche Unternehmen bieten Fahrten von Porto, Calvi und Galéria aus dorthin an. Das landschaftlich wunderschöne Naturreservat liegt zwischen Land und Meer und bietet eine üppige Vegetation, kleine Buchten, eine artenreiche Vogelwelt, bizarre Felsformationen und überall kristallklares Meer auf der einen und eine mächtige Bergwelt auf der anderen Seite.

Calvi eignet sich hervorragend für einen längeren Aufenthalt, weil auch die Umgebung viele Möglichkeiten der Freizeitgestal-

AUSFLUG

AUS DER VOGELPERSPEKTIVE

Am Hotel Corsica (südlich des Stadtkerns) startet eine Wanderung zum »Hausberg« Capu di à Veta. Sie ist sechs Kilometer lang, muss aber anspruchsvolle 750 Höhenmeter überwinden. Der Weg ist rot markiert und führt mitunter sehr steil durch die Macchia, bis auf etwa 600 Meter Höhe ein Sattel zwischen zwei Gipfeln erreicht ist. Hier geht es nach rechts und weiter der Markierung folgend zum 703 Meter hoch gelegenen Gipfel des Capu di à Veta mit einem großen Holzkreuz mitsamt Gipfelbuch. Wer noch Puste hat, kann eine Doppelgipfel-Bezwingung aus der Tour machen: Folgt man ab dem Sattel den Steinmännchen nach links, ist eine halbe Stunde später der Gipfel des Capu di à Conca auf 725 Meter Höhe erreicht. Beide Gipfel bieten fantastische Blicke auf Calvi und die Nordküste. Man sollte die Wanderung frühmorgens starten (der Sonnenaufgang auf dem Weg zum Capu di à Conca ist sensationell!), da der Weg wenig Schatten bietet.

tung bietet. Im Stadtbereich stehen entsprechend viele Campingplätze zur Verfügung, die einen längeren Verbleib gewährleisten. Die Liste beginnt mit dem Camping Dolce Vita östlich des Stadtzentrums, es folgen Camping La Pinède, nur 200 Meter vom Strand entfernt, die drei Plätze Camping Paduella, Camping International und Camping & Résidence Les Castors an der T30 sowie der sehr empfehlenswert gelegene Platz Camping Bella Vista, ein wenig im Hinterland, aber naturnah und mit schöner Aussicht. Auf dem Weg zum Forêt de Bonifatu passiert man den Camping Paradella an der D81.

ABWECHSLUNG PUR RUND UM CALVI

Neben der oben genannten Halbinsel La Revelatta, die man mit ihrem Leuchtturm nur zu Fuß erkunden kann (es führt lediglich eine für Wohnmobile nicht geeignete Sandpiste an die Spitze der Halbinsel), und dem Naturreservat La Scandola ist der **Forêt de Bonifatu** ein äußerst lohnenswertes Ziel. In diesem riesigen Wandergebiet finden sich Wege aller Schwierigkeitsstufen und einige idyllische Badegumpen am Fluss Figarella. Besonders an heißen Sommertagen bietet sich hier eine schattige Alternative zur sonnenüberfluteten Küste. Die Wege starten am großen Parkplatz der Auberge de la Forêt, dort weist eine Wandertafel die verschiedenen Pfade aus.

Eine sehr beliebte, aber nicht gerade anspruchslose Wanderung führt zur Hütte **Refuge de Carrozzu**. Unterwegs genießt man Blicke auf das natürliche Fels-Amphitheater **Cirque de Bonifatu** und als Ziel lockt die abenteuerliche **Spasimata-Hängebrücke**. Auf der Terrasse der bewirtschafteten Hütte kann man wieder zu Atem kommen und sich für den Rückweg rüsten. Die Wanderung ist zwölf Kilometer lang und 750 Höhenmeter wollen geschafft werden; man sollte fünf bis sechs Stunden einplanen.

Der märchenhafte Kiefernwald ist 22 Kilometer von Calvi entfernt – die Strecke ist mit dem Wohnmobil in etwa 45 Minuten über die D81 und die D251 zu bewältigen. Unbedingt empfehlenswert ist ein Abstecher zur Kapelle **Notre Dame de la Serra**, die auf einem Hügel thronend einen herrlichen Rundumblick auf Calvi und die Umgebung präsentiert. Man kann sie im Rahmen einer Wanderung von Calvi aus oder mit dem Wohnmobil (großer Parkplatz vorhanden) erreichen. Der ruhige, friedvolle Ort bietet eine gelungene Abschiedsimpression nicht nur von Calvi, sondern von der ganzen Balagne.

Ein Kontrastprogramm zum Trubel der Stadt bietet die Kirche Notre Dame de la Serra.

PRAKTISCHE HINWEISE

FÄHREN

Marseille–L'Île-Rousse, Nizza–L'Île-Rousse, Toulon–L'Île-Rousse, Savona–L'Île-Rousse und Livorno–L'Île-Rousse sowie Nizza-Calvi

TOURISTENINFORMATIONEN

Bureau d'Information touristique de Lama
Maison du Tourisme, Place du Village, 20218 Lama, Tel. +33 4 95600435, balagne-corsica.com

Office de Tourisme de L'Île-Rousse
Avenue Calizi, 20220 L'Île-Rousse, Tel. +33 4 95600435, balagne-corsica.com

Office de Tourisme de Calvi
Chemin de la Plage, Port de Plaisance, 20260 Calvi, Tel. +33 4 95651667, balagne-corsica.com

Bureau d'Information Touristique d'Algajola
Gare d'Algajola, 20220 Algajola, Tel. +33 4 95382739, balagne-corsica.com

Nahe dem Naturstrand liegt der Campingplatz Village de l'Ostriconi.

KARTEN

IGN Korsika Corte – Monte Cinto – Parque National de la Corse 1:25 000: Carte de Randonnée
IGN Korsika L'Île-Rousse – Parque National de la Corse 1:25 000
IGN Korsika Calvi – Cirque de Bonifatu 1:25 000: Parc National de la Corse
Libris Wanderkarte 08. Haute Corse (GR20) – Balagne – Monte Cinto – Restonica – Castagniccia – Fium-Orbo 1:60 000

CAMPING- UND STELLPLÄTZE

S 200 **Camping à la ferme La Canardière** (S. 183/E3) Ferme la Canardière, 20217 Casta, Tel. +33 4 95372079, lacanardiere.com
GPS-Daten: 42.650152, 9.238267
Einfacher Platz inmitten der Natur ohne Anschlüsse auf einem Farmgelände, ruhig gelegen. Etwa acht Kilometer von Saint-Florent entfernt, deshalb ist der Platz auch ein guter Ausgangspunkt für die Stadtbesichtigung. Verkauf von Bioprodukten.

C 201 **Camping Village de l'Ostriconi** (S. 182/C3) Village de l'Ostriconi, 20226 Palasca,
Tel. +33 4 95601005, village-ostriconi.com
GPS-Daten: 42.655347, 9.067610
Vom Platz aus führt ein zehn Minuten langer und sehr schöner Fußweg zum Naturstrand Ostriconi. Einfacher Campingplatz mit Restaurant (Holzofenpizza, auch zum Mitnehmen, und auch Frühstück wird angeboten), kleinem Laden und Pool. Naturnahe, nicht streng parzellierte Stellplätze.

C 202 **Camping E Canicce** (S. 182/D6) Route de l'Asco, 20218 Moltifao, Tel. +33 4 95351675, campingecanicce.com
GPS-Daten: 42.475629, 9.134702

Kleiner Platz mit Stromanschlüssen, direkt am Fluss Asco. Kleines Restaurant und ein Grill mit Sitzgelegenheiten sind vorhanden, außerdem ein Spielplatz, ein Trampolin und ein Pool. Saubere, gepflegte Sanitäranlagen.

C 203 **Camping Cabanella** (S. 182/D6)
Route d'Asco, 20218 Moltifao,
Tel. +33 7 81942461,
camping-cabanella.com
GPS-Daten: N 42°28'21.3" E 9°07'38.9"
Campingplatz mit Blick auf eine Genuesenbrücke und mit Baumhaus für die Kids. Frische Backwaren gibt es täglich beim Imbiss. Lauschiger, überschaubarer Platz in der Natur.

C 204 **Camping Tizarella** (S. 182/D6)
Vallée de l'Asco, 20218 Moltifao,
Tel. +33 4 95478392,
camping-tizarella.com
GPS-Daten: 42.470031, 9.120886
Schöne, schattige Stellplätze für Wohnmobile und Campingbusse, am Fluss gelegen. Restaurant mit leckerer Pizza und Fleischgerichten vom Grill. Kleiner Pool vorhanden, Badegumpen in einem zehnminütigen Fußmarsch flussaufwärts erreichbar.

C 205 **Camping Monte-Cinto**
(S. 185/E1) D 147, 20276 Asco,
Tel. +33 4 95478608,
campingmontecinto-asco.com
GPS-Daten: 42.414694, 8.945005
Schwierig (aber nicht unmöglich!) erreichbar für größere Wohnmobile (bei Gegenverkehr Rangieren bzw. Ausweichmanöver nötig; für kleinere Campingbusse kein Problem), aber wunderbar natürlicher und abgeschiedener Platz direkt am Fluss und mitten im Wald. Restaurant mit hausgemachten korsischen Gerichten, kleiner Laden mit dem Nötigsten für den täglichen Bedarf.

C 206 **Camping Ferme l'Aghja** (S. 182/B5)
Entrèe du Village, 20259 Vallica,
Tel. +33 6 34291713,
camping-ferme-l-aghja.com
GPS-Daten: 42.520542, 9.050700

Sensationeller Blick aus dem Wohnmobil auf dem Camping Ferme l'Aghja.

Ein Traum von einem Campingplatz mitten im Nirgendwo, eingebettet in die Bergwelt mit riesengroßer Wiese, auf der man sich den Stelllatz aussuchen darf. Der Inhaber kocht selbst und auf Wunsch sitzen die Gäste gemeinsam mit ihm an einer langen Tafel beim Essen. Sogar ein Pool ist vorhanden. Absoluter Geheimtipp!

C 207 **Camping Terre d'Oliviers**
(S. 182/B4)
Route de Bastia T 30, 20220 Monticello,
Tel. +33 4 95380020,
campingterredoliviers.com
GPS-Daten: 42.631264, 8.952513
Schattige Stellplätze mit Stromanschlüssen. Eine Pizzeria mit Backwarenverkauf in der Hochsaison und gebührenpflichtige Wasch-

Naturbelassener, aber gut ausgestatteter Canping Tizarella in Moltifao

Auf dem Camping Le Bodri übernachtet man strandnah und mit vielen Annehmlichkeiten.

maschinen sind ebenso vorhanden wie ein Kinderspielplatz und Tischtennis. Der Sandstrand ist 400 Meter entfernt, das Zentrum von L'Île-Rousse 800 Meter.

C 208 Camping Le Bodri
(S. 181/H4, 182/A4) Route de Calvi T 30, 20256 Corbara, Tel. +33 4 95601086, campinglebodri.com
GPS-Daten: 42.628698, 8.916029
Gepflegter, großer Campingplatz auch für längere Urlaubsaufenthalte. Schattige, parzellierte Stellplätze zum Teil mit Meerblick. Stromanschlüsse sind vorhanden, es gibt außerdem einen Waschsalon, einen Spielplatz und Tischtennisplatten. Direkter Zugang (150 Meter) zum Traumstrand Bodri. Sehr guter Ausgangspunkt für Ausflüge in die Balagne.

C 209 Camping Balanea
(S. 181/H4, 182/A4) Route d'Algajola, 20220 Corbara,
Tel. +33 4 95601177, balanea.net
GPS-Daten: 42.607415, 8.888052
Gut ausgestatteter und sehr schön angelegter Platz östlich von Algajola, ruhig gelegen abseits der T 30. Snackbar und Pizzeria innerhalb der Saison; sehr kinder- und familienfreundlich.

C 210 Camping A Marina (S. 181/G4)
360 Aregnu Plage,
20220 Aregno,
Tel. +33 4 95607541, marinacamping.fr
GPS-Daten: 42.609541, 8.876326
Nur durch die T 30 vom beliebten Traumstrand getrennt ist dieser weitläufige, baumbestandene Platz in Agajola. Die Stellplätze bieten reichlich Privatsphäre. Je nach Standort hört man die Straßennähe und auch die Balagne-Bahn rattert am Campingplatz vorbei.

C 211 Camping de la Plage (S. 181/G4)
T30, 20220 Algajola, Tel. +33 4 95607176, camping-de-la-plage-en-balagne.com
GPS-Daten: 2.608774, 8.873797
Ebenfalls in Algajola und in direkter Strandnähe (aber auch an der T 30) befindet sich Camping de la Plage. Die Schattenplätze im hinteren Bereich sind ruhig, die Plätze nahe der Rezeption etwas laut. Um zum Strand zu gelangen, überquert man die Straße und die Bahnlinie.

C 212 Camping Le Panoramic
(S. 181/G5, 182/A5) Route de Lavatoggio, 20260 Lumio, Tel. +33 4 95607313, campinglepanoramic.com
GPS-Daten: 42.588894, 8.847419
Die Hügellage beschert Blicke auf Sant'Ambroggio und Algajola, besonders schön bei Sonnenuntergang. Hierfür die Schleife »Monte Cinto« wählen, da die Panoramablicke nur von hier aus möglich sind. Mit Stromanschlüssen, kleinem Pool und in Nähe des verlassenen Ruinen-Dorfes Occi (in 25 Minuten zu Fuß erreichbar). Kleiner Shop und Restaurant mit einfachen Speisen, gelegentlich werden Grillabende veranstaltet.

C 213 Camping Dolce Vita (S. 181/G5)
Lieu-dit Ponte Bambino, 20260 Calvi,
Tel. +33 4 95650599,
dolce-vita-calvi.com
GPS-Daten: 42.554636, 8.790084
Der Campingplatz liegt in der Bucht von Calvi, wenige Minuten (je nach Stellplatz) sind es zu Fuß zum Strand und fünf Minuten mit dem Auto nach Calvi. Viel Schatten, allerdings gelegentlich laut durch die Balagne-Bahn und Flugzeuge. Mit Laden, Wäscherei und Restaurant (leckere Pizza). Großzügig angelegte WoMo-Stellplätze.

C 214 **Camping La Pinède** (S. 181/F5)
Route de la Pinède, 20260 Calvi,
Tel. +33 4 95651780, camping-calvi.com
GPS-Daten: 42.554533, 8.769032
Schattiger Platz mit großen Parzellen und guten Sanitäreinrichtungen, die mehrmals täglich gesäubert werden. Pool mit Rutsche, 200 Meter zum Strand. Auch Calvi ist zu Fuß erreichbar (knapp zwei Kilometer). In der Nähe großer Auchan-Supermarkt. Empfehlenswertes Restaurant, liebevoll angelegter Spielplatz.

C 215 **Camping Paduella** (S. 181/F5)
RT30, 20260 Calvi, Tel. +33 4 95650616,
campingpaduella.com
GPS-Daten: 42.552165, 8.764286
Der Strand ist in zehn Minuten zu Fuß erreichbar, die Stadt ist eineinhalb Kilometer entfernt. Gute Infrastruktur rund um den Campingplatz – auf dem Platz selbst nur Frühstück und Backwaren (sehr gutes Baguette) erhältlich. Sehr ruhiger hinterer Teil, im vorderen mitunter Lärm von der Straße. Sehr saubere sanitäre Anlagen.

C 216 **Camping International** (S. 181/F5)
Avenue Christophe Colomb, 20260 Calvi,
Tel. +33 4 95650175, camping-calvi.fr
GPS-Daten: 42.555572, 8.759049
Direkt am Ortseingang von Calvi gelegen, Strand und Supermarkt fußläufig erreichbar. Schöner Pool mit Rutsche, Restaurant mit Bar vorhanden. Eher kleiner Platz.

C 217 **Camping & Résidence Les Castors**
(S. 181/F5) Route de Pietramaggiore,
20260 Calvi, Tel. +33 4 20190090/91,
camping-castors.fr
GPS-Daten: 42.557117, 8.756312
Zentrale Lage, deshalb in der Hauptsaison schnell voll. Stellplätze nicht parzelliert und eher klein, nicht viel Schatten.
Fünf Minuten zum Strand von Calvi.
Pool und Rutsche auf dem Platz.

C 218 **Camping Bella Vista** (S. 181/F5)
Route de Pietramaggiore, 20260 Calvi,
Tel. +33 4 20290093,
camping-bellavista.com

GPS-Daten: 42.552305, 8.756168
Der Geheimtipp in Calvi, da etwas abseits des Trubels gelegen. Großzügig angelegtes Gelände mit kleinem Supermarkt, sauberen Sanitäranlagen und Stromanschlüssen. Das Zentrum von Calvi ist etwa einen Kilometer entfernt (ca. 20 Minuten Fußweg). Guter Ausgangspunkt für die Wanderung auf den Capu di à Veta.

Stellplatz mit Aussicht auf der Schleife »Monte Cinto« des Camping Le Panoramic

C 219 **Camping Paradella** (S. 181/G6)
Route de l'Aéroport, 20214 Calenzana,
Tel. +33 4 95650097,
camping-paradella.fr
GPS-Daten: 42.502674, 8.790827
Südlich vom Flugplatz und direkt an der D 81 liegt Camping Paradella in einem kleinen Waldstück (die Straße stört mehr als der Flughafen). Mit Restaurant und Pool. Etwa 15 Minuten Autofahrt ins Zentrum von Calvi.

Pool des Camping E Canicce in Moltifao

3 BIZARRE FELSENLANDSCHAFT UND GESCHICHTSTRÄCHTIGE GASSEN

Über die raue Westküste zur heimlichen Hauptstadt Corte

An der Westküste Korsikas, zwischen Galéria und Porto, liegt das Naturschutzgebiet La Scandola. Rund um Porto folgt die Calanche – eine Landschaft aus orangerotem Granit-Felsgestein, das die Natur zu bizarrsten Formen modellierte. Die Fahrt durch die Hochebene des Niolo überrascht mit charmanten kleinen Orten und dem Insel-Highlight Ninosee. In der ehemaligen Hauptstadt Corte im Herzen der Insel schließlich erwartet die Besucher neben der auf einem Felsen thronenden Zitadelle eine schöne Altstadt mit lebhafter Atmosphäre. Darüber hinaus locken zwei Flusstäler, die erforscht werden wollen.

Von den Passhöhen aus lässt sich die raue, bergige Westküste am besten betrachten.

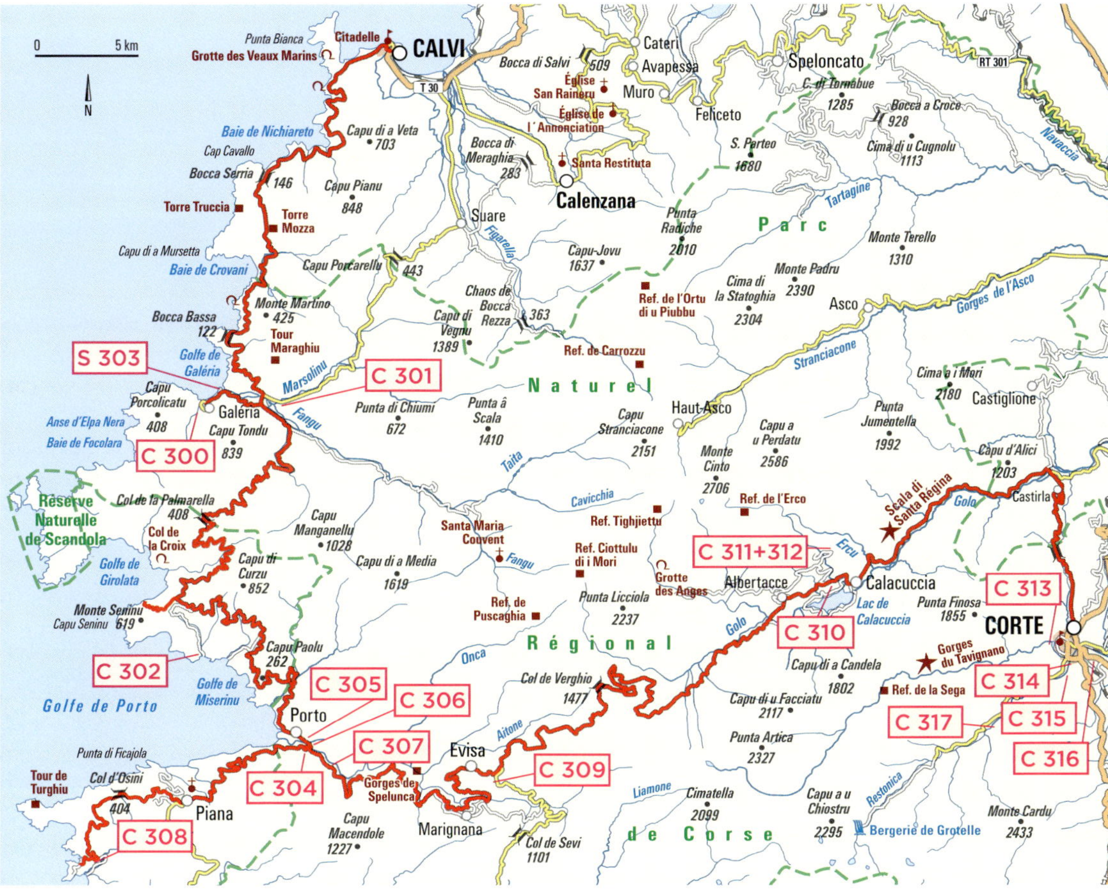

Nach den Bergen und der Küste der Balagne steht nun ein absolutes Kontrastprogramm auf dem Plan. Zunächst geht es an der rauen Westküste und über die D81B mitunter abenteuerlich, aber für kleine bis normal große Wohnmobile immer gut machbar, kurvenreich mehr oder weniger nah an der Küste entlang.

DER URSPRÜNGLICHE WESTEN

Nirgendwo auf Korsika zeigt sich die Küste zerklüfteter und die Landschaft wilder und ursprünglicher als auf dieser Strecke zwischen **Calvi** und Porto. Eilig Reisende können sehr viel Zeit sparen, indem sie über das Hinterland und den Flughafen von Calvi über die D81 fahren – was angesichts des schönen Streckenabschnitts zwischen Calvi und Galéria allerdings schade wäre. Die Küstenstrecke dauert zwar doppelt so lang, ist aber abwechslungsreich und naturgewaltig. Bei dieser Variante sollte man in Calvi noch einmal tanken, da es auf der D81B lange keine Möglichkeit mehr dazu gibt.

Wen der Hunger plagt, der sollte unbedingt einen Stopp beim Restaurant U Nichjaretu einlegen. Das fantastisch an einer einsamen Bucht gelegene und urkorsische Restaurant befindet sich etwa elf Kilometer von Calvis Stadtzentrum entfernt und nur einen halben Kilometer abseits der D81B, zwar ausgeschildert, aber mitten im Nichts. Zum herrlichen Ausblick (inklusive eines romantischen Sonnenuntergangs) gibt es gehobene Speisen und einen guten und freundlichen Service. Man findet U Nichjaretu in der Route de Porto par la Côte Baie de Nichiareto in Calvi, Tel. +33 4 95 47 84 36, restaurant-calvi.fr. Eine Reservierung ist unbedingt erforderlich.

ROUTE 3

START- UND ENDPUNKT
Calvi und Corte

STRECKENLÄNGE
163 Kilometer

FAHRZEIT
3 bis 5 Tage

BESTE JAHRESZEIT
April bis Oktober

Regelrecht in die Landschaft hineingewachsen ist die ehemalige Fabrik von L'Argentella.

Steine so weit das Auge reicht am Plage d'Argentella

Kurz nach dem Abzweig wird der Asphalt ziemlich schlecht und löchrig. Das geht bis L'Argentella so, also etwa zwölf Kilometer lang, danach wird die Straße wieder deutlich besser und angenehmer.

Auch wenn die Westküste kein Strandparadies ist, so wartet doch ein ganz besonderes Exemplar in der Bucht von Crovani auf Badegäste: Der **Plage d'Argentella** ist ein Kieselsteinstrand mit rund und glatt geschliffenen Steinen, die in allen Farben um die Wette glitzern – Fußmassage und Augenschmaus in einem.

Dort, wo die D81B ein wenig abseits der Küste einen Rechtsknick beschreibt, gibt es, leicht zu übersehen, eine außergewöhnliche »Attraktion« zu entdecken: die alten **Silberminen von L'Argentella**, heute nur noch Ruinen einer Anlage für den Abbau. L'Argentella, abgeleitet aus dem Lateinischen »argentum«, zu Deutsch Silber, heißt auch der nahe gelegene Mini-Ort. Die Gegend ist die einzige auf Korsika, in der man Silber schürfte. Es handelte sich um einen Untertagebau, bei dem man Blei mit Silberbeimengung fand. Allerdings währte der »Silberrausch« nicht lange – der 1906 begonnene Abbau wurde nur kurze Zeit später wieder eingestellt. Heute verbreiten die Ruinen der Fabrik eine gespenstische Atmosphäre – und während das Gemäuer nach und nach zerfällt, versinken alte Lkw im alles überwuchernden Pflanzengestrüpp …

Man kann nach Herzenslust in den Ruinen und alten Anlagen herumstöbern, sollte aber natürlich Sorgfalt walten lassen und

Der Fluss Fango im gleichnamigen Tal bietet Wasserspaß und Wandervergnügen.

idealerweise lange Hosen tragen. Geht man hinter der Minenanlage ein paar Schritte weiter landeinwärts, trifft man auf einen Stausee, umgeben von einem zugewucherten Ufer. Mithilfe der Wasserkraft des Stausees trieb man früher einen Teil der Maschinen an.

Die D81B endet an der Kreuzung mit der D81. Reisende, die von Calvi aus die schnellere Straße gewählt haben, stoßen hier nun wieder dazu. Von L'Argentella kommend biegt man nach rechts auf die D81 ein und folgt ihr sofort wieder nach links in Richtung Süden, wenn man an der Küste entlang Richtung Porto fahren möchte. Wer einen Blick in das Fango-Tal werfen möchte, biegt auf die D351 nach links ab.

BADEN IM FANGO-TAL

Der Fluss Fango, der das **Fango-Tal** (Delta du Fango) bildet, trägt glasklares Wasser mit hübschen, farbigen, rund geschliffenen, glitzernden Steinen. Er entspringt auf dem Felsgipfel Paglia Orba und verläuft dann westwärts, bis er schließlich bei Galéria ins Meer mündet. Unterwegs hat er etliche Gumpen geschaffen, die sich hervorragend für ein er-

AUSFLUG

AB DURCH DEN FLUSS!

Nicht nur bei einem erfrischenden Bad, sondern auch bei einer Flusswanderung ist der Fango ein Erlebnis. Ein guter Einstiegspunkt ist die Brücke Ponte Vecchiu, sechs Kilometer landeinwärts von der Fango-Mündung ins Meer entfernt. Man gelangt über die D81 und die D351 zu der an der linken Straßenseite gelegenen Brücke. Der Zugang zum Wasser ist an dieser Stelle ganz gut, nicht überall kommt man so gut in den Fluss hinein. Nun kann man den anspruchsvollen Weg durch den Fluss in beliebiger Länge in Angriff nehmen – schwimmend, von Felsen springend, über Felsbrocken kletternd und gegen ein paar Strömungen ankämpfend. Eine mögliche Ausstiegsstelle ist die etwa drei (Fluss-)Kilometer entfernte Brücke Pont de Tuarelli.

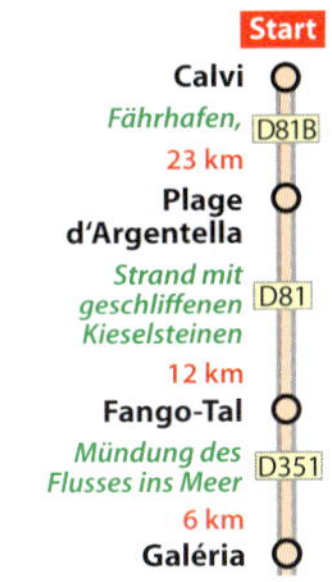

Girolata liegt im Naturschutzgebiet von La Scandola und ist autofrei.

frischendes Bad eignen. Da die meisten dieser Naturbassins tief genug sind, können Abenteuerlustige von den umgebenden Felsen in die Becken springen – nicht ohne den Wasserstand zuvor sicherheitshalber geprüft zu haben.

Eine ebenso besondere Art, den Fluss zu erkunden, ist eine Kanufahrt durch die diversen Seitenarme des Fangos. Man schippert durch das Naturschutzgebiet und kann Flora und Fauna bewundern. Es ist sehr eindrucksvoll, den zahlreichen Wasserschildkröten beim Baden zuzusehen, nach einem Fischreiher Ausschau zu halten und die herrlichen Seerosen zu bewundern. Direkt am Fango-Delta, wo ein Kieselstrand den Fluss und das Meer voneinander trennt, gibt es einen Kanuverleih, den man telefonisch unter +33 6 22017189 erreicht (delta-dufangu.com).

Südwestlich ans Fango-Delta grenzt das kleine Örtchen **Galéria**, das sich in einer Sackgasse befindet. Neben zwei Kiesstränden gehört ein Genuesenturm zu Galéria, der auf einem kleinen Hügel steht und die Gegend überblickt. Wandern kann man auf den Hausberg **Capu Tondu**, der 829 Meter hoch ist. Da man auf Meeresniveau startet, sind 825 Höhenmeter zu bewältigen, das ist nicht zu unterschätzen. Im oberen Bereich sind felsige, jedoch nicht ausgesetzte Passagen zu überwinden, ansonsten führt der Weg über Dorfstraßen, Wald- und Bergpfade und startet am Parkplatz hinter der Kirche von Galéria. Steinmännchen und rote Markierungen weisen den Weg. Die Gesamtstrecke (Auf- und Abstieg sind identisch) beträgt 6,2 Kilometer, wofür man ungefähr dreieinhalb Stunden planen sollte. Einzige Campingmöglichkeit ist der Platz Idéal Camping in Strandnähe.

PASSHÖHEN, KÜSTE UND BERGE

War die Strecke zwischen Calvi und dem Fango-Tal schon ein Erlebnis, wird es nun Richtung Porto traumhaft. Wir befinden uns wieder auf der D81, die stets parallel zur Küste verläuft und so das Meer zum ständigen Begleiter macht – die Bergstraße ist zwar schmal und extrem kurvenreich, aber gut ausgebaut. Für größere Wohnmobile und Gespanne dennoch grenzwertig, es gibt allerdings ausreichend viele Ausweichmög-

lichkeiten. Was die in die Hänge hineingefräste Strecke so unbeschreiblich macht, sind die Ausblicke auf die Buchten, das zunehmend rot gefärbte Porphyr-Felsgestein und auf den Golf von Porto in der Ferne, wo sich schon die Ausläufer der Calanche ins Bild schummeln.

Von der 400 Meter hoch gelegenen Passhöhe **Col de Palmarella** hat man einen hervorragenden Weitblick, unter anderem auf den Golf von Girolata. Der Mini-Ort Osani wird passiert – hier ist vor allem die Passhöhe **Col de la Croix** mit Snackbar und Blick über die Hügel der Westküste erwähnenswert. Wohnmobile sind auf dem großen Parkplatz nicht erlaubt, der zudem eine Höhenbeschränkung von zwei Metern aufweist. Vom Col de la Croix aus kann man eine Wanderung zu dem denkmalgeschützten Fischerort **Girolata** unternehmen. Er ist der einzige Ort im Naturschutzgebiet von **La Scandola** und nur zu Fuß oder auf dem Seeweg zu erreichen. Der Fußweg dauert etwa vier Stunden, ist zehn Kilometer lang und bezwingt 554 Höhenmeter. Die Tour verläuft auf dem Fernwanderweg Tra Mare e Monti. Auf der Passhöhe ist der Weg nach Girolata ausgeschildert und orange markiert. Unterwegs gibt es herrliche Blicke auf den Golf von Girolata.

Der Col de la Croix ist Startpunkt mehrerer schöner Wanderungen.

AUSFLUG

FERNWANDERWEG TRA MARE E MONTI

Auf Korsika gibt es neben dem sehr berühmten GR20 auch den weniger bekannten Wanderweg Tra Mare e Monti, der im Hinterland von Calvi in der Ortschaft Calenzana startet und entlang der Nordwestküste in einer elftägigen Tour immer wieder von den Bergen ans Meer und zurück führt. Vorbei geht es an Galéria, Girolata, den schönen Bergdörfern Ota und Évisa bis nach Cargèse in der Mitte der Westküste. Ab Évisa hat man die Möglichkeit, in den »Mare a Mare Nord« einzusteigen. Es müssen keine schwierigen oder gefährlichen Passagen bewältigt werden. Dieser Weg führt durch eine sehr schöne, mittelhohe Bergwelt mit Badestopps am Meer. Er ist insgesamt 125 Kilometer lang und bewegt sich auf Höhen zwischen Meeresniveau und 1160 Metern.

Sonnenuntergangsstimmung am Tour de Porto

Eine zweite Wanderung, die am Col de la Croix startet, führt auf den **Monte Senino**. Mit dem Gipfel vor Augen geht es an der Passhöhe in westliche Richtung los und über einen Sattel mit Wasserreservoir, dann über einen Feldweg nach links auf einem deutlich ausgetretenen Pfad in westliche Richtung und bergauf. Wenn der Blick nach Girolata frei wird, beginnt eine Markierung erst mit Steinmännchen, später mit gelben Punkten. Der letzte Teil der Gipfelbesteigung erfordert Trittsicherheit, ist sehr steil und felsig und beinhaltet ein paar Kraxelpassagen. Die Gesamtwegeslänge beträgt sechs Kilometer mit 557 Höhenmetern, was ungefähr drei Stunden beansprucht.

Mit dem Camping E Gradelle mit Blick auf das gegenüberliegende Capu d'Ortu findet man für die genannten Aktivitäten auch einen Übernachtungsstützpunkt in Osani. Die fünf Kilometer lange Zufahrtsstraße D424 zum Platz, die etwa einen Kilometer nach der Passhöhe von der D81 in südliche Richtung abzweigt, ist steil und in keinem guten Zustand, die Kurven sind eng.

Und ein weiteres Mal geht es auf die D81 und wieder ist die Straße mit engen Wendekurven versehen und abenteuerlich, aber weiterhin gut ausgebaut. Wir befinden uns bereits innerhalb der Bucht von Porto, an deren südöstlichem Ende die kleine Ortschaft Porto liegt. Vom Col de la Croix aus sind das 22 Kilometer zu fahren. Der ganze **Golf von Porto** ist UNESCO-Weltnaturerbe mit den kleinen Sand- und Kiesbuchten, Wanderungen in Küstennähe, dem Capo Rosso mit Genuesenturm und nicht zuletzt der traumhaft schönen Calanche mit ihren orangeroten Felsformationen. Kommt man aus nördlicher Richtung nach Porto, bietet sich ein hübscher Blick hinunter auf den Ort und seinen Strand.

Die Straße wird direkt vor Porto zum Abenteuer und ist nichts für schwache Nerven. Enge Kurven und die Straßenführung unter Felsüberhängen hindurch sind schon allein eine Herausforderung; wenn dann auch noch ein Reisebus entgegenkommt, wird es haarig – ist aber zu meistern.

GLANZSTÜCK AM GOLF VON PORTO

Nur 600 Einwohner zählt der Ort **Porto**, der an der Mündung des gleichnamigen Flusses

liegt und zur Gemeinde von Ota gehört. Umgeben ist Porto von der spektakulären Calanche im Süden und Girolata bzw. dem Naturschutzgebiet La Scandola im Norden. Porto war ursprünglich der Hafenort der kleinen Ortschaft Ota im Hinterland, ist aber inzwischen deutlich bedeutsamer als das Bergdorf.

Der Ort Porto ist zweigeteilt. Während man im »Hinterland« Supermärkte, Hotels und Campingplätze findet, spielt sich das Leben hauptsächlich in dem Bereich ab, der direkt am Meer liegt. Dort reihen sich Restaurants aneinander, dort befindet sich der **Kies-Badestrand**, an dem auch der Fluss Porto ins Meer fließt, und vor allem überragt die Szene der pisanische Wachturm **Tour de Porto**, so etwas wie das Wahrzeichen der Ortschaft. Im Turm ist das **Musée de la Bruyère** untergebracht, in dem es um die Baumheide geht, die in dieser Region als Werkstoff für das Kunsthandwerk genutzt wird (zum Beispiel werden aus den Wurzeln dieser Heideart Tabakpfeifen hergestellt). In diesem Bereich Portos kann man nur auf einem für Wohnmobile nicht erlaubten Parkplatz parken.

Unterhalb des Felsens, auf dem der Turm prangt, gibt es einen kleinen, gepflegten Dorfplatz mit Restaurants. Hier kann man abends auf einem Mäuerchen direkt am Wasser sitzen und den Sonnenuntergang bewundern. Man kann aber auch bei einem leckeren korsischen Menü den Sonnenuntergang als Beilage genießen – das ist in den beiden Restaurants oberhalb des Meeres möglich, im »La Rivièra« (Tel. +33 4 95202234) und im »Le Soleil Couchant« (Tel. +33 6 60051870).

Für Aktivitäten vor allem zu Wasser ist an dem kleinen Hafen im hinteren Bereich des

Angenehm überschaubar und charmant – die Ortschaft Porto

Auf dem Weg nach Porto kommt man am Plage de Bussaglia vorbei.

Es wird traumhaft: Die Calanche bietet nach jeder Kurve noch schönere Impressionen.

Strandes gesorgt. Dort kann man Boote oder Kanus bzw. Kajaks mieten, an einem Tauchkurs oder einer Bootstour teilnehmen – beispielsweise starten Glasbodenboote zum Naturschutzgebiet La Scandola. Der Strand ist nicht ganz ungefährlich: Die Wassertiefe nimmt schnell zu, deshalb sollte man das Baden bei starker Brandung vermeiden; für kleinere Kinder ist der Strand nicht geeignet. Ein weiterer, von Porto aus gut erreichbarer Strand ist der Kiesstrand **Plage de Bussaglia**.

Porto hat für eine so kleine Ortschaft reichlich Campingplätze zu bieten. Der dem Hafenort und damit der Küste am nächsten gelegene Platz ist der Camping Municipal abseits der Hauptstraße in einem Tal nahe der D 81. Ebenfalls an der Ausfallstraße D 81 nach Piana befinden sich die Plätze Camping Le Porto und Les Oliviers, etwas abseits davon der Campingplatz Sole e Vista Porto Corse. Etwas mehr im Hinterland von Porto und an der D 84 liegt Camping Funtana a l'Ora.

ZAUBERHAFTE CALANCHE

Der kleine Hafenort Porto an der Nordwestküste ist nicht nur Ausgangspunkt für Ausflüge im Bereich der Westküste und ins Inselinnere, sondern markiert auch den eigentlichen Beginn der **Calanche** südwestlich von Porto. Für größere Wohnmobile ist die Straße von Porto nach Piana mit ihren engen Kurven leider ungeeignet. Zwar biegen sich auch Reisebusse um die spitzen Kurven der Calanche, jedoch sollte man in Sachen Ausweichmanöver sowohl geübt als auch mit guten Nerven versehen sein.

Es lohnt sich jedoch, gute Nerven zu haben. Die Calanche ist ein Naturwunder mit ihren bizarren, roten Felsgebilden (sogenannte Tafoni-Felsen), in denen man mit nur wenig Fantasie allerhand Tiere, Fabelwesen und sonstige Gebilde erkennen kann. Die bis zu 300 Meter aufragenden, steilen Felsen sind von Wind und Wasser verwittert und bieten im Ergebnis Säulen, Köpfe, Türme, Höhlen und Löcher – bis hin zu der markanten Herzform, die sich in einen Felsturm hineingefräst hat.

Die genannte enge Straße führt mitten durch diese traumhafte Felslandschaft hindurch – was indes kein Geheimtipp ist, denn im Gegenteil ist die Calanche ein absolutes Highlight auf Korsika. Dementsprechend ist

auch einiges los auf dieser Straße, sodass man besser daran tut, diese außergewöhnliche Gegend bei einer Wanderung zu erkunden. Möglichkeiten hierzu gibt es viele. Zum Beispiel die abwechslungsreiche Wanderung über den alten Maultierpfad Sentier Muletier mit vielen schönen Impressionen und Ausblicken auf die felsige Märchenwelt. Oder den kurzen Spaziergang (1,7 Kilometer) zum **Château Fort**, einem Felsgebilde, das wie eine steinerne Festung aussieht. Startpunkt ist der direkt an der Straße befindliche **Tête de Chien**, ein überdimensional großer »Hundekopf« aus Stein. Inmitten dieser leuchtend roten Felslandschaft lädt »Les Roches Bleues«, ein Konglomerat aus Bar, Restaurant und Souvenirshop, zur Einkehr ein. Der Blick von der Terrasse auf die Calanche ist unbeschreiblich. Hier startet die Wanderung La Corniche, für die man etwa eine Stunde rechnen sollte.

HERZ AUS STEIN

Die Calanche ist etwa drei Kilometer lang und richtig los geht es acht Kilometer nach Porto Richtung Piana. Das ist dann nicht nur das Herzstück der Calanche, sondern hier findet man auch ein Herz in Felsen gemeißelt. Es ist das Wahrzeichen der Westküste und eines der eindrucksvollsten Fotomotive der Insel. Gerade in diesem Bereich sind die Verkehrsverhältnisse zum Teil chaotisch, in allen Buchten stehen Autos, die Leute laufen fotografierend auf der Straße. Der Verkehr wird jedoch von Männern in gelben Warnwesten geregelt, die für Ordnung sorgen und sich untereinander per Funk verständigen, um Gefahrensituationen zu verhindern.

Wenn Reisebusse die schmale Straße schaffen, klappt das auch mit einem Wohnmobil.

Herzstück der Calanche

Abwechslungsreich ist die Wanderung durch die Spelunca-Schlucht.

Wenn die Calanche endet, ist gleich der Ort **Piana** erreicht – ebenfalls einen Besuch wert und als eines der schönsten Dörfer Frankreichs gekürt. Das ist vermutlich vor allem der Lage des Bergdorfes in 434 Metern über dem Meer und zwischen den roten Felsen geschuldet. Aber auch die Granitsteinhäuser in den engen, verwinkelten Gässchen sind malerisch.

Ob mit oder ohne die empfehlenswerte Wanderung auf den Turm am Capo Rosso (siehe Kasten): Fährt man auf der D824 von dort noch weiter in Richtung Süden, gelangt man an den **Plage d'Arone**. Es ist der einzige Sandstrand in der Gegend und liegt in einer sichelförmigen Bucht am südlichen äußeren Zipfel des Golfs von Porto. Das Wasser des Meeres ist dort bestechend klar und türkisfarben – mitunter herrscht hoher Wellengang. Restaurants, Bootsvermietungen und weitere Wassersportaktivitäten sind vorhanden. In unmittelbarer Nähe befindet sich der gleichnamige Camping d'Arone, von dem aus man in fünf Minuten zu Fuß am Strand ist.

DAS INSELINNERE RUFT

Nun geht es über das Hinterland von Porto erstmals so richtig ins Zentrum der Insel mit der ehemaligen Hauptstadt Corte als Ziel. Unterwegs gibt es einiges zu sehen, zu erleben und zu entdecken, weshalb man für die Etappe großzügig Zeit einplanen und sich vorab überlegen sollte, welche der meist aufwändigen Wanderungen man unternimmt. Denn einige der Klassiker in Sachen Wanderungen liegen auf dem Weg und auch wenn diese zum Teil stark begangen sind, sollte man die eine oder andere auf jeden Fall mitnehmen.

Während uns die D84 weiter kurvenreich in östliche Richtung führt, folgt als erstes Highlight die Spelunca-Schlucht. Der Gebirgsbach Porto hat diesen Canyon in die Granitberge gefräst, sodass ein höhlenförmiger Durchgang entstanden ist (»spelunca«

AUSFLUG

ANS CAPO ROSSO ZUM TOUR DE TURGHIU

Folgt man von Piana aus der windigen Straße D 824 hoch über dem Meer weiter Richtung Westen, erreicht man an einer Spitzkehre einen Parkplatz, der zu einer Snackbar gehört. Das ist der Startpunkt zu der etwa dreistündigen Wanderung ans Capo Rosso und zum Genuesenturm Tour de Turghiu. Zunächst führt der Weg durch die Macchia und über einen Sattel bis zur Ruine eines Hauses. Dann geht es über einen weiten Bogen von südlicher Seite aus über eine Felsrinne steil bergauf und teilweise auf allen vieren kraxelnd auf einen Felssporn mit dem Turm darauf. In 300 Meter Höhe über dem Meer genießt man hier Panoramablicke sondergleichen – es ist kein Wunder, dass diese Wanderung zu den schönsten an der korsischen Westküste zählt. Insgesamt sind 500 Höhenmeter zu bewältigen. Unterwegs gibt es keinen Schatten. Den Turm kann man über eine Außen- und eine Innentreppe besteigen.

bedeutet übersetzt Höhle). Die Schlucht zwischen Ota und Evisa zu durchqueren ist ein absolutes Muss.

An einen Berghang schmiegt sich die Gemeinde **Ota**, von der Porto eigentlich »nur« der Hafenort ist. Ota ist ein liebenswürdiges korsisches Bergnest. Eine Institution des Ortes und beliebter Einkehrpunkt nach der Wanderung durch die Spelunca-Schlucht (siehe Kasten) ist »Chez Félix« am Place de la Fontaine (an der Hauptstraße). Auf der Aussichtsterrasse kann man sich korsische Gerichte schmecken lassen. Man gelangt noch vor dem nachfolgenden Ort Evisa über eine Abzweigung nach Ota. Das Wohnmobil sollte man außerhalb des Ortes parken.

Auch das Bergdorf **Evisa** ist sehenswert. 850 Meter hoch auf einem felsigen Plateau gelegen, strahlt der gepflegte Ort mit seinen blumenreich verzierten Häusern und Gassen sehr viel Charme aus. Auch einen Campingplatz gibt es, und zwar den Camping l'Acciola am Ortsausgang von Evisa mit einem Bereich für Wohnwagen und Wohnmobile am Hang und mit schönen Blicken ins Tal und in die Berge.

Ota ist Zielbeziehungsweise Umkehrpunkt der Wanderung durch die Spelunca-Schlucht.

AUSFLUG

KORSISCHER GRAND CANYON

Der Wanderweg durch die Spelunca-Schlucht verläuft auf einem Teilstück des Fernwanderweges Tra Mare e Monti. Am Friedhof in Evisa folgt man der Beschilderung »Spelunca Mare e Monti« und steigt auf einem felsigen Pfad 550 Meter in die Schlucht hinab. Am Talboden liegt romantisch im Wald die Pont de Zaglia. Hier und im weiteren Verlauf der Wanderung bieten sich zahlreiche Becken zum Baden an. Der Weg wird begleitet von schroffen Felswänden und dem Fluss. Tafeln informieren über Flora und Fauna. Eine zweite Brücke wird erreicht und der Weg führt ein Stückchen über die Fahrstraße. Dann folgt man der orangen Markierung zur nächsten Genuesenbrücke. Der Ponte Vecchiu wird überquert, kurze Zeit später entfernt sich der Weg vom Fluss. Über eine steile Passage gelangt man in die Ortschaft Ota, das Ziel der Wanderung. Die einfache Wegstrecke beträgt 6,2 Kilometer mit 600 Höhenmeter im Auf- und 120 im Abstieg.

Evisa
Charmantes Bergdorf, Startpunkt Wanderung Spelunca-Schlucht
19 km
Ota
26 km
Fôret d'Aïtone

Imposanter Wasserfall bei der Bergerie de Radule

Nach Verlassen des Bergdorfes **Evisa** folgen wir der D84 weiter in nordwestliche Richtung und dringen tiefer in das Gebiet des **Fôret d'Aïtone** vor. Ein inzwischen auch nicht mehr unbekanntes Highlight, aber trotzdem sehr schön sind die Badegumpen **Cascades de la Valla Scarpa** am Wanderweg Mare a Mare Nord. Zu erkennen ist die richtige Stelle an den vielen parkenden Autos. Die Gumpen sind ausgeschildert und über einen kurzen Spaziergang erreichbar. Ihr Wasser ist sehr kühl und nur für unerschrockene Badegäste genießbar. Aber die Lage innerhalb des dichten Schwarzkiefernwaldes und die beschauliche Ausstrahlung trotz vieler Besucher ist ein Erlebnis. Man kann auch eine längere Wanderung aus dem Ausflug zu den Gumpen machen. Sie startet am Forsthaus oberhalb von Evisa und dauert etwa zwei Stunden. Zunächst geht es über einen Forstweg, nach einer Brücke dann am Bach Aïtone entlang und schließlich über Steinstufen hinab zu den Badestellen.

DIE ENTLEGENE REGION NIOLO

Übergangslos schließt sich die Hochebene des **Niolo** an die Spelunca-Schlucht mit dem **Col de Vergio** als Grenze an. Der Col de Vergio liegt auf einer Höhe von 1470 Metern und ist der höchste Straßenpass Korsikas. Durch die Passhöhe verläuft gleichzeitig die Grenze zwischen Corse-du-Sud und Haute-Corse. Ein Schild nach der Passhöhe heißt im »Centru di Corsica« willkommen.

Vier Kilometer nach der Passhöhe erreicht man in einer Spitzkehre der D84 den Parkplatz Le Fer à Cheval. Hier startet eine leichte, 4,4 Kilometer lange und gut markierte Wanderung zu den Badegumpen an der **Bergerie de Radule**. Auf der dem großen Parkplatz gegenüberliegenden Straßenseite geht es los, der Weg ist als Rundweg durchgehend blau markiert. Nach einem halben

SPECIAL

GENUSSREICHE HOCHEBENE

Mit Niolo bezeichnet man ein Hochtal, das sich zwischen dem Col de Vergio und Corte durch das Gebirge zieht. Es ist ein hervorragendes Wandergebiet, einige der höchsten Berge der Insel befinden sich rund um das Niolo: Der Monte Cinto im Norden trennt das Niolo vom Asco-Tal, im Westen überragt die Paglia Orba die Kulisse, im Süden dominiert der Gebirgskamm der Punta Artica. Im Niolo hat die Viehzucht Tradition. Demzufolge begegnet man auch heute noch wild lebenden Hausschweinen, Schafen und Ziegen. Alte Hirtenwege erinnern an frühere Viehtriebe. Ein sehr schmackhaftes Relikt dieser Zeiten ist der würzige Rohmilchkäse namens Niolu, den die Korsen liebevoll Niulincu nennen und der nur in den fünf Gemeinden des Niolo (Albertacce, Casamaccioli, Calacuccia, Lozzi und Corscia) produziert werden darf.

Kilometer stößt der Weg auf den GR20, dem man bis zum Fluss folgt. Ein blau markierter Felsen weist den Einstieg aus, es kommt auch die rot-weiße Markierung des GR20 hinzu. Nach einer Brücke verlässt man ihn wieder, geht nach rechts und erreicht den Wasserfall von Radule mit einem türkisfarbenen Badebecken. Nach dem Wasserfall ist die Wegmarkierung nicht mehr zuverlässig vorhanden, dann helfen Steinmännchen weiter. Zurück geht es dem Weg weiter folgend, noch einmal über den Fluss und dann über Serpentinen leicht bergan durch einen Wald und wieder zum Parkplatz.

Wir steuern auf ein weiteres Highlight der Insel zu: den **Lac de Nino**. Eine nicht gerade anspruchslose Wanderung führt zu dem Bergsee in Traumkulisse, an dessen feuchten Uferwiesen Wildpferde grasen. Der Startpunkt dieser Wanderung folgt acht Kilometer nach dem Parkplatz Fer à Cheval am Parkplatz des Forsthauses Poppaghia. Dort befindet sich auch in den Wald eingebettet ein Hochseilgarten.

Über die D84 dringen wir weiter vor in die Bergwelt, die das Niolo umgibt. Gelassen spazieren Hausschweine und Kühe über die Straße, man sollte also beim Fahren Vorsicht walten lassen. Es folgt die Mini-Ortschaft **Albertacce** mit dem »Musée archéologique«, in dem es prähistorische Gegenstände und Schmuckstücke aus dem Niolo anzuschauen gibt. Am Ortseingang versteckt sich unterhalb der Autobrücke eine sehr fotogene Genuesenbrücke mit einer tollen Badestelle im Fluss Golo. Folgt man dem Wegweiser

Bergsee in traumhafter Kulisse: Der Lac de Nino ist ein Klassiker auf der Insel.

AUSFLUG

PARADIESISCHER GEBIRGSSEE

Die Kulisse um den Lac de Nino herum wirkt in ihrer Schönheit fast unecht. Über dem Kontrast zwischen tiefgrünen Feuchtwiesen und dem blauen See ragt der Monte Rotondo ins Bild, frei laufende Pferde, Kühe und Schafe umgeben den See, dessen Wiesen von sumpfähnlichen Wasserlöchern durchzogen sind. Der Weg ist vier Kilometer lang (einfache Strecke) und bewältigt 760 Höhenmeter. Zunächst wandert man durch einen Kiefernwald am Colga-Bach entlang und vorbei an der verlassenen Bergerie de Colga. Danach geht es weiter der gelben Markierung und den Steinmännchen folgend über Felsblöcke und Geröllrinnen, zum Teil steil bergauf kraxelnd. Auf 1762 Metern ist die Passhöhe Boca à Stazzona erreicht mit sensationellem Blick auf den Ninosee. Man kann die Wanderung hier beenden oder noch zum See hinuntermarschieren.

Fôret d'Aïtone
Badegumpen mit Wasserfall
9 km
Col de Vergio
höchster Straßenpass Korsikas
22 km
Albertacce
hübsche Dorfstraße
4 km
Calacuccia

Charmante Dorfstraße von Calacuccia

»Ferme de Fromage«, erreicht man die Albertini-Käsemanufaktur, wo der leckere und für die Region typische Niolu-Käse verkauft wird.

Auf Albertacce folgt der leicht zugängliche, auf fast 800 Meter Höhe gelegene **Lac de Calacuccia**. Der Stausee, der vom Fluss Golo gespeist wird, dient vor allem der Stromgewinnung und der Bewässerung.

Der gleichnamige Ort **Calacuccia** am Ufer des Stausees mit etwa 270 Einwohnern ist der Hauptort des Niolo. Es ist ein sehenswertes Örtchen mit einer charmanten Dorfstraße und schönen Läden, Bars, Restaurants und Hotels. Calacuccia eignet sich hervorragend für einen mehrtägigen Aufenthalt, denn rund um die Gemeinde können sich Wanderer so richtig austoben. Die Nähe der höchsten Berge Korsikas sowie die Fernwanderwege GR20 und Mare a Mare Nord, die das Niolo kreuzen, machen eine Erkundung der Gegend zu Fuß äußerst attraktiv.

Auch das nördlich des Sees gelegene Dorf **Lozzi** ist ein Touren-Eldorado. Wander-Enthusiasten finden hier ein sehr abwechslungsreiches und großes Wegenetz; insgesamt hat man die Wahl zwischen 20 Touren, davon auch Bergsteiger-Varianten. In Lozzi befinden sich außerdem die beiden nebeneinanderliegenden, erhöht gelegenen Campingplätze Camping L'Arimone (kleiner, schöner Platz mit viel Schatten) und der ruhige und idyllische Camping U Monte Cinto. Beide sind ein hervorragender Ausgangspunkt für Wanderungen, vor allem für den Südaufstieg des Monte Cinto, seines Zeichens höchster Berg Korsikas (siehe Kasten Tour 2 »Auf dem Gipfel der Insel«).

HIMMLISCHE TREPPE

Die D84 schlängelt sich nun, sofern eine Steigerung überhaupt möglich ist, noch abenteuerlicher durch eine tief eingeschnittene Schlucht, die **Scala di Santa Regina** (Treppe der Himmelskönigin). Auf 20 Kilometern geht es zwar fahrzeugtechnisch eng zu, aber die Fahrt ist landschaftlich höchst reizvoll. Der Fluss Golo, mit 84 Kilometern der längste Fluss Korsikas, hat einen treppenartigen Weg in diese Schlucht gefräst. An manchen Stellen sieht man von der Straße aus den sogenannten **Transhumanzweg**,

Gedenkstein an der Wanderung durch die Scala di Santa Regina

den ehemaligen Maultierpfad und Verbindungsweg, den die Hirten früher zwischen dem Meer und den Dörfern des Niolo zurückgelegt haben – und der heute als Wanderweg fungiert.

Eine Wanderung hinein in die Granitschlucht startet an einer Parkbucht (Platz für zwei bis drei Fahrzeuge) an der D84, siebeneinhalb Kilometer nach Ponte Castirla. Über einen schön angelegten Weg geht es hinauf, im Uhrzeigersinn folgt nach 250 Metern eine schöne Brücke über den Fluss Ruda. Zum zugehörigen Badebecken steigt man hinter der Brücke ab. Will man einen sieben Kilometer langen Rundwanderweg unternehmen, folgt man nach der Brücke den Kehren nach oben, tangiert den Ort Corscia und gelangt schließlich zu der genuesischen Brücke von Sottano. Es geht ein Stück durch ein Wäldchen, danach bleibt man auf der Höhe, steigt dann aber zum Maultierpfad ab, auf den man vor der ersten Badestelle wieder trifft. Es gibt einige sehr steile und felsige Passagen und der Weg ist vorwiegend der Sonne ausgesetzt.

Mit dem Fluss Golo als ständigem Begleiter am Straßenrand nähern wir uns wieder der Zivilisation in Form einer etwas größeren, gut ausgebauten Straße – die D84 trifft auf die T20. Auf diese fahren wir nach rechts und in südliche Richtung auf und erreichen 15 Kilometer nach dieser Abzweigung mitten im Herzen der Insel die Stadt Corte.

CORTE – DIE HEIMLICHE HAUPTSTADT

Zu Zeiten der Unabhängigkeit der Insel und unter dem Freiheitskämpfer Pasquale Paoli war **Corte** tatsächlich die Hauptstadt der Insel. Bis heute hat die Stadt mit ihren knapp 8000 Einwohnern ihren Symbolcharakter bewahrt und steht für den Kampf um die Unabhängigkeit Korsikas und die Anerkennung der korsischen Kultur. Paoli war es auch, der in Corte eine Universität gründete – sie ist bis heute die einzige auf der ganzen Insel und wurde erst 1980 reaktiviert.

Die Universität ist auch der Grund, warum Corte eine recht umtriebige Stadt ist, denn hier findet in den Bars und auf den Plätzen Studentenleben statt. Aber auch Wanderer, Kletterer und Kulturinteressierte kommen in Corte auf ihre Kosten. Denn natürlich hat der Tourismus die Stadt entdeckt,

Auf den Plätzen spielt sich in Corte das Leben ab; hier der Place Paoli …

Am Ortsrand von Corte findet man die schmucke Chapelle Saint Antoine.

die mit ihrer erhaben auf einem Felsen thronenden Zitadelle, ihrer ehrwürdigen Altstadt und ihren Sehenswürdigkeiten einiges zu bieten hat. Ein Korsika-Urlaub ohne Corte ist nicht komplett.

Im Zentrum der Insel ist Corte die einzige große Stadt – zwar ist das Meer weit weg, aber der Zusammenfluss von Tavignano und Restonica bringt mit Gumpen Badespaß auch hierher. In den beiden Flusstälern kann man vortrefflich wandern, campen und die Natur genießen. Ein dritter Fluss, die Orta, gesellt sich etwas unterhalb hinzu. Trotz der Lage tief im Landesinneren liegt Corte strategisch günstig, weil die Hauptverkehrsachse durch das Inselinnere direkt an Corte vorbeiführt.

Interessant ist die Anordnung der Stadt inmitten der Bergwelt auf drei Ebenen: Zuoberst dominiert als weit sichtbarer Blickfang die **Zitadelle** das Landschaftsbild. Mit ihrem nahezu dreieckigen Grundriss ist sie die einzige Festung dieser Art im Inneren der Insel. Vom Aussichtspunkt Belvédère hat man einen Blick von Süden auf das mächtige Bauwerk – bzw. auf das sogenannte **Adlernest**, eine Bastion, die über den südlichen Felssporn ragt, aus dem Jahr 1419 stammt und damit den ältesten Teil der gesamten Anlage darstellt.

Im Inneren der Zitadelle befinden sich zwei ehemalige Kasernen. Eine beherbergt heute die Kunstfakultät der Universität, die andere das Nationalmuseum **Musée de la Corse**. Dort gibt es neben wechselnden Aus-

stellungen auch traditionelles korsisches Kunsthandwerk zu betrachten und man kann sich über die Kultur, den Tourismus und die Industrie der letzten Jahrhunderte bis in die Gegenwart informieren. Innerhalb der Zitadelle ist die **Touristeninformation** eine Anlaufstelle für alle Besucher.

Auf einer zweiten Ebene befindet sich die **Altstadt**. Mittelpunkt der engen, steilen Gassen, Treppen und Verbindungsgänge sind die beiden Plätze **Place Gaffori** und **Place Paoli**. Das Standbild Gianpietro Gafforis (1704–1753), Arzt, General und Held im Kampf um Korsikas Freiheit, ziert – am Sockel abgebildet ebenfalls seine Gattin Faustina – den nach ihm benannten Platz, darum herum gruppieren sich einige Restaurants. Auch um die große Bronzestatue des Pasquale Paoli am gleichnamigen Platz reihen sich Souvenirshops und zahlreiche Lokale. In der nördlichen Altstadt ragt der Glockenturm der aus dem Jahr 1459 stammenden Kirche **Église de l'Annonciation** über die Häuser der Stadt. Er gilt als Wahrzeichen Cortes. Wem es zu beschwerlich ist, die Altstadtgässchen zu erklimmen, kann sich mit der lustigen Bimmelbahn **Petit Train** durch Corte kutschieren lassen, die auch in den Innenhof der Zitadelle fährt. Die Tour wird kommentiert.

Eine bewegte Vergangenheit hat der **Palais National** am **Place du Poilu**. Zunächst als Sitz der genuesischen Lokalverwaltung genutzt, war er zu Zeiten der Unabhängigkeit Regierungssitz und von 1755 bis 1769 Paolis Wohnsitz und gleichzeitig Stammgebäude der Universität.

Ebene Nummer drei beherbergt schließlich die weniger attraktive **Neustadt**, die aus alten mehrstöckigen Wohnhäusern und Gebäuden der Universität besteht. Wer shoppen gehen möchte, kann dies in der Einkaufsstraße **Cours Paoli** tun, wo sich neben Läden auch das Rathaus mit seinen künstle-

... und nicht weniger authentisch der Place Gaffori.

SPECIAL

HILFE BEIM STADTRUNDGANG

Es gibt eine ausführliche »Anleitung« für die Besichtigung des historischen Zentrums von Corte: Der »Parcours Patrimonial« beschreibt mithilfe eines Lageplans die wichtigsten Sehenswürdigkeiten, unter anderem auch auf Deutsch. Man findet die kleine Broschüre als PDF auf der Seite corte-tourisme.com. Der »Parcours Patrimonial« ist ebenfalls in der Touristeninformation von Corte erhältlich.

Eine der Wanderungen ab Corte führt ins Tal des Flusses Tavignano.

rischen Mosaiken befindet; das »Hôtel de Ville« kann besichtigt werden.

In unmittelbarer Stadtnähe hat man die Wahl zwischen den drei Campingplätzen Camping Chez Bartho, Camping Le Restonica und Camping Alivi di A Restonica. Etwas abseits und an der T50 (südöstlich der Stadt) kann man auf den Camping Santa Barbara ausweichen.

NATUR VOR DEN TOREN DER STADT

Für korsische Verhältnisse ist Corte eine Großstadt. Dennoch strahlt die heimliche Hauptstadt viel Charme aus – die rebellischen Zeiten meint man in den engen Gassen und schmalen Verbindungswegen noch zu spüren. Es gibt rundherum aber auch jede Menge Natur, die man auf erlebnis- und abwechslungsreichen Wanderungen entdecken kann.

Zuvorderst genannt seien die beiden Flusstäler **Restonica-Tal** (südwestlich von Corte) und **Tavignano-Tal** (westlich der Stadt). Das wildromantische Restonica-Tal beginnt an der alten Brücke Pont Vieux und endet beim gebührenpflichtigen Parkplatz der **Bergerie de Grotelle** – wo sich auch der Ausgangspunkt für die Klassiker-Wanderung zu den beiden Bergseen **Lac de Melo** und **Lac de Capitello** befindet. Mitten in der Schlucht des Restonica-Tals kann man auf dem sehr naturnahen Camping Tuani eine Auszeit nehmen. Nach einem Unwetter im Spätherbst 2023 ist das Restonica-Tal derzeit nur bis zum Campingplatz Tuani befahrbar. Bis auf weiteres gibt es lediglich eine Busverbindung im Sommer vom Campingplatz bis zur zerstörten Ponte Tragone. Der Startpunkt der beiden Wanderungen ist dann dort und die Touren verlängern sich entsprechend.

»EINFACH« GEHT ANDERS – ZU FUSS ZUM MELO-SEE

Wer die Bergstiefel schnüren und einen der Klassiker unter den Wandertouren auf Korsika in Angriff nehmen will, kann auf zwei Wegen zum Melo-See gelangen: über den »Accès difficile« mit einigen Kletterpassagen, die jedoch gut gesichert sind, und den »Accès facile«, der einfach klingt, aber steil bergauf und ebenfalls über Felsplatten führt. Man kann beide Wege miteinander kombinieren und dadurch einen Rundweg kreieren. Da am Melo-See mitunter mitten im Sommer noch Schnee liegen kann, ist der steilere und bei Nässe rutschige »Accès facile« dann keine Option.

Startpunkt ist aktuell (Stand 2026) die

Eine weitere, klassische Wanderung im Umfeld von Corte führt zum Bergsee Lac de Melo.

Endhaltestelle des Shuttle-Busses an der Ponte Tragone.

Beide genannten Aufstiege sind gut ausgeschildert und gelb markiert. Nach der Bergerie de Grotelle (eigentlicher Startpunkt) wird die urige Almhütte Bergerie de Melo passiert, die nur im Juli und August bewirtschaftet ist. Danach trennen sich die Wege, nach links geht es zum »Accès facile«, geradeaus zum »Accès difficile«. Nach den steilen Kletterpassagen über Felsblöcke wird über den anstrengenden und schwierigen, aber attraktiven Aufstieg der kleine Bergsee Lac de Melo erreicht, der sich lieblich in die traumhafte Kulisse einschmiegt. Geht man über den einfacheren Weg zurück, ist die Gesamtstrecke fünf Kilometer lang und beinhaltet 380 Höhenmeter.

Zur Erholung bietet das Restonica-Tal viele einsame Plätzchen an Badegumpen des Flusses. Um diese zu erreichen, muss man meist nur ein paar harmlosere Felsblöcke hinabklettern.

Das Tavignano-Tal ist nicht per Straße erschlossen. Auch hier kann man sich in unmittelbarer Stadtnähe am Uferweg Badestellen im Fluss suchen und die Ruhe genießen. Besonders schön ist direkt vor dem Campingplatz Chez Bartho die Badegumpe mit Sandstrand **Plage de Baliri**. Man kann auch die lange, aber abwechslungsreiche Wanderung talaufwärts in Angriff nehmen. Von diesem Weg aus gibt es ebenfalls Zugänge zum Fluss, die man dann wirklich ganz oder fast für sich allein hat. Wandert man den alten Hirtenweg bis zur malerischen Holzbrücke Passerelle de Rossolino (mit Bademöglichkeit), sind das insgesamt 12,3 Kilometer und 420 Höhenmeter.

AUSFLUG

CAPITELLO-SEE ON TOP

Wer vom Melo-See noch weiter zum Capitello-See aufsteigen möchte, geht vom nördlichen Seeufer aus zur Parkwächterhütte und folgt dann der gelben Markierung nach rechts. Der Weg steigt steil an und erfordert Trittsicherheit. Nach etwa einer Stunde gelangt man an den knapp 2000 Meter hoch gelegenen See, der durch die senkrechten Felswände einen beeindruckenden Anblick bietet – ebenso wie der nun 200 Meter tiefer liegende Melo-See. Mit Capitello-See beträgt die gesamte Wanderung sieben Kilometer und 573 Höhenmeter.

PRAKTISCHE HINWEISE

TOURISTENINFORMATIONEN

Office de Tourisme Municipal d'Ota Porto
Place de la Marine, 20150 Ota,
Tel. +33 4 95261055,
ouestcorsica.com

Office du Tourisme de Piana
Place de la Mairie, 20115 Piana,
Tel. +33 4 95278028, piana.fr

Office du Tourisme du Niolu
30 Avenue Valdu Niellu, 20224 Calacuccia,
Tel. +33 4 95471262,
tourisme-pasqualepaoli.corsica/fr

Office de Tourisme de Corte
La Citadelle, 20250 Corte,
Tel. +33 4 95462670,
tourisme-centrecorse.corsica

KARTEN

IGN Korsika Porto – Calanche de Piana – Parque National de la Corse 1:25 000
IGN Korsika Bastia – Corte: Top 100 Tourisme et Découverte 1:100 000
Libris Wanderkarte 08. Haute Corse (GR20) – Balagne – Monte Cinto – Restonica – Castagniccia – Fium'Orbo 1:60 000

Ausblick auf die Calanche von der Terrasse de Camping E Gradelle aus

CAMPING- UND STELLPLÄTZE

C 300 **Idéal Camping**
(S. 184/B1) Lieu-dit Stagnolo,
20245 Galéria,
Tel. +33 6 37203204
GPS-Daten: 42.410954, 8.644668
Drei Minuten zu Fuß vom Strand entfernt, außerdem gute Ausgangslage zum Naturschutzgebiet La Scandola und ins Fango-Tal. Ansonsten in die Jahre gekommener und deshalb nicht uneingeschränkt empfehlenswerter Platz mit zwar alten, aber sauberen Sanitäranlagen. Schattige Stellplätze unter Bäumen.

C 301 **Campng Casa di Luna** (S.184/C2)
La Vaitela, 20245 Galéria,
Tel. +33 6 74677301,
casadiluna.net
GPS-Daten: 42.412598, 8.690434
Ein einfacher, naturnaher Campingplatz am Beginn des Fango-Tals bei Galéria, gut geeignet als Basis für alle Aktivitäten am Fluss Fango und in der Scandola-Region. Mit Pool und Verkauf lokaler Produkte (Käse, Honig und Charcuterie). Schattige Stellplätze unter schönen alten Bäumen.

C 302 **Camping Corsica Gradelle**
(S. 184/B2) Gradella, 20147 Orsani,
Tel. +33 4 95273201,
camping-corsica-gradelle.fr
GPS-Daten: 42.306870, 8.645921
Verwinkelter und terrassierter Platz, der dadurch viel Privatsphäre bietet. Außergewöhnlich saubere Sanitäranlagen. Schöner Ausblick auf die Gebirgslandschaft. Der Naturplatz liegt am nördlichen Ende des Golfs von Porto, die oberen Plätze haben Blick auf die gegenüberliegende Calanche. Im Juli und August gibt es einen Shop, Pizza und Crêpes. Von der Terrasse der Snackbar hat man einen unschlagbaren Ausblick.

S 303 Wohnmobilstellplatz Galéria
(S. 184/B1) D 351, 20245 Galéria
GPS-Daten: 42.416331, 8.656681
Stellplätze in sensationell schöner Lage oberhalb vom Meer. Terrassenförmig angelegter Platz, jedoch ohne jede Infrastruktur und nicht gerade günstig für einen Stellplatz.

C 304 Camping le Porto (S. 184/C3)
D 81, 20150 Porto, Tel. +33 6 85415074, campingleporto.com
GPS-Daten: 42.261813, 8.708035
Strand und Ort Porto in 15 bis 20 Minuten Fußmarsch erreichbar. Terrassiert angelegter Platz mit viel Schatten, eigenes Areal für Wohnmobile. In 300 Meter Entfernung befindet sich ein Supermarkt.

C 305 Camping Les Oliviers (S. 184/C3)
Pont de Porto, 20150 Porto,
Tel. +33 4 95261449,
camping-oliviers-porto.com
GPS-Daten: 42.262213, 8.710062
Eher exklusiver Platz am Flussufer, gute Sanitäranlagen und liebevoll angelegte Poollandschaft. Mit Restaurant, Fitnessraum und Sauna sowie nahem Supermarkt.

C 306 Camping Sole e Vista Porto Corse (S. 184/C3)
Centre Ville D 81, 20150 Porto,
Tel. +33 6 33453424,
camping-sole-e-vista.fr
GPS-Daten: 42.263639, 8.710526
In direkter Nachbarschaft zum Platz Les Oliviers und neben zwei Supermärkten. Es gibt einen Pool, eine Wäscherei und ein Restaurant, zudem verschiedene Sportmöglichkeiten (Tennis, Handball, Fußball, Basketball) und Animationsprogramm. Gepflegter Platz mit terrassierten Stellplätzen und viel Privatsphäre.

C 307 Camping Funtana a l'Ora
(S. 184/C3) Il Campo, 20150 Ota,
Tel. +33 4 95261165, funtanaalora.fr
GPS-Daten: 42.253893, 8.722525
Exklusiver Platz mit einem schön in die Natur eingebetteten Pool und Multisportplätzen, Bar und Pizzeria (sehr gute Pizzen). Stromanschlüsse vorhanden. 200 Meter Fußmarsch zu Badegumpen am Fluss.

C 308 Camping d'Arone (S. 184/B4)
Plage d'Arone, 20115 Piana,
Tel. +33 4 95206454
GPS-Daten: 42.210966, 8.585698
Der Campingplatz ist ab Piana ausgeschildert, von dort aus sind es noch zwölf Kilometer, dafür herrlich abgeschiedene Lage. Eben angelegter Platz, Stromanschlüsse und ein kleiner, täglich jedoch nur zeitlich begrenzt geöffneter Laden sind vorhanden.

Im Ortsbereich von Porto befindet sich der sehr gut ausgestattete Camping Sole e Vista.

Pool mit Bergpanorama auf dem Camping Funtana a l'Ora

Der berühmte Berg im Hintergrund gibt dem Camping U Monte Cinto seinen Namen.

C 309 **Camping l'Acciola** (S. 184/D3)
D 70, 20126 Évisa, Tel. +33 4 95262301,
acciola.fr
GPS-Daten: 42.250703, 8.816901
Der Bereich für Wohnmobile befindet sich auf einer Wiese mit wenig Schatten, aber wunderbarem Blick in die Bergwelt. Stromanschlüsse sind vorhanden, ebenso eine Wäscherei. Als sportliche Aktivität wird Bogenschießen angeboten, der nächste Fluss (Badebecken im Fôret d'Aïtone) ist eineinhalb Kilometer entfernt.

C 310 **Camping Acquaviva** (S. 185/F2)
Lieu-dit Scadarcciole Village,
20224 Calacuccia,
Tel. +33 4 95480008,
camping-acquaviva.com
GPS-Daten: 42.333218, 9.010019
Am Ortseingang von Calacuccia gelegener, einfacher Bauernhof-Campingplatz inmitten der Bergwelt. Die 25 Stellplätze befinden sich teils unter Kastanienbäumen und sind großzügig bemessen und mit Picknicktischen ausgestattet.

C 311 **Camping U Monte Cintu** (S. 185/F2)
Route du Monte Cinto, 20224 Lozzi,
Tel. +33 6 17785914,
camping-u-monte-cintu.com
GPS-Daten: 42.349228, 9.011074
Platz des Dorfes Lozzi und auf einer Anhöhe neben dem kleineren Camping L'Arimone. Natürliche Gestaltung mit Schatten spendenden Bäumen. Insgesamt macht der Platz einen vernachlässigten Eindruck (vor allem die Sanitäranlagen), wofür die Stellplätze (fast alle mit Blick auf den gleichnamigen Berg) entschädigen.

C 312 **Camping L'Arimone Lozzi**
(S. 185/F2)Route du Monte Cinto,
20224 Lozzi, Tel. +33612442261,
campingarimone.com
GPS-Daten: 42.349341, 9.009304
Auf über 1000 Metern gelegener Campingplatz mit sowohl schattigen als auch leicht sonnigen Plätzen. Beschaulicher Platz mit einfacher Ausstattung, gepflegter als der größere Nachbarplatz U Monte Cinto. Tolle Aussicht in die Berge.

Beim schönen Sandstrand des Flusses Tavignano liegt der Camping Chez Bartho.

C 313 **Camping Chez Bartho** (S. 185/G3)
Chemin de Baliri, 20250 Corte,
Tel. +33 4 95460230,
campingchezbartho.com
GPS-Daten: 42.304324, 9.146283
Gemütlicher, kleiner Platz mit einfacher Ausstattung, aber guter Lage; die Stadt ist bequem zu Fuß erreichbar (zehn Minuten). Manche Stellplätze (auf einer Wiese angeordnet) bieten Blick auf die Zitadelle. Die Anfahrt erfolgt über eine enge Brücke – Außenspiegel einklappen! Es gibt einen Cafébetrieb mit Brotbestellung.

C 314 **Camping Restonica Corte**
(S. 185/H3) 2, Faubourg Saint Antoine,
20250 Corte, Tel. +33 6 75994505,
campingrestonica.com

GPS-Daten: 42.301476, 9.151573
Ruhige Lage trotz kurzem Fußweg in die Stadt. Klein, überschaubar und beschaulich, direkt am Restonica-Fluss vor der Einmündung in den Tavignano. Blick auf die Altstadt, ausreichend Schatten. Am Platz gibt es Getränke, Eis und Baguette zu kaufen.

C 315 **Camping Alivi di A Restonica** (S. 185/H3)
3, Faubourg Saint Antoine, 20250 Corte, Tel. +33 4 95461109, camping-alivetu.com
GPS-Daten: 42.298487, 9.149658
Stadtnaher, ruhiger, kleiner Platz mit guter Lage am Flussufer (allerdings kein Zugang zum Fluss) am Beginn des Restonica-Tals und gegenüber dem Camping Restonica. Steiniger, teils unebener Untergrund. Sanitäranlagen veraltet, Waschmaschinen vorhanden. Morgens Backwaren-Service.

C 316 **Camping Santa Barbara** (S. 185/H3)
RN200, 20250 Corte, Tel. +33 4 95462022, camping-santa-barbara.com
GPS-Daten: 42.291332, 9.188032
Auf Höhe des Flugplatzes und drei Kilometer von Cortes Zentrum entfernt. Gepflegter Platz, komfortabler als die einfacheren, der Stadt näher liegenden Plätze (einladender Pool mit Liegestühlen, ebener, steinfreier Untergrund). Bar und Restaurant, ein Supermarkt ganz in der Nähe. Straßenlärm durch die RN200 (durch Bäume und eine kleine Mauer vom Platz getrennt), die Umgebung ist insgesamt nicht so schön.

C 317 **Camping de Tuani** (S. 185/G3)
Vallée de la Restonica, 20250 Corte, Tel. +33 4 95461165, camping-corte.com
GPS-Daten: 42.275239, 9.107794
In der Hochsaison sehr beliebter und belebter Platz, außerhalb der Saison ruhig und beschaulich mit hohen Kiefern, Felsen und Badegumpen. Gut geeignet für einen längeren Aufenthalt. Standplätze im Wald und am Fluss. Innerhalb der Saison mit Restaurant, außerhalb trotzdem Bäckerei-Service.

Ortsnah und am Fluss: Camping Le Restonica

Der Camping de Tuani im Herzen des Restonica-Tals ist einer der beliebtesten Plätze auf Korsika.

4 DER SÜDEN – DAS TYPISCHE KORSIKA MIT MEDITERRANEM FLAIR

Quer über die Insel an die Südspitze und nach Bonifacio

Während sich die Reiseroute im Inselinneren nun deutlich gen Süden wendet, kann man Korsikas Innerstes auf diversen Wanderungen noch einmal intensiv erleben. Sowohl Berge als auch Flusskaskaden bieten sich hierfür an. Dann ist Ajaccio am gleichnamigen Golf erreicht – mit vielen Freizeitmöglichkeiten in und rund um die fast 70 000 Einwohner zählende Stadt an der Südwestküste. Es folgen Strände, typisch korsische Städte, viel Kultur und schließlich am Südzipfel Korsikas die prächtige Festungsstadt Bonifacio mit ihren weißen Kreidefelsen, auf der majestätisch die Altstadt thront.

Badegumpen an der Bergerie de Tolla

Von **Corte** aus führt die gut ausgebaute Schnellstraße T20 über die Orte Vivario und Vero in einem Bogen in südwestliche Richtung zurück zur Küste. Nicht nur dieses Teilstück, sondern auch das weiter an die Südspitze führende ist nahezu übersät von Campingplätzen. Da es auf dieser Route viel zu unternehmen gibt, passt das natürlich sehr gut.

EXTRASCHÖNE BOGENBRÜCKE

Wer Zeit und einen etwa 16 Kilometer langen Umweg investieren möchte, fährt von Corte aus nicht direkt auf der Schnellstraße T20 Richtung Süden, sondern nimmt die T50 in südöstliche Richtung und folgt dieser 17 Kilometer weit. Dann trifft man auf die ungewöhnliche Dreibogenbrücke **Ponte Altiani** beim Ort Altiani – sie führt über den Fluss Tavignano, mit dem wir bereits in Corte Bekanntschaft geschlossen haben. Die genuesische Brücke stammt aus dem späten 17. Jahrhundert und ist im Louis-seize-Stil erbaut, der Stilrichtung des vorrevolutionären Klassizismus.

Mit dem Auto kann die Brücke nicht mehr überfahren werden, der Verkehr wird über eine zweite Brücke geleitet. Es gibt neben einem alten Steinhäuschen einen Picknickplatz, den man nach Überqueren der neuen Brücke mit dem Auto oder zu Fuß über die alte Brücke erreicht. Nicht der Ausschilderung zum Picknickplatz folgen, da diese nicht dorthin führt!

Über die kleine und kurvenreiche D143 geht es zurück zur T20, auf die man bei Venaco trifft. Knapp vier Kilometer vor der Ortschaft befindet sich der Campingplatz Peridundellu Venaco. Er ist herrlich in die Bergwelt eingebettet, bietet tolle Blicke und liegt am Fuße des Monte d'Oro (siehe Kasten), weshalb er für dessen Besteigung ein guter Ausgangspunkt ist.

Traumhaft schön und urtümlich ist das nachfolgende Dorf **Vivario**. Eine charmante Ortsstraße mit Pizzerien und Bars, die meist nur eine Handvoll Stühle im Außenbereich haben, versprüht korsisches Flair. Von der direkt auf den Ort folgenden Anhöhe genießt man noch einmal einen Blick hinab auf Vivario.

Außergewöhnlich ist die Dreibogenbrücke Ponte Altiani.

DIE WANDERSCHUHE RAUS!

Nach 14 Kilometern auf der Schnellstraße zweigt nach rechts eine Straße Richtung Canaglia ab. Folgt man dieser bis zum Ort, erreicht man den Ausgangspunkt einer Wanderung durch das **Manganello-Tal** und zur **Bergerie de Tolla**. Startpunkt ist die Sackgasse am Ende des eine Handvoll Häuser zählenden Dorfes Canaglia (immerhin sind zwei Einkehrmöglichkeiten vorhanden). Man marschiert der Beschilderung folgend Richtung Refuge de Petra Piana, kurz später geht es gemäß der Beschilderung zum GR20 nach links. Auf diesem Weg erreicht man den Manganello-Fluss mit ersten Badestellen.

Anschließend geht es bergauf, über die kleine Tolla-Brücke und vorbei am Wasserfall Cascade du Méli. Nach weiteren zehn Gehminuten zweigt der Weg zur Bergerie de Tolla nach rechts ab. An einer Brücke findet man Badestellen. Die bewirtschaftete Hütte,

ROUTE 4

START- UND ENDPUNKT
Corte und Bonifacio

STRECKENLÄNGE
225 Kilometer

FAHRZEIT
5 bis 6 Tage

BESTE JAHRESZEIT
März bis Oktober

in der man sich in der Hauptsaison mit kleinen Snacks versorgen kann, erreicht man schließlich über den GR20. Wer noch Lust und Ausdauer hat, kann den Weg zu einer Reihe sehr schöner Kaskaden mit tollen Bademöglichkeiten fortsetzen. Bis zur Bergerie beträgt die Wegeslänge achteinhalb Kilometer, bis zu den Kaskaden elfeinhalb Kilometer (jeweils inklusive desselben Rückweges) und 350 Höhenmeter.

Fährt man anschließend zurück auf die T20, biegt man noch vor dem Ort Tattone nach rechts ab zum Camping Le Soleil Tattone. Auch dieser gut ausgestattete Platz bietet sich bei einer geplanten Bezwingung des Monte d'Oro an.

Wer die **Cascades des Anglais** erleben möchte, ohne dies mit einer Besteigung des Monte d'Oro zu verbinden (siehe Kasten), parkt ebenfalls am Bahnhof von Vizzavona. Die Cascades des Anglais sind ein Naturwunder mit ihren zahlreich aneinandergereihten Wasserstürzen, die der Fluss Agone gebildet hat. In den Badebecken, die aus den Felsen herausgespült worden sind, kann man sich nach Belieben in kristallklarem Bergwasser austoben und erfrischen – und die Kaskaden in beliebiger Länge entlangwandern. Zu erreichen sind sie über einen zunächst breiten Forstweg, teilweise geht es über den GR20. Wenn der Fernwanderweg die Forststraße nach links verlässt, geht man über einen kleinen Steg, ist fortan auf einem schattigen Waldweg unterwegs und gelangt

AUSFLUG

DER GOLDENE BERG

Er ist einer der höchsten Zweitausender der Insel und deshalb ist die Wanderung auf den Gipfel des Monte d'Oro ist mit fast 1500 Höhenmetern im Aufstieg und einer knapp 18 Kilometer langen Strecke nicht ohne, aber höchst abwechslungsreich. Sie beginnt am Bahnhof von Vizzavona und ab der Casa di Natura über den GR20. Es geht über zwei Brücken und schließlich biegt man in einen gelb markierten Forstweg ein, bis der Weg bergauf Richtung Speloncato-Bach führt. Ab der Bergerie de Pozzatelli steigt man immer in Bachnähe auf, erreicht die steile Felsrinne La Scala und muss ein paar Kraxeleinlagen bewältigen. Über einen Klemmblock kletternd gelangt man zum Gipfelkreuz. Der Ausblick ist ein Traum und jede Strapaze wert. Der Rückweg führt über die Cascades des Anglais.

über diesen ans untere Ende der Cascades des Anglais. Während der Saison kann man sich bei einer Snackbar (an einer Brücke) stärken. Der Hin- und Rückweg bis zu dieser Stelle beträgt sieben Kilometer und 250 Höhenmeter.

So idyllisch und empfehlenswert die Cascades des Anglais sind, so gut besucht sind sie auch. Je höher man jedoch hinaufsteigt, desto ruhiger wird es und desto eher hat man eine der herrlichen Badegumpen für sich allein.

In unmittelbarer Nähe und direkt an der T20 befindet sich ein großer Kletterpark.

GENUSSFAHRT ZUM MEER

Auf den **Col de Vizzavona** mit fantastischem Ausblick folgt eine steile Abfahrt auf hervorragend ausgebauter Straße. Einen weiteren Stopp einlegen kann man, um in der Nähe des Dorfes Bocognano einen Spaziergang zum Wasserfall **Cascade du Voile de la Mariée** (Brautschleierwasserfall) zu unterneh-

Holzbrückchen über die Becken der Cascades des Anglais

Fast geschafft! Das Gipfelkreuzt des Monte d'Oro ist zum Greifen nah.

Lohnenswerter Abstecher zum Wasserfall Cascade du Voile de la Mariée

men. Im Frühjahr nach der Schneeschmelze ist er sehr imponierend. Ab dem Ort ist der Wasserfall ausgeschildert, man folgt der D27 3,3 Kilometer in südliche Richtung. Die Einstiegsstelle befindet sich an einer Parkbucht, der Ausblick auf den Wassersturz kann in einem zehnminütigen Spaziergang erreicht werden (trotzdem festes Schuhwerk anziehen, der Weg ist steil und felsig). Der Hang, den man hinaufmarschiert, ist bevölkert von wilden Hausschweinen.

In **Bocognano**, einem authentischen korsischen Dorf, in dem die Zeit stehen geblieben zu sein scheint, lohnt sich übrigens ein Blick auf den gut erhaltenen, historischen Bahnhof **Gare de Bocognano** – er sieht aus wie einer Wildwestkulisse entsprungen. Der Bahnhof wurde Ende des Jahres 1888 in Betrieb genommen und ist bis heute ein wichtiger Verkehrsknotenpunkt.

Nur kurz nach der Abzweigung und unmittelbar nach dem Campingplatz Les Eaux Vives folgt der nicht nur für Familien interessante **Schildkrötenpark A Cupulatta** – ein mit viel Liebe angelegter Park mit Schildkröten aus aller Herren Länder. Die in französischer Sprache verfassten Tafeln informieren über die verschiedenen Schildkrötenarten und ihre Lebensweisen. Die gepflegten Gehege sind natürlich gestaltet und man kann die tagaktiven Tiere gut betrachten. Eine Attraktion ist die Seychellen-Riesenschildkröte, die größenmäßig ihrem Namen alle Ehre macht.

Nach dem Tierpark ist es nur noch eine viertelstündige Autofahrt, dann ist Ajaccio erreicht, die größte Stadt Korsikas und Hauptstadt der Insel. Nach der Idylle der Inselmitte wirken die »großstädtischen« Ausläufer erst mal recht unsympathisch. Die Innenstadt jedoch mit direkter Lage am Meer zeigt sich mediterran und abwechslungsreich.

VON NAPOLEON GEPRÄGT

Auch wenn Corte oft und gern als »heimliche Hauptstadt« Korsikas bezeichnet wird – tatsächlich ist es Ajaccio an der Südwestküste. Die Stadt wird eingerahmt vom **Golf von Ajaccio**, was ihr zu einigen schönen Sandstränden verhilft. Aber auch unabhängig von dieser Besonderheit unterscheidet sich Ajaccio von anderen korsischen Städten: Sie ist französischer und moderner – mit breiten Boulevards und Plätzen und einer städtischen Atmosphäre. Dazu tragen nicht nur die vielen Cafés und Restaurants bei, sondern auch die kulturelle Vielfalt und die zahlreichen Sehenswürdigkeiten. Ajaccio mit dem Feierabendverkehr, den Industrieanlagen und dem großen Flughafen zeigt die andere Seite Korsikas, weshalb ein Besuch zwar kein unbedingtes Muss ist, der Urlaub ohne den Besuch Ajaccios jedoch auch nicht vollständig ist.

Parken ist für Wohnmobile ein größeres Problem. Den größten Erfolg verspricht die Suche nach einem Plätzchen am Straßenrand der Strandpromenade. Die Parkgebühren sind hier recht günstig. Die Parkhäuser und der große Parkplatz am Hafen sind so-

wohl für Camper als auch für Wohnmobile nicht zugänglich.

In Ajaccio trifft man an jeder Straßenecke auf einen Namen: **Napoleon Bonaparte**. Der berühmteste Sohn der Stadt wurde am 15. August 1769 in Ajaccio geboren. Nicht nur Straßennamen und Plätze sind nach ihm benannt – der Diktator und spätere Kaiser der Franzosen hat sich auch in mehreren Standbildern und Statuen im Stadtbild verewigt. Natürlich sind ihm auch Museen gewidmet: zum einen der **Salon Napoléonien** innerhalb des Rathauses am Place Maréchal Foch und die **Maison Bonaparte** in der Altstadt von Ajaccio. Das Geburtshaus Napoleons in der Rue Saint-Charles wurde viele Jahre von der Familie Bonaparte bewohnt und steht heute unter Denkmalschutz. Die Räume können teilweise besichtigt werden.

Im Salon Napoléonien dreht sich ebenfalls alles um Napoleon und seine Familie mit persönlichen Exponaten wie Gemälden und Skulpturen, aber auch allgemeinen Relikten dieser Zeit wie Münzen, Orden und Bronze-Büsten. Wer die Gräber von Napoleons Eltern besuchen möchte, findet diese in der **Chapelle Impériale** im **Palais Fesch**. Der Palast ist ein klassizistischer Bau und beinhaltet das Musée Fesch mit weit über 1000 Gemälden – damit präsentiert es nach dem Louvre in Paris die zweitgrößte Sammlung italienischer Malerei des 14. bis 18. Jahrhunderts. Das Gebäude beherbergt außerdem eine Bibliothek mit wertvollen alten Büchern sowie die oben genannte kaiserliche Kapelle mit den Gräbern der Bonapartes.

Wenden wir uns von der alles dominierenden Person Napoleons ab und den schönen Fleckchen der Stadt zu. Die **Zitadelle** auf einer Landspitze ist eingerahmt vom fein-

Der schmale Sandstrand Plage Saint-François mit Strandpromenade befindet sich mitten in Ajaccio.

Napoleons Geburtshaus in der Rue Saint-Charles

Links: Über den Stadtstrand wacht die Zitadelle von Ajaccio.

Rechts: Napoleon beherrscht auch heute noch seine Geburtsstadt.

sandigen Stadtstrand **Plage Saint-François** auf der einen Seite, auf der anderen Seite von einem malerischen **Fischerhafen**. Über eine schöne Promenade vom Strand zum Fischerhafen kann man die Zitadelle umrunden und von der neben der Zitadelle abzweigenden Mole **Jetée de la Citadelle** den Blick über Hafen, Festung und Stadt schweifen lassen. In die Zitadelle hinein kommt man allerdings nur im Rahmen einer Führung. Auskünfte erteilt das Office de Tourisme.

Der Fischerhafen geht Richtung Norden über in den »richtigen« Hafen, bestehend aus dem Fährhafen, einem privaten Jachthafen und dem Bereich, wo die Ausflugsschiffe ablegen. Hier kann man sich Boote mieten und auf eigene Faust in hohe See stechen oder im Rahmen eines Ausfluges in die Calanche, nach La Scandola oder nach Bonifacio schippern.

Der Hafen wird von der Straße Quai Napoléon von der Altstadt getrennt. Gegenüber vom Rathaus befindet sich der Marktplatz **Place Campinchi**, wo es im Sommer täglich von frühmorgens bis 14.30 Uhr einen Bauernmarkt gibt; an den Wochenenden werden zudem Kleidung, Spielsachen und Haushaltswaren angeboten. Am früheren Marktplatz Place Maréchal Foch befindet sich der Löwenbrunnen mit einer Statue Na-

KULTUR

SELBST GEKRÖNTER KAISER

Wohl an kaum einer Persönlichkeit scheiden sich die Geister so sehr wie an Napoelon. Auf der einen Seite verkörpert er den Einzug der Moderne in Europa, auf der anderen Seite verhalf er dem Krieg durch seine erfolgreichen Feldzüge in der Armee während der Französischen Revolution zu einem neuen Gesicht. 1799 riss er die Macht in Frankreich an sich und beendete damit die Revolution. 1804 wurde er zum Kaiser gekrönt – oder tat dies vielmehr selbst, indem er während der Krönungszeremonie dem Papst die Krone entriss und sich selbst aufsetzte. Seine Heimatinsel war Napoleon so wichtig, dass er seine Geburtsstadt Ajaccio 1811 zur Hauptstadt Korsikas erklärte. Außerdem sah er im Beginn der Französischen Revolution die Chance, seine Heimatinsel zu befreien und unabhängig zu machen. Doch darin war er weniger erfolgreich und so musste schließlich die ganze Familie Bonaparte von der Insel fliehen.

poelons. Besonders am Abend kann man hier wunderbar die Seele baumeln lassen und dem munteren Treiben auf dem Platz zuschauen, das bis spät in die Nacht andauert. Die Fischhalle am Place César Campinchi hinter dem Rathaus ist ebenfalls Teil des Marktes – hier gibt es morgens fangfrischen Fisch zu kaufen.

Wer richtig shoppen gehen möchte, findet zahlreiche Boutiquen und Kleiderläden in der Einkaufsstraße **Cours Napoléon**. Typisch korsisch sind dann wieder die engen Altstadtgässchen zwischen dem Place Maréchal Foch und der Zitadelle, wo sich Bars, Kneipen und Restaurants aneinanderreihen.

Wer einen ersten Überblick über Ajaccio gewinnen möchte, dem sei die Fahrt mit dem **Petit Train** empfohlen. Mit diesem Verkehrsmittel kann man sich durch die Altstadt kutschieren lassen oder auch längere Ausflüge in die Umgebung unternehmen, zum Beispiel zur Inselgruppe Îles Sanguinaires.

»BLUTINSELN« UND PRUNELLI-SCHLUCHT

Alles andere als grossstädtisch gestaltet sich das Umfeld von Ajaccio. Um die größte Stadt der Insel herum gibt es zahlreiche Ausflugsmöglichkeiten zu diversen Naturerlebnissen. Berühmtestes Ziel ist die kleine Inselgruppe **Îles Sanguinaires** im Nordwesten des Golfes von Ajaccio. Ihr Name »Blutinseln« stammt zweifelsohne von der blutroten Verfärbung des Granitgesteins im Abendlicht der untergehenden Sonne. Noch auf dem Festland befindet sich ein Parkplatz, hier gibt es auch eine Informationstafel mit kurzen Wandervorschlägen. Wählt man den blau markierten Rundweg, gelangt man über einen sehr schmalen Pfad vom Festland auf eine Land-

Jachten, Kreuzfahrtschiffe und Fähren im Hafen von Ajaccio

Von Ajaccio aus ist es ein kurzer Ausflug zu den Îles Sanguinaires.

Ein Ausflugsziel ist die Schlucht Gorges du Prunelli mit dem Lac de Tolla.

Das Bergdorf Tolla am gleichnamigen Stausee

zunge, auf der der Genuesenturm **La Parata** thront. Hat man die Felsplattform vor dem Turm erklommen, bieten sich herrliche Panoramablicke, unter anderem zu den vier vorgelagerten Inseln, die die Gruppe Îles Sanguinaires ausmachen. Über den blau markierten Weg umrundet man die Landzunge, erhascht Blicke auf den westlichen Golf von Ajaccio und erreicht schließlich wieder den Pfad zurück zum Festland.

Wer genug Zeit hat und kurvenreiche Straßen nicht scheut, kann einen Ausflug zur wilden Schlucht **Gorges du Prunelli** unternehmen. Der schönste Teil der engen Schlucht mit fantastischen Tafoni-Gesteinsformationen befindet sich zwischen dem Stausee **Lac de Tolla**, der Ajaccio mit Wasser versorgt, und dem beschaulichen Bergdorf **Tolla**.

Unter Umständen schon in die Weiterfahrt gen Süden einbauen kann man die Landzunge **Punta d'Aspretto** gegenüber der Zitadelle auf der anderen Seite der Bucht. Man hat hier einen schönen Blick auf die Altstadt Ajaccios. Besonders schön ist die Zeit kurz nach dem Sonnenaufgang bzw. zum Sonnenuntergang.

Zwar nicht im Stadtgebiet selbst, doch in der gesamten Umgebung gibt es eine große Auswahl an Campingplätzen. Recht nah am Stadtgebiet ist Camping Les Mimosas, von der T20 aus gut ausgeschildert und einfach zu finden. In einem 20-minütigen Fußmarsch erreicht man von dort die Altstadt und den Hafen. Auf der Zufahrtsstraße zu den Îles Sanguinaires ist der Platz Camping Barbicaja ebenfalls nicht weit vom Zentrum Ajaccios entfernt. In Flughafennähe befinden sich die

beiden Plätze U Prunelli und Camping Benista. Beide sind sehr gut ausgestattet mit jeweils schönem Pool, liegen jedoch nahe einer viel befahrenen Straße. Etwas weiter entfernt und schon am nördlich benachbarten Golf von Sagone trifft man auf den Camping du Soleil im Ort Appietto.

TOLLE STRÄNDE UND ABSTECHER IN DIE JUNGSTEINZEIT

Es war schon die Rede von den Stränden rund um Ajaccio und neben dem oben genannten Stadtstrand Plage Saint-François direkt neben der Zitadelle bezaubern im Westen der Stadt die beiden traumhaft schönen Strände **Plage de Vignola** und **Plage de l'Ariadne**. Sie sind beide an der Route des Sanguinaires gelegen. Südlich von Ajaccio, in der Bucht von Porticcio, vervollständigt der gut erhaltene Genuesenturm **Tour de Capitello** die herrliche Kulisse, die der **Plage de Porticcio** mit ihrem hellen Sandstrand bietet. Noch ein Stückchen weiter südlich bilden die Strände **Plage d'Agosta** und **Plage de Ruppione** den Abschluss der Strandidylle.

Wir bleiben zunächst in Küstennähe, entfernen uns jedoch vom Strandleben und nehmen über die kurvenreiche, schmale und ansteigende D302 (später D255) Kurs auf den Süden der Insel. An der Kreuzung der D355 mit der D55 biegen wir zunächst nach links

An der Südspitze tummeln sich die Strände – hier der Plage de Porticcio.

Gut erhaltener Megalith in der Ausgrabungsstätte von Filitosa

Das Ausgrabungsgelände von Filitosa ist weitläufig.

auf die D355, dann nach etwa zwölf Kilometern nach links auf die D57 und erreichen über diese ein ganz besonderes Ziel auf Korsika, das man sich nicht entgehen lassen sollte: die Ausgrabungsstätte von **Filitosa**.

Hier wurden in der Mitte des 20. Jahrhunderts sogenannte Menhirstatuen der Megalithkultur (3500–1600 v. Chr.) ausgegraben, wovon die schönsten aus der Zeit zwischen 1300 und 800 v. Chr. stammen.

AM GOLF VON VALINCO

Direkt bei der Ausgrabungsstätte gibt es zwar keine Campingplätze, aber im Umkreis von zehn Kilometern hat man die Wahl zwischen drei Plätzen direkt am Meer am nördlichen **Golf von Valinco**. Besonders empfehlenswert ist der sehr ruhige, herrlich gelegene Camping Cala di Cupabia westlich von Filitosa an der D155, direkt am Traumstrand **Plage de Cupabia**. Unabhängig von einer Übernachtung auf dem Campingplatz ist dieser mit seinem weißen Sand und dem türkisfarbenen Wasser einen Besuch wert. Er gilt als einer der schönsten Strände Korsikas, ist in der Hochsaison aber entsprechend gut besucht.

Will man hier das Strandvergnügen mit etwas Bewegung kombinieren, bietet sich die fünfeinhalb Kilometer lange Wanderung

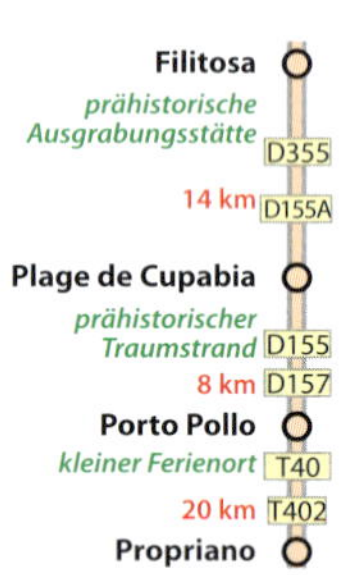

KULTUR

DIE GEHEIMNISSE VON FILITOSA

Das Ungewöhnliche an Filitosa ist, dass hier sowohl Statuenmenhire der Megalither als auch Torren der Torreaner (turmartige Bauten ab der Bronzezeit) gefunden wurden. Die Anlage von Filitosa besteht aus einem größtenteils schattigen Rundgang, auf dem man die gut erhaltenen Statuen aus nächster Nähe anschauen kann. Um den Rundgang informativ zu begleiten, kann man für vier Euro ein kleines Booklet erwerben, das es auch in deutscher Sprache gibt. An drei Stellen befinden sich außerdem Sprachsäulen, wo man interessante Informationen auch auf Deutsch abrufen kann. Am Ende des Rundgangs zeigt ein kleines Museum Fundstücke der Ausgrabungen wie Pfeilspitzen, Mühlsteine und Werkzeuge sowie weitere Menhirstatuen.

zum Genuesenturm **Tour de Capannella** in der Bucht von Cupabia an. Los geht es am südlichen Ende des Sandstrandes, von wo aus man den Turm bereits sehen kann. Es handelt sich um eine einfache Küstenwanderung (lediglich der Aufstieg zum Turm ist steil und felsig), die als Rundweg über den Turm und inklusive einer hübschen Badebucht etwa eindreiviertel Stunden reine Gehzeit beansprucht.

Die beiden anderen Campingplätze sind die beiden südwestlich von Filitosa und bei der Ortschaft **Porto Pollo** gelegenen Plätze Camping Cyrnos und Camping U Caseddu, beide jeweils ebenfalls in direkter Strandlage. Eineinhalb Kilometer von letzterem entfernt befindet sich die Tauchschule **Porto Pollo Plongée** am kleinen Hafen von Porto Pollo. Von Anfang April bis Mitte November geht es entweder per Schlauchboot oder per Motorboot aufs Meer hinaus und hinab in die Unterwasserwelt. Die Ausrüstung wird gestellt. Weitere Informationen findet man unter portopollo-plongee.fr.

Wer oberhalb der Wasseroberfläche bleiben möchte, kann sich im **Centre Nautique de Porto Pollo** ein Kajak oder Kanu mieten oder sich beim Stehpaddeln versuchen. Abenteuerlustige können unter Anleitung der freundlichen, engagierten und hilfsbereiten Mitarbeiter Wasserski fahren oder sich anderen Wassersportaktivitäten hingeben; man kann sich aber auch ein Motorboot mieten, für das man keinen Führerschein braucht, und das Ganze ruhig angehen. Sogar Katamaran-Kurse werden angeboten.

Die Wanderschuhe schnürt man beispielsweise bei Coti-Chiavari, um bei einer

Vom schönen Strand aus erreicht man im Rahmen einer Wanderung den Tour de Capanella.

Kleiner Hafenbereich mit Restaurants in Porto Pollo

Toller Blick vom einfach erreichbaren Tour de la Castagna

abwechslungsreichen Tour auf die Landzunge **Capu di Muru**, zu einem Genuesenturm, einer Kapelle und einem Leuchtturm zu gelangen. Da der Genuesenturm restauriert und begehbar ist, lohnt sich der kurze Abstecher dorthin. Er bietet von seiner Plattform aus fantastische Blicke zurück zu den Îles Sanguinaires, nach Ajaccio sowie zu weiteren Genuesentürmen im Nordosten und Südosten. Der Einstieg befindet sich im Dörfchen Casedda. Der Weg führt weiter bis an die Meeresküste, wo man in einer erstaunlichen Felslandschaft landet. Es geht eine felsige Scharte hinauf, wonach man die Seefahrerkapelle **A Madonella** erreicht. Ebenfalls über einen kurzen Abstecher gelangt man zu einem Leuchtturm, von dem aus man einen weiteren Panoramablick genießen kann. Zum Capu di Muru führt schließlich ein steiler, markierter Aufstieg. Die gesamte Wanderung ist ein Rundweg, der 8,7 Kilometer lang ist, etwas mehr als drei Stunden dauert und 188 Höhenmeter beinhaltet. Badesachen mitnehmen!

Einfacher erreichbar ist die **Tour de la Castagna** auf der Punta di Castagna, zu der man fast direkt mit dem Auto fahren kann.

Propriano
charmantes Fischerdörfchen T40
13 km
Abzweig D65
1 km T65
Sartène

DER SÜDTEIL DES GOLFES

Wenn die Straße das Meer erreicht, passieren wir zwei Campingplätze unmittelbar am Strand, Camping Ras l'Bol und Camping Abbartello. Kurz nach Abbartello geht es nach links über die schmale D157A zum **Castello di Cuntorba**, einer torreanischen Burg aus der Bronzezeit (entstanden 1200 v. Chr.). Das Fahrzeug kann am Straßenrand geparkt werden, zum Eingang gelangt man über eine 300 Meter lange, holprige Sandpiste. Eingefasst von einer Mauer wacht das Bauwerk über den Golf von Valinco, was den Besuch allein schon wegen des Ausblicks empfehlenswert macht. Das Castello ist überwuchert, schwer zu finden und nicht ausgeschildert, lohnt sich aber.

Über die D157 nähern wir uns weiter dem südlichen Bereich der Insel. Eine schmale Straße führt mit der Ausschilderung »Tour de Calanca« zum schönen **Plage de Olmeto**; der Genuesenturm wird dabei passiert, er befindet sich allerdings in Privateigentum. Ohne Einschränkung für Wohnmobile kann man parken und den herrlichen Strand genießen oder im schicken Strandrestaurant Chez Angèle zu günstigen Preisen einkehren.

Die kleine D157 trifft schließlich auf die breite Schnellstraße T40. Fast unmittelbar an dieser Einmündung befindet sich mit dem Camping Vigna Maggiore eine weitere Übernachtungsoption. Nach etwas mehr als drei Kilometern auf der T40 zweigt nach links die D257 ab; hier folgt nach wenigen Hundert Metern der Campingplatz Colomba. Über die T40 wird **Propriano** erreicht, ein kleines Fischerdorf mit 3000 Einwohnern am südlichen Golf von Valinco. Es liegt an schönen, breiten Stränden und hat sich mit seinem Jachthafen und der vor allem abends sehr belebten Hafenpromenade zu einem beliebten Urlaubsort gemausert. Restaurants, Cafés, ein umfangreiches Wassersportprogramm sowie der landschaftliche Charme des tief eingeschnittenen Golfs und die Berge im Hinterland bieten Freizeitaktivitäten für jeden Geschmack. Ein kostenloser, großer Parkplatz mit einer Höhenbeschränkung von 2,20 Metern befindet sich am östlichen Ortseingang, ein weiterer ohne Höhenbeschränkung am Hafen.

Ein Highlight ist der knapp drei Kilometer von Propriano entfernte **Plage de Capu Laurosu**. Der Strand ist nicht nur traumhaft schön nördlich der Mündung des Flusses Rizzanese gelegen, sondern gilt auch als einer der längsten Strände der Region. Nicht minder empfehlenswert ist das Pendant südlich der Flussmündung, der **Plage de Portigliolo**. Kristallklares Wasser und ein endlos langer Sandstrand sind ihr Markenzeichen.

Wer in Propriano seine Zelte aufschlägt, kann einen Ausflug zur Landspitze von Cam-

Es wird deutlich touristischer: Propriano ist gut auf Feriengäste eingestellt.

Traumstrandkulisse am Plage de Capu Laurosu

Kleiner Fischer- und Badeort Campomoro

Die restaurierte alte Mühle ist ein Schauraum, der zu einem tollen korsischen Spezialitätenladen gehört.

pomoro unternehmen. Die Fahrt über die D121 dorthin endet in einer Sackgasse, das Fahrzeug parkt man im Ort **Belvédère-Campomoro**. Den Besuch wert ist sowohl die schöne Badebucht als auch der Genuesenturm Campomoro, zu dem der Lehrpfad **Sentier U Torregianu** hinaufführt. Man kann auf die Plattform des Wachturms steigen, den Rundblick genießen und außerdem das Turminnere mit einer kleinen kostenpflichtigen Ausstellung über die Genuesentürme und die Piraterie besichtigen. Rund um den Turm kann man über eine Reihe von abenteuerlichen Wegen und Pfaden eine Küstenwanderung in beliebiger Länge unternehmen. Nachdem die Wohngegend des Ortes durchquert ist, der Beschilderung »Tour de Campomoro« folgend, informiert eine große Wandertafel über die Wandermöglichkeiten von Längen ab einer Stunde bis hin zu Ganztagestouren.

DAS URTÜMLICHE KORSIKA

Nach dem Aufenthalt in Propriano geht es weiter über die Schnellstraße T40 ins Landesinnere. Nach zwölfeinhalb Kilometern zweigt die D69 von der T40 zum urkorsischen Dorf **Sartène** ab. Ein absolutes Muss in dieser Gegend! Die Lage auf einer Terrasse hoch über dem Golf von Valinco und die engen Gässchen des Ortes mit ihren bis zu acht Geschossen hohen, schmalen Häusern sind wie eine Zeitreise ins Mittelalter. Den Blick kann man im 360-Grad-Panorama von Campomoro bis ins Bavella-Massiv (siehe Tour 5) schweifen lassen. Man meint die Vergangenheit förmlich zu spüren – Zeiten, in denen Blutrache (die sogenannte Vendetta) geherrscht hat, Piratenüberfälle an der Tagesordnung waren und es verfeindete Stadtteile gab.

Da das Profil der Stadt mit ihrer engen Bebauung an eine Festung erinnert, kommt die Aussage, sie sei die »korsischste aller Städte«, nicht von ungefähr. An den Häusern der Altstadt **Santa Anna** aus dem 18. und 19. Jahrhundert führen schmale Gassen entlang, düstere Durchgänge verbinden die Sträßchen miteinander. Treppen befinden sich an den Außenwänden der Gebäude und führen mitunter bis zum zweiten Stock eines Wohnhauses. Die heute noch sichtbaren Stadtmauern stammen aus dem 17. Jahrhundert.

Sartène besteht aus einer Ober- und einer Unterstadt, das Herz der Stadt schlägt auf dem **Place de la Liberation**, wo es Cafés und Restaurants gibt. Sehenswert sind die **Kirche Sainte-Marie Assunta** und direkt daneben der ehemalige **Gouverneurspalast**, der heute das Rathaus beherbergt. Von hier aus gelangt man durch einen Bogendurchgang in die Altstadt. Auf der anderen Seite des Platzes liegt der Stadtteil **Borgo** mit ebenfalls mittelalterlichem Charme und engen, gewundenen Gässchen, in denen Souvenirgeschäfte, Boutiquen und Cafés angesiedelt sind.

Das Highlight des Ortes ist jedoch unzweifelhaft seine außergewöhnliche Altstadt. Die verwinkelten Gässchen sind so eng, dass man neben der Bestuhlung der Restaurants kaum noch hindurchgehen kann. Liebevoll dekorierte Läden säumen die Gassen, durch manche führt der reguläre Weg einfach mitten hindurch. In der gut ausgeschilderten Touristeninformation erhält man für fünf Euro (nur Barzahlung) einen

In den engen Altstadtgässchen geht man auf eine Zeitreise.

Vom Place de la Libération aus erreicht man die Sehenswürdigkeiten von Sartène.

Sartène
urtümliches korsisches Bergdorf
1 km
21 km T40
Roccapina

Dolmen in großer Dichte kann man auf dem Hochplateau von Cauria betrachten.

Audioguide auch in deutscher Sprache mit Erläuterungen zu den interessanten Stationen der Stadt – an den Hauswänden sind die entsprechenden Nummern der Stationen angeschlagen.

Da in der Umgebung von Sartène zahlreiche prähistorische Fundstätten liegen, gibt es oberhalb der Altstadt ein **Museum für korsische Frühgeschichte** (Musée d'Archéologie de la Corse). Es ist im ehemaligen Gefängnis untergebracht und besteht aus einer Sammlung von Fundstücken aus der Steinzeit über die Eisenzeit bis hin zum Mittelalter. Das Museum liegt oberhalb der Stadt und bietet einen tollen Blick auf diese.

Korsische Frühgeschichte modern präsentiert im prähistorischen Museum

Das Wohnmobil kann man am östlichen Ortseingang am Straßenrand und in der Nähe des Panoramapunktes parken. Im Ort selbst oder in der nächsten Umgebung gibt es keine Campingplätze; mit dem Camping Olva, der knapp sechs Kilometer nördlich von Sartène liegt und über die D69 erreichbar ist, findet man einen naturnahen, gut ausgestatteten Campingplatz.

Die bedeutendste prähistorische Fundstätte in der Umgebung von Sartène ist das **Hochplateau von Cauria**, bekannt für die große Dichte an Dolmen (vorgeschichtliche Grabmale). Einer der am besten erhaltenen ist der Dolmen von Fontanaccia, der mit sechs aufrecht stehenden Granitplatten und einer drei Meter dicken Deckplatte eine frühgeschichtliche Grabkammer bildet. Daneben liegt ein Menhir, der möglicherweise früher die Grabkammer verschlossen hat. Ansonsten besteht Cauria aus vielen monolithischen Menhiren, die man auf einem Rundgang (ausgestattet mit französischen Informationsschildern) besichtigen kann. Zu erreichen ist das

Plateau über die enge, aber gut befahrbare D48 (später D48A) Richtung Tizzano. Die letzten fünf Kilometer muss man eine holprige, schlecht asphaltierte, aber dennoch für Wohnmobile fahrbare Straße in Kauf nehmen.

Die größte Menhirsammlung (rund 270 Steinquader) im ganzen Mittelmeerraum kann man bei der Ortschaft **Tizzano** am Ende der Sackgasse nach Cauria anschauen. Im acht Kilometer von Sartène entfernten **Rizzanese-Tal** befindet sich ein weiteres Überbleibsel der Frühgeschichte: die aus dem 13. Jahrhundert stammende, sehr schön restaurierte Genuesenbrücke **Spin'a Cavallu**.

Nur wenige Kilometer weiter östlich kann man auf dem Campingplatz La Rivière nicht nur traumhaft schön auf einem weitläufigen Gelände übernachten, sondern auch vorzüglich auf einer urig korsischen Terrasse direkt am Fluss Essen mit Produkten aus eigener Herstellung genießen (Informationen unter camping.la.riviere.encorsedusud.fr).

ERLEBNISREICHER SÜDEN

Nun folgt die Zielgerade Richtung Südspitze und Bonifacio. Auf dem Weg dorthin wartet noch das eine oder andere lohnenswerte

Man muss schon nach ihr suchen, die Genuesenbrücke Spin' a Cavallu ist ein verstecktes Kleinod.

KULTUR

KARFREITAGSPROZESSION

Jedes Jahr an Karfreitag wird in Sartène die berühmte Prozession U Catenacciu abgehalten. Ursprung für diese Tradition ist die Versöhnung der beiden verfeindeten Clans der Roccaserra und der Ortoli. Der anonyme Büßer (der eine schwere Sünde sühnen möchte und dessen wahre Identität nur der Pfarrer kennt) muss ein 31,5 Kilogramm schweres Eisenkreuz auf dem Rücken tragen. Er ist in einen roten Kapuzenmantel gehüllt und hat eine 14 Kilogramm schwere Kette um den nackten Knöchel. Diese Eisenkette muss er nach sich ziehen, während er wie Christus auf seinem Leidensweg nach Golgotha dreimal zu Boden fällt. Ein in Weiß gekleideter Büßer folgt ihm und hilft ihm wieder auf die Beine. Den beiden schließen sich weitere Büßer an mit einem holzgeschnitzten Christus, außerdem Geistliche, Pilger und Touristen.

Heller Sandstrand vor karibisch blauem Wasser – der Plage de Roccapina

Ausflugsziel. Nach 17 Kilometern auf der schnellen T40 Richtung Süden folgt beispielsweise das einladende Weingut Domaine Pero Longo, bei dem es Bioweine gibt. Zum Anwesen gehören auch ein Restaurant mit hervorragendem korsischem Essen, Gästezimmer und der Platz Camping Pero Longo auch für 25 Wohnmobile. Das mediterrane Weingut befindet sich in der Route de Bonifacio in Sartène, nähere Informationen unter domaine-pero-longo.amenitiz.io/fr.

Nur fünf Kilometer weiter gibt es bei **Roccapina** einiges zu sehen. Da ist zum einen der geschützt in der Bucht von Roccapina gelegene Sandstrand **Plage de Roccapina**. Eine drei Kilometer lange, ausgewaschene Sandpiste, die man mit einem Camperbus befahren kann (die Einstiegsstelle mit tiefen Löchern ist der schlimmste Teil der Strecke), führt ab der Abzweigung Auberge Coralli (mit Parkplatz) dorthin. Für größere Wohnmobile ist es eine Option, das Fahrzeug an der Abzweigung abzustellen und einen Fußmarsch auf sich zu nehmen.

Über der Bucht wacht ein riesiger Granitblock, der die Form eines Löwen hat. Deshalb heißt diese verwitterte Felsformation auch **Lion de Roccapina**. Einer Legende zufolge war der bizarre Tafoni-Felsen ein Adliger mit Spitznamen »Der Löwe«, der zu Stein erstarrte, als eine junge Frau ihn verschmähte. Auf dem Hügel neben dem Löwen thront ein alter Genuesenturm.

Wer die Sandpiste zur Bucht bewältigt hat, kann auf einer 3,9 Kilometer langen Wanderung mitten durch eine herrliche Felslandschaft den Löwen »auf Augenhöhe« erreichen. Danach folgt ein weiterer, einsamer Strand, der **Plage d'Erbaju**. Der naturgeschützte, lange Dünenstrand ist wohl einer der einsamsten der Insel – was sicherlich an seiner schwierigen Erreichbarkeit liegt, nämlich nur über den beschriebenen Wanderweg. Auf dieser Tour ist Trittsicherheit gefragt, ansonsten handelt es sich um eine leichte Wanderung auf bequemen Pfaden mit 187 Höhenmetern. Hinzu kommen für Wohnmobilfahrer die drei Kilometer von der Auberge bis zum Startpunkt der Wanderung – und später wieder zurück.

Wer mehr über die Tafoni-Felsen erfahren möchte, dem sei die kleine geologische Ausstellung empfohlen, die im Museum **A Casa di Roccapina** in einem ehemaligen

Wie Bonifacio auf dem Kreidefelsen thront, sucht seinesgleichen.

Straßenwärterhäuschen am Col de Roccapina untergebracht ist. Sie erstreckt sich über mehrere Etagen und setzt sich im Außenbereich bei einem Rundgang fort. Vom (für Wohnmobile verbotenen) Parkplatz aus hat man außerdem den besten Blick auf den Löwen, den Turm und den Strand.

Elf Kilometer nach dem Casa di Roccapina folgen die beiden Campingplätze Le Damier und Kévano, die aufgrund ihres gesamten Erscheinungsbildes nicht zu empfehlen sind. Camping Kévano hat zumindest schöne, naturnahe Stellplätze, ist aber für größere Wohnmobile schlichtweg verboten.

Im Endspurt auf Bonifacio ragen Dutzende von Landzungen ins Meer. Die meisten haben Strandzugänge zu tollen, nicht überlaufenen Stränden, wie zum Beispiel der **Plage de Tonnara** einer ist, mit Wassersportangebot (Jetski und Stand-up-Paddle-Boards), Liegestuhlverleih und zwei Restaurants.

FESTUNGSSTADT AUF KREIDEFELSEN

Nur eine zwölf Kilometer breite Meerenge trennt **Bonifacio** an der südlichsten Spitze Korsikas von der italienischen Nachbarinsel Sardinien. Die mittelalterliche Stadt erhebt sich wie eine große Trutzburg auf einer schmalen Landzunge und auf felsigen Klippen. Die etwa 80 Meter über dem Meer gelegene Altstadt schwebt über dem Abgrund und oberhalb von tiefen Grotten, die das Meer in Tausenden von Jahren in den porösen Kalkstein gefräst hat. In einer natürlichen, fjordartigen Bucht liegt der malerische Hafen mit seinen edlen Jachten und Ausflugsbooten, am Zugang zum Fjord legen die Fähren nach Sardinien ab. Eine Fährüberfahrt nach Santa Teresa Gallura auf Sardinien dauert 90 Minuten mit Fahrzeug und 30 Minuten ohne.

Bonifacio gliedert sich in die mittelalterliche **Oberstadt** (»Ville haute«) auf einem Kalkplateau, um den **Hafen** gruppiert sich die **Unterstadt** mit wunderschönen, direkt am Wasser gelegenen Restaurants, Cafés und Souvenirläden. An der **Kirche Saint-Erasme** führt eine Treppe in die Oberstadt hinauf. Die Zitadelle **Bastion de l'Etendard** in der westlichen Oberstadt wird über eine wuchtige genuesische Zugbrücke passiert; ein Teil der alten Festungsanlage ist zugänglich. Die **Altstadt** besteht aus engen, kopf-

Bonifacio
Festungsstadt hoch über dem Meer auf weißen Kreidefelsen
Ziel

Gleich hinter dem Hafen von Bonifacio geht es hinauf in die mittelalterliche Oberstadt.

steingepflasterten Gassen und dicht aneinanderstehenden Gebäuden aus dem Mittelalter. Zwar sind diese meist bis zu fünf Geschosse hoch, aber nur einen Raum breit, sodass sie sehr schmal in die Höhe ragen.

Das Wohnmobil parkt man am besten auf dem Parkplatz Le Valli am Kreisverkehr vor der Einfahrt in die Stadt (pauschal zehn Euro pro Tag). Ein Shuttlebus, der im Halbstunden-Takt verkehrt, bringt Besucher von hier aus in die Stadt (zu Fuß dauert es etwa 15 Minuten). Die Parkplätze in der Stadt, insbesondere die am Hafen und in der Oberstadt, sollte man mit dem Wohnmobil meiden. Es ist teuer, auf diesen zu parken und es herrscht viel Verkehr auf engem Raum.

Eine der populärsten Sehenswürdigkeiten ist die **Escalier du Roi d'Aragon**, eine in den Kreidefelsen gehauene Treppe. Sie führt über 187 Stufen von der Altstadt hinunter fast bis auf Meereshöhe und zu einem Süßwasserbecken. Der Legende zufolge ließ der spanische König Alfonso V. von Aragonien die Treppe in nur einer Nacht in den Felsen hauen, um die uneinnehmbare Stadt vom Meer aus zu erobern. Die (kostenpflichtige) Treppe ist eine Herausforderung, denn sie führt nicht nur 45 Grad steil nach unten, sondern die einzelnen Stufen sind mit 30 bis 40 Zentimetern auch ziemlich hoch. Allerdings ist der Weg hinunter und

KULTUR

BEWEGTE GESCHICHTE

Das älteste auf Korsika nachgewiesene Zeugnis menschlichen Lebens wurde in einer der vielen Grotten unterhalb des Ortes Bonifacio entdeckt – man fand 1972 die Überreste eines weiblichen Skeletts und konnte diese auf die Zeit um 6500 v. Chr. datieren. Das heutige Bonifacio wurde um 828 vom toskanischen Grafen Bonifacio di Lucca gegründet, der die Festungsanlage im Auftrag des Papstes errichtete. Die Zitadelle wurde während der genuesischen Herrschaft zu einer bedeutenden Verteidigungsanlage ausgebaut. Erst im 18. Jahrhundert endete die Vormachtstellung Genuas, seit 1768 ist Bonifacio unter französischer Herrschaft. Napoleon plante im Jahr 1793 von hier aus einen Angriff auf die italienische Nachbarinsel Sardinien, der jedoch scheiterte. Es heißt außerdem, dass schon Odysseus auf seiner Irrfahrt im Hafen von Bonifacio angelegt habe.

In nur einer Nacht soll diese steile Treppe von Menschenhand in den Felsen gehauen worden sein.

wieder hinauf ein ebenso großes Erlebnis wie die Aussicht, die sich vom äußersten Rand des Kreidefelsens bietet.

Apropos Aussicht: Die besten Panoramablicke bieten sich entweder von der obersten Befestigungsmauer der Zitadelle (über eine Treppe erreichbar) oder von der Kapelle Saint-Roch. Bei klarer Sicht kann man sogar die Umrisse von Sardinien erkennen. Wer die schöne Aussicht mit einem Gaumenschmaus verbinden möchte, kann dies auf der zur Meerseite gelegenen Terrasse des Restaurants **La Manichella** tun. Die köstlichen Crêpes und korsischen Gerichte werden untermalt durch einen spektakulären Blick. Das Restaurant befindet sich am Place de la Manichella und hat die Telefonnummer +33 4 95731275.

Es wird vor allem am Marktplatz deutlich, dass einige Häuser auf überhängenden Felsen erbaut sind und deshalb tatsächlich frei über dem Meer zu schweben scheinen. Freitags findet von 8 bis 13 Uhr auf dem Marktplatz ein Bauernmarkt statt, wo man lokale Erzeugnisse einkaufen kann; dienstags gibt es zusätzlich Kleidung, Schmuck und Kunsthandwerk. Der Markt befindet sich in der überdachten Säulenhalle **Loggia de l'Arsenal**.

Innerhalb der Zitadelle wird im **Museum Mémorial du Bastion** die Geschichte Bonifacios dargestellt. Ein ganz besonderes Erlebnis in der Oberstadt ist außerdem **Le Gouvernail de la Corse** (das Steuerrad Korsikas), ein in die Klippen gehauener Tunnel, in dem man über 168 Stufen hinunter in die Katakomben und zu einer zum Meer hin offenen Aussichtsfreifläche gelangt. Von dort bietet sich ein Blick aus ungewöhnlicher Perspektive über die Meerenge zwischen Korsika und Sardinien. Le Gouvernail hat eine militärische Geschichte, ursprünglich handelte es sich um einen Überwachungsposten oberhalb der Einfahrt zum Hafen. Nachts wurde von hier aus die Meerenge bis zur Küste Sardiniens beleuchtet. Im Inneren des Felsens, in kleinen Nischenplätzen des Tunnels, befinden sich Kriegsartefakte und Informationstafeln über die militärische Vergangenheit des Ortes sowie ehemalige Arrestzellen. Le Gouvernail ist noch ein Geheimtipp und nicht ganz so überlaufen wie andere Sehenswürdigkeiten in Bonifacio, an heißen Tagen ist der kühle Tunnel außerdem sehr angenehm. Es befindet sich im Quartier Saint-François; ein aussichtsreicher Spaziergang, der über der Hafenzufahrt startet, führt dorthin.

Der Phare de Pertusato ist ein malerischer Leuchtturm und über eine schöne Strandwanderung von Bonifacio aus erreichbar.

In direkter Nachbarschaft bietet sich auf dem Friedhof **Cimetière Marin** ein Spaziergang durch die Grabreihen mit mannshohen Mausoleen und verwitterten Grabtafeln an. Der Kontrast zwischen den gut gepflegten Grabmälern und den zerfallenen macht den Reiz des Ortes aus.

Wenden wir uns der Unterstadt und dem quirligen Hafenbereich zu. Hier entlangzuflanieren, im einen oder anderen direkt ans Hafenbecken angrenzenden Restaurant einzukehren und fangfrischen Fisch zu verspeisen oder pompöse Jachten zu bewundern ist schon ein Programm für einen halben Tag. Absolutes Pflichtprogramm ist allerdings eine **Klippen-Kreuzfahrt** hinaus auf die Meerenge zwischen Korsika und Sardinien mit einem Abstecher in eine der Grotten hinein. Kaum zu glauben, dass das Ausflugsboot durch die furchterregend kleine, tiefschwarze Öffnung hindurchpasst. Im Inneren wirkt die Grotte dann gar nicht mehr so klein mit einem Durchbruch in der Decke.

Der **Grain de Sable** (Sandkorn) wird bei der Bootsfahrt passiert, das ist ein Felsbrocken, der vor über 200 Jahren von seinem Hauptfelsen abgebrochen ist und nun aus dem Meer ragt; ebenso der malerische, rotweiß gestreifte Leuchtturm **Madonetta** und die einsam gelegene Bucht **Anse de Fazzio**, die mit ihrem türkisblauen Wasser und dem hellen Sandstrand auch **Kleine Karibik** genannt wird – zu Recht. Die Rundfahrt dauert knapp eine Stunde und wird in französischer Sprache kommentiert.

DURCH UND DURCH MEDITERRAN

Hat man etwas mehr Zeit zur Verfügung, lohnt sich auch eine Schifffahrt zu den **Lavezzi-Inseln**. Die Inselgruppe südöstlich von Bonifacio in der Meerenge zwischen Korsika und Sardinien ist Naturschutzgebiet. Deshalb dürfen nur drei der hundert Inseln des Archipels betreten werden. Auf die Hauptinsel **Lavezzi** bringt unter anderem ein Boot des Unternehmens SPMB Promenades en Mer de Bonifacio die Tagesgäste, die sich an den bizarren Granitfelsen, der einzigartigen Vegetation und vor allem an den herrlichen Buchten und Stränden erfreuen. Man kann jedes beliebige Boot zurück nehmen und so die Zeit auf der Insel in voller Länge genießen. Auf Lavezzi befin-

den sich zwei Soldatenfriedhöfe mit einer Kapelle.

Den besonderen Mittelmeercharme an der Südspitze kann man auch bei einer Wanderung entlang der Küste in südöstliche Richtung zum **Capo Pertusato**, dem südlichsten Punkt Korsikas spüren. Startpunkt ist die Aussichtsplattform oberhalb der Treppe, die vom Hafen zur Oberstadt führt. Dort beginnt der sandig-steinige Weg (zunächst noch parallel zur Straße) und führt als grandioser Klippenspaziergang mit tollen Ausblicken auf Bonifacio und die Klippen in beliebiger Länge an der Felskante entlang. Man bewundert den Grain de Sable (siehe oben), passiert alte Verteidigungsanlagen und eine Kapelle und als Highlight dieser schattenlosen Tour gibt es die Möglichkeit, zum Strand **Plage de Sutta Rocca** hinunterzusteigen und ein erfrischendes Bad im Meer zu nehmen.

Beschaulich geht's zu am Plage de Saint Antoine.

Ein Ausflug auf die Lavezzi-Inseln ist wie ein Trip in die Karibik.

An der Hermitage de la Trinité findet man Ruhe und einen tollen Ausblick auf Bonifacio.

Ziel der Gesamtwanderung könnte nach fünf Kilometern Fußmarsch der Leuchtturm **Phare de Pertusato** sein, der seit 1844 jede Nacht Lichtkegel über die Straße von Bonifacio wirft – und seit 1985 tut er das vollautomatisch. Am **Plage de Saint-Antoine** kann man ebenfalls baden gehen. Der Abstieg dorthin dauert eine knappe Viertelstunde.

Wenig überlaufen ist eine Wanderung von Bonifacio in westliche Richtung und zum Leuchtturm **Phare de la Madonetta**. Die malerischen Badebuchten und einsamen Felsküsten, die man sonst nur vom Ausflugsboot aus bewundert, kann man hier hautnah erleben. Der Weg verläuft über den **Sentier des Plages**, der an einer Tankstelle von der T40 abgeht. Der Beschilderung »La Madonetta« folgend, passiert man die Drachenhöhle, eine Grotte, in die die Ausflugsboote hineinfahren, und auch die einsame karibische Bucht von Fazzio, in der man ein Bad im türkisblauen Wasser fernab des Trubels nehmen kann.

Sehr beschaulich geht es zu bei der **Ermitage de la Trinité**, einem alten Eremitenkloster, das auf dem Mont de la Trinité hinter Bonifacio die Stadt bewacht. Ein natürlich schönes Gewirr aus Granitfelsen ziert den Berg, durch das ein Netz aus Wegen führt, die wunderbare Fernblicke auf Bonifacio und die Klippenlandschaft offenbaren. Besonders eindrucksvoll ist ein Ausflug hierher in den Abendstunden, wenn man den Sonnenuntergang über der Stadt und der Straße von Bonifacio bewundern kann. In diese herrliche Umgebung passt sich zwischen Steineichen, Olivenbäumen und Granitblöcken das Kirchlein **Sainte Trinité** ein. Erbaut wurde das Kloster im 13. Jahrhundert, 1880 wurde es umfassend restauriert. Ein Kreuzgang mit zwölf Stationen ist erhalten geblieben. Man findet die Zufahrt zu diesem stimmungsvollen Ort nach etwa fünf Kilometern auf der T40 von Bonifacio Richtung Sartène – kurz vor dem gleichnamigen Camping La Trinité führt eine kleine Straße zur Eremitage hinauf.

URLAUBS-AUSZEIT IM URLAUB

Wegen der vielen Freizeitmöglichkeiten, der sehenswerten Stadt Bonifacio und der schönen Lage im Süden der Insel kann man in Bonifacio durchaus einen längeren Aufenthalt einplanen. Die Gegend ist mit zahlreichen entsprechend ausgestatteten Campingplätzen rund um Bonifacio darauf eingestellt. Neben dem bereits genannten Camping La Trinité nordwestlich von Bonifacio (geschickt gelegen auf dem Weg von Sartène kommend) befindet sich der Platz Camping L'Araguina am nächsten zum Stadtzentrum. In nördlicher Richtung und nahe an der RT10 Richtung Porto-Vecchio folgen die Plätze Camping Cavallo Morto, Camping U Farniente und Camping Campo di Liccia.

Ganz abseits, aber bestens ausgestattet ist der Platz Camping des Îles östlich von Bonifacio am südlichsten Zipfel Korsikas und nahe einigen Buchten mit Stränden. Etwas weiter nördlich und ebenfalls abseits der T40 bzw. RT10 und der Stadt schließt Camping Pian del Fosse die Runde der Campingplätze um die Stadt Bonifacio.

PRAKTISCHE HINWEISE

FÄHREN
Marseille–Ajaccio, Nizza–Ajaccio, Toulon–Ajaccio und Porto Torres (Sardinien) – Ajaccio, Santa Teresa Gallura (Sardinien) – Bonifacio

TOURISTENINFORMATIONEN
Office de Tourisme du Pays d'Ajaccio
3, Boulevard du Roi Jérôme, 20181 Ajaccio, Tel. +33 4 95515303, ajaccio-tourisme.com

Station Préhistorique de Filitosa
D 57, 20140 Sollacaro, Tel. +33 4 95740091, filitosa.fr

L'Office de Tourisme du Sartenais Valinco Taravo
Propriano: Office de Tourisme de Propriano, 21, Avenue Napoléon III, 20110 Propriano, Tel. +33 4 95760149
Sartène: Office de Tourisme de Sartène, 14, Cours Soeur Amélie, 20100 Sartène, Tel. +33 4 95771540;
beide: lacorsedesorigines.com

Office Municipal de Tourisme de Bonifacio
2, Rue Fred Scamaroni, 20169 Bonifacio, Tel. +33 4 95731188, bonifacio.fr

KARTEN
IGN Korsika Monte d'Oro/ Monte Rotondo 1:25 000
IGN Korsika Ajaccio 1:25 000: Îles Sanguinaires
Ajaccio/Bastia: IGN72518 (IGN Map)
IGN Propriano – Golfe de Valinco 1:25 000
IGN Korsika Bonifacio 1:25 000

CAMPING- UND STELLPLÄTZE
C 400 **Camping aire naturelle de *Peridundellu*** (S. 185/H4)
Peridundello, 20231 Venaco, Tel. +33 6 95732066, campingvenaco.e-monsite.com
GPS-Daten: 42.223682, 9.194219
Platz in spektakulär schöner, abgeschiedener Lage, sowohl sonnige als auch schattige Plätze mit Stromanschlüssen. Saubere, gut gepflegte Sanitäranlagen. Brötchen und Croissants können für den nächsten Morgen bestellt werden. Es gibt ein saisonal geöffnetes Restaurant, Waschmaschinen sowie eine Entleerstation für Wohnmobile.

C 401 **Camping Le Soleil Tattone**
(S. 185/H5) Tattone, 20219 Vivario, Tel. +33 4 95472116, camping-lesoleil.fr
GPS-Daten: 42,1529722222, 9,15147222222
Am Fuße des Berges Monte d'Oro befindet sich dieser familienfreundliche, gepflegte und in die Natur eingebettete Platz mit Ausstattungsmerkmalen wie Brötchen-Service zum Frühstück, Pizzeria (sehr leckere Pizzen und Cocktails!), Waschmaschinen und Trockner sowie Kühl- und Gefrierschränken (Benutzung unentgeltlich) und einer Mikrowelle. Supersaubere Sanitäranlagen, kleiner Spielplatz.

Camping Le Soleil Tattone

Der Camping Cyrnos liegt direkt am Strand.

C 402 **Camping Les Eaux Vives** (S. 188/B1) RT20, 20172 Vero, Tel. +33 6 29961165, camping-ajaccio.fr
GPS-Daten: 42.153038, 9.151485
Am Ufer des Flusses Gravona gelegener, naturnaher und ruhiger Campingplatz mit Stellplätzen unter Schatten spendenden Eukalyptusbäumen. Hoher Freizeitwert durch die Bademöglichkeiten im Fluss (mit kleinem Sandstrand) und viele Wandermöglichkeiten. In weniger als zwei Kilometer Entfernung befinden sich ein Supermarkt, ein Bäcker und eine Apotheke. In fünf Minuten ist man zu Fuß beim Schildkrötenpark A Cupulatta.

C 403 **Camping Les Mimosas** (S. 187/G2) Chemin de la Carosaccia, 20090 Ajaccio, Tel. +33 4 95209985, camping-lesmimosas.com
GPS-Daten: 41.937457, 8.727668
Der am nächsten zum Stadtzentrum von Ajaccio gelegene Platz, klein und einfach, aber gepflegt. Zu Fuß durch eine Wohngegend erreicht man die Stadt in 20 Minuten. Ein Supermarkt befindet sich in einem Kilometer Entfernung.

C 404 **Camping U Prunelli** (S. 187/H2, 188/A2) Pont du Prunelli, 20166 Porticcio, Tel. +33 4 95251923, camping-prunelli.com
GPS-Daten: 41.911194, 8.825723
Durch Hecken voneinander abgegrenzte, sehr große Stellplätze, schön angelegte Pool-Landschaft, teilweise Grillstellen; außerdem Restaurant, kleiner Laden und Backwaren-Service. Wasser- und Stromanschlüsse vorhanden. Durch die Nähe zu Ajaccio gut geeigneter Platz für einen Stadtbesuch.

C 405 **Camping Benista** (S. 187/H3, 188/A3) Boulevard Marie-Jeanne Bozzi, 20166 Porticcio, Tel. +33 9 74564023, porticcio-camping.fr
GPS-Daten: 41.907174, 8.822482
Durch einen Zaun vom Fluss Prunelli getrennter Campingplatz, zwölf Kilometer von Ajaccio entfernt. Freizeitaktivitäten und Animationsprogramm, auch für Kinder und Jugendliche. Gepflegter Pool und separates Kinderbecken mit Snackbar und Terrasse. Kleiner Laden an der Zufahrt zum Campingplatz.

C 406 **Camping du Soleil** (S. 187/F1) Route de Lava, 20167 Appietto, Tel. +33 4 95228727, campingdusoleil.com
GPS-Daten: 42.002638, 8.708197
20 Autominuten nördlich von Ajaccio gelegener Platz inmitten der Natur und vier Kilometer vom Strand Plage de Lava entfernt. Vielseitiges Freizeit- und Wassersportangebot. Der Platz liegt auf halber Strecke zwischen der D 81 und dem Strand. Mit Snackbar.

C 407 **Camping Barbicaja** (S. 187/F2) Route des Sanguinaires, Lieu-dit Barbicaja, 20000 Ajaccio, Tel. +33 4 95520117, camping-barbicaja.com
GPS-Daten: 41.909745, 8.685249
Der Platz befindet sich an der Straße zu den Îles Sanguinaires an einem schönen Sandstrand. Es gibt eine Pizzeria mit Steinofenpizzen und einen Kinderspielplatz. Der terrassenförmig angelegte Platz liegt ruhig, aber trotzdem stadtnah.

C 408 **Camping Cyrnos** (S. 187/G6, 188/A6) Route de Porto Pollo, 20140 Serra-di-Ferro, Tel. +33 4 95740055, camping-cyrnos.fr
GPS-Daten: 41.714057, 8.817131
Kleiner, überschaubarer Platz direkt am

feinen Sandstrand. In der Hochsaison kleine Strandbar vorhanden, außerdem gibt es eine Waschmaschine. An den Platz kommt morgens um 8.30 Uhr ein Bäckerwagen. Die ebenen Stellplätze sind nah beieinander und eher klein, aber zahlreiche Bäume spenden Schatten. Die etwa einen Kilometer lange, nicht asphaltierte Zufahrt ist holprig und sollte mit Wohnmobil und Gespann vorsichtig befahren werden.

C 409 **Camping U Caseddu** (S. 187/G6)
Porto Pollo, 20140 Serra-di-Ferro,
Tel. +33 4 95740180
GPS-Daten: 41.710274, 8.806196
Der Platz liegt am Ortseingang von Porto Pollo am Meer, die Rezeption ist im Restaurant am Strand untergebracht. Leicht terrassiertes Gelände mit großzügig bemessenen, größtenteils schattigen Plätzen. Der Strand direkt am Campingplatz ist klein mit felsigem Zugang zum Meer, schön zum Schnorcheln. Ansonsten sind weitere Strände zu Fuß erreichbar.

C 410 **Camping Ras l'Bol** (S. 187/H6, 188/A6) D 157, Route de Porto Pollo, Olmeto Plage, 20113 Olmeto,
Tel. +33 4 95740425,
camping-hotel-propriano.com
GPS-Daten: 41.702957, 8.835586
Gut ausgestatteter Campingplatz mit schattigen Plätzen unter Pinienbäumen. Der weitläufige, auch in der Hochsaison nicht überlaufene Strand Plage de la Tenutella ist zu Fuß in zwei Minuten erreicht (dabei ist eine Straße zu überqueren), zusätzlich bietet der Platz einen Pool. Restaurant mit gutem Essen (auch Pizza).

C 411 **Camping Abbartello** (S. 187/H6, 188/A6) Olmeto Plage, 20113 Olmeto,
Tel. +33 6 18827349, camping-abbartello.fr
GPS-Daten: 41.697813, 8.844076
Einfacher Platz, der oft im Schatten des Camping Ras l'Bol liegt, aber eine ausgezeichnete Ausgangslage gegenüber einem von Felsen eingerahmten, schönen Sandstrand bietet. In der Nähe gibt es mehrere Bars und Restaurants sowie einen Supermarkt. Waschmaschinen und Kühlschränke vorhanden, Bäcker-Service.

C 412 **Camping Vigna Maggiore**
(S. 187/H6, 188/B6) T 40/D 157,
20113 Olmeto, Tel. +33 6 50114082,
vignamaggiore.com
GPS-Daten: 41.697862, 8.896289
Sehr gut ausgestatteter Campingplatz mit Pool, Spielplatz und Trampolin, Restaurant mit empfehlenswerter Holzofenpizza und gut zubereitetem Fisch. Gepflegter Sanitärbereich. Vom Pool aus hat man Meeresblick. Strände in der Nähe.

C 413 **Camping Colomba** (S. 188/B6)
Route de Baracci, 20113 Olmeto,
Tel. +33 4 95760642,
campingcolomba.com
GPS-Daten: 41.685154, 8.925658
Platz in einem Tal, drei Kilometer vom Städtchen Propriano entfernt. Schön angelegt mit schattigen, terrassierten Stellplätzen, gepflegten Sanitäranlagen und einem guten Restaurant, in dem es im Sommer gelegentlich Livemusik gibt. Kleiner Laden und ein schöner Pool (beim Restaurant) ebenfalls vorhanden. Wenige hundert Meter von schönen Stränden entfernt. Gutes Preis-Leistungs-Verhältnis.

Mit Pool und Strandnähe bietet der Camping Ras l'Bol einen hohen Freizeitwert.

Außergewöhnlich ist ein Aufenthalt auf dem Camping à la Ferme La Rivière am Fluss und mit authentischer Bar.

C 414 **Camping à la ferme La Rivière** (S. 188/C6) D 69, 20110 Arbellara, Tel. +33 6 13612153, camping.la.riviere.encorsedusud.fr GPS-Daten: 41.660498, 8.993933
Ein echter Geheimtipp: Übernachten in der absoluten Natur dieser Farm mit sowohl sonnigen als auch schattigen Plätzen. Saubere Sanitäranlagen mit warmen Duschen, Stromanschlüsse. Tolle Bar direkt am Fluss mit lauschiger Terrasse.

Naturnah, idyllisch und ruhig, aber dennoch gut ausgestattet: Camping Olva

C 415 **Camping Olva** (S. 190/C1) D 69 Route de la Castagna, 20100 Sartène, Tel. +33 4 95771158, camping-olva.com GPS-Daten: 41.640533, 8.975176
Naturnaher, abgeschiedener Platz auf mehreren Ebenen, der mit Pool, Sportplatz, Fitnessraum und Spielplatz vor allem Familien anspricht und gut geeignet für einen längeren Aufenthalt ist. Stellplätze unter Korkeichen und Olivenbäumen, schöne Umgebung. Mit Pizzeria, Wäscherei und kleinem Laden. Gute Ausgangslage zu allen Zielen in der Umgebung.

C 416 **Camping Pero Longo** (S. 190/C2) Route de Bonifacio, 20100 Sartène, Tel. +33 6 69521074, domaine-pero-longo.amenitiz.io/fr GPS-Daten: 41.534404, 8.962326
Ein schmuckes Weingut mit vielen Stellplätzen, warmen Duschen, guten Sanitäranlagen und einem Pool. Auf dem Gut Verkauf von Biowein.

C 417 **Camping La Trinité** (S. 191/E4) Route de Sartène, 20169 Bonifacio, Tel. +33 4 95731091, campinglatrinite.com GPS-Daten: 41.409844, 9.125711
Auf der Straße von Sartène nach Bonifacio etwa fünf Kilometer vor Bonifacio nahe der T 40 gelegen. Mit schönen Blicken auf die Stadt und ihre Steilküste. Imposante Felsformationen bilden die Hintergrundkulisse. Plätze auch direkt am Strand, sehr epflegte Anlage. Mit Pool, Pool-Bar und Restaurant, in dem sich ein kleiner Laden befindet.

C 418 **Camping l'Araguina** (S. 191/E4)
Avenue Sylver Bonh, 20169 Bonifacio,
Tel. +33 4 95730296,
campingaraguina.com
GPS-Daten: 41.392182, 9.165307
Die Lage ist ideal für die Stadterkundung und für Wanderungen an der Steilküste. Hafen mit den Restaurants, Supermärkte und Altstadt sind nur wenige Gehminuten entfernt. Ansonsten eher ein Platz zum Übernachten als für einen »richtigen« Urlaub. Stromanschlüsse vorhanden.

C 419 **Camping Cavallo Morto**
(S. 191/E4) T 10, 20169 Bonifacio,
Tel. +33 4 95730466,
camping-cavallomorto.com
GPS-Daten: 41.406690, 9.170049
Platz mit außergewöhnlich guter Ausstattung: sehr schön angelegter Pool, Kinderspielplatz, Restaurant mit korsischen Spezialitäten, den ganzen Tag über kann man Baguettes und Croissants kaufen. Sehr gute, stadtnahe Lage und Nähe zu den Sehenswürdigkeiten rund um Bonifacio.

C 420 **Camping U Farniente**
(S. 191/E4) T 10, 20169 Bonifacio,
Tel. +33 4 95730547,
camping-pertamina.com
GPS-Daten: 41.418163, 9.179467
Der Platz ist nah bei Bonifacio und den schönen Stränden gelegen. Es gibt einen Pool, Wasserrutschen sowie Jacuzzi, außerdem einen Tennisplatz, einen Fitnessbereich und Tischtennis. Hochwertig ausgestattet und sehr gepflegt. Viele Freizeitaktivitäten wie Tauchen und Reiten in wenigen Kilometern Entfernung.

C 421 **Camping Campo di Liccia**
(S. 191/E4) Parmentil–Route de Porto-Vecchio, 20169 Bonifacio,
Tel. +33 4 95730309,
campingdiliccia.com
GPS-Daten: 41.419563, 9.179297
Direkt an der RT10 es gibt viele Schattenplätze. Der Platz ist in einem guten Zustand und bietet neben einem großen Pool ein Restaurant, eine Bar sowie einen kleinen, gut sortierten Laden. Tischtennis und Volleyball als Freizeitaktivitäten, außerdem Animationsprogramm. Stromanschlüsse, Wäscherei vorhanden.

C 422 **Camping des Îles** (S. 191/F5)
Route de Piantarella, 20169 Bonifacio,
Tel. +33 4 95731189,
camping-desiles.com
GPS-Daten: 41.379132, 9.210597
Der große Platz in ruhiger Lage ist auch für einen längeren Aufenthalt sehr gut geeignet. Geboten sind u. a. ein schöner Pool, Billardtisch, Tennisplatz, Minigolf (alle Freizeitangebote kostenpflichtig) und Kinderspielplatz. Die Küste bzw. das Meer sind fußläufig erreichbar. Die Stellplätze sind großzügig bemessen. Vor allem in der Nebensaison sehr empfehlenswert.

C 423 **Camping Pian del Fosse**
(S. 191/F4) D 58, Route de Sant'Amanza,
20169 Bonifacio, Tel. +33 4 95731634,
camping-piandelfosse.com
GPS-Daten: 41.399794, 9.201213
Platz an einem sonnigen Hang mit Oliven- und Laubbäumen. Stromanschlüsse vorhanden. Sehr ruhig und dreieinhalb Kilometer von den Sandbuchten bei Santa Manza entfernt, aber auch gute Ausgangslage für die Erkundung Bonifacios.

Einer der Stadtplätze von Bonifacio ist Camping la Trinité.

5 KARIBISCHE TRAUMSTRÄNDE UND WEITE BUCHTEN IM SÜDOSTEN

Wo Strand-, Berg- und Erlebnisurlaub möglich ist

Der Südzipfel der Ostküste besticht durch karibische Strände.

Schöne Strände und einsame Buchten gibt es auf allen Seiten der Insel. Was die Strände im Südosten jedoch so einzigartig macht, ist das karibische Flair, das sie ausstrahlen: Das Wasser ist kristallklar und von Stränden mit weißem, weichem, feinem Sand umgeben – mit meist flachem Zugang ins Wasser. Mittendrin befindet sich die lebendige, bunte Hafenstadt Porto-Vecchio und all dem setzt ein bergiges Hinterland mit dem Alta Rocca als Zentrum die Krone auf. Die Region wird auf drei Seiten von hohen Felsen eingeschlossen und bietet beeindruckende Naturschauspiele sowie historische Stätten.

Auch wenn wir mit **Bonifacio** den südlichsten Zipfel der Insel verlassen, bleiben wir noch ein bisschen in südlichen Gefilden. Das macht sich vor allem zwischen den beiden quirligen Städten Bonifacio und Porto-Vecchio bemerkbar. Hier befinden sich drei Karibik-Strände, die es auch immer mal wieder in die Top Ten der europäischen Traumstrände schaffen, dafür aber natürlich entsprechend beliebt sind und nicht gerade einsame Strandidylle bieten.

KARIBIK MAL DREI

Bonifacio wird über die Schnellstraße RT10 in nordöstliche Richtung verlassen. Nach nur 14 Kilometern biegt man nach rechts und Richtung Küste auf die D158 ab. Auf dieser Stichstraße ist nach dem entzückenden kleinen Örtchen Suartone und nach sieben Kilometern der erste der drei karibischen Traumstrände der Südostküste erreicht, der **Plage Rondinara**. Dieser feinsandige Strand, der sich wie eine Muschel in die Bucht La Rondinara schmiegt, von Macchia eingerahmt wird und Zugang in ein azurblaues Meer gewährt, wurde schon mehrfach zum schönsten Strand Frankreichs bzw. Europas gewählt. Es gibt ein Strandrestaurant, in dem mittags Snacks und abends gut zubereitete Speisen (vor allem Fischgerichte) erhältlich sind. Ganztags werden Crêpes angeboten. Die Zeit kann man sich außer mit Sonnen und Baden mit einer Tretboot- oder Kajakfahrt vertreiben. Und nur eineinhalb Kilometer nördlich dieses traumhaften Strandes kann man auf dem Camping La Rondinara unterkommen.

Ruhiger geht es zu am Nachbarstrand, durch einen kleinen Hügel vom Plage Rondinara getrennt. Ein riesiger gebührenpflichtiger Parkplatz (sechs Euro für Pkw und Camper, acht bis neun Euro für Wohnmobile) versorgt beide Strände mit Parkflächen. Der Parkplatz hat eine Höhenbegrenzung von 2,10 Meter, Barzahlung!

Der zweite Traumstrand im Bunde folgt. Zurück auf der RT10, sind es nur sieben weitere Kilometer, dann zweigt eine Straße zum Strand **Plage de Santa Giulia** (ausgeschildert) ab. Dieser ist ebenfalls in eine Bucht gebettet und besticht genau wie seine berühmten Nachbarn durch einen weiten, weißen Sandstrand vor türkisblauem Wasser – und das in noch größeren Dimensionen als der Plage de Rondinara. Eine ausgeprägte Infrastruktur mit Restaurants, Supermarkt und Bootsverleih ist vorhanden. Problematisch ist allerdings das Parken, da sehr wenige Parkplätze vorhanden sind. Hinter dem

Wunderschön und berühmt und somit kein Geheimtipp ist die Plage de Rondinara.

Start
Bonifacio
14 km RT10
7,5 km D158
Plage de Rondinara
erster von drei karibischen Traumstränden in einer muschelförmigen Bucht
D158
7,5 km
7 km
RT10
Abzweig
1 km
Plage de Santa Giulia

ROUTE 5

START- UND ENDPUNKT
Bonifacio und Solenzara

STRECKENLÄNGE
181 Kilometer

FAHRZEIT
3 bis 4 Tage

BESTE JAHRESZEIT
April bis November

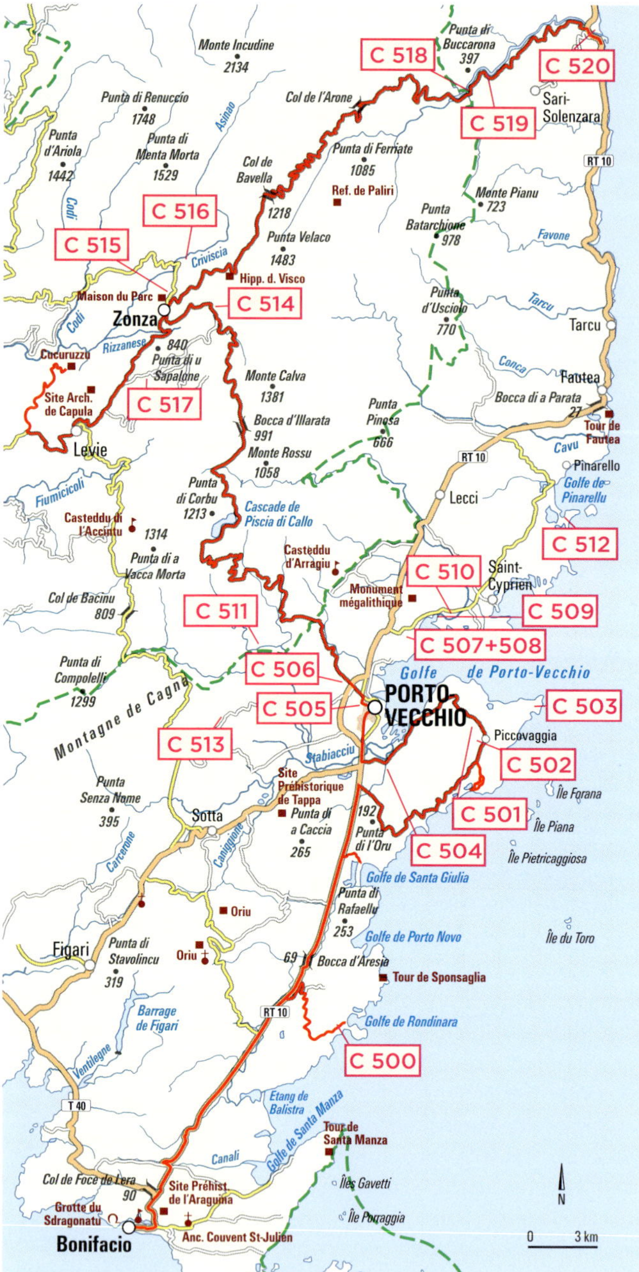

Strand befindet sich der Étang de Santa Giulia, sodass der schmale Strand zwischen der Lagune und dem Mittelmeer liegt. Die Ferienanlagen und Hotels breiten sich bis auf diesen schmalen Streifen aus.

Zum dritten Bilderbuchstrand **Plage de Palombaggia** biegt man am Kreisel beim SPAR-Supermarkt von der RT10 auf die Route de Palombaggia ab. Es geht acht Kilometer weit durch Wohngebiet mit zahlreichen Hotels und Restaurants, dann ist der endlos weite Sandstrand erreicht. Hier ist ein großer Parkplatz vorhanden (am Nordende des Strandes). Zwischen dem herrlich weißen Sand stechen leuchtend rote Felsen hervor, die in herrlichem Kontrast zum türkisfarbenen Wasser stehen, Schirmpinien bereichern die Szene. Die Strandrestaurants bieten einen Liegestuhl-Service an, ansonsten ist auch hier die Infrastruktur gut ausgeprägt und es gibt einen Verleih von Wassersportgeräten.

Auf der Landzunge, die sich im Nordosten an den Strand von Palombaggia anschließt, gibt es die drei schön gelegenen Campingplätze Camping Bella Vista, Camping U Pirellu und am äußersten Zipfel des Kaps direkt am Meer den FKK-Camping La Chiappa. Kurz bevor die Route de Piccovagia, die um das Kap führt, wieder auf die RT10 trifft, folgt mit Les Jardins du Golfe ein weiterer Campingplatz. Direkt an der Kreuzung mit der RT10 gibt es noch den Camping U Stabiacciu, der jedoch an der viel befahrenen Straße liegt und wegen des Straßenlärms und der oft als unfreundlich empfundenen Besitzer nicht empfohlen wird.

MITTELALTERLICH, ENG UND PULSIEREND

Porto-Vecchio am gleichnamigen, tief eingeschnittenen Golf ist sicherlich eine der bekanntesten Städte Korsikas und demzufolge gut besucht. Schon in den 1950er-Jahren blühte der Tourismus, allein wegen der umgebenden Strände, die zu den schönsten der Insel zählen. So platzt die drittgrößte Stadt auf Korsika in der Hochsaison ähnlich wie Calvi aus allen Nähten, wenn die Touristen die zahlreichen Privatunterkünfte, Ferienanlagen, Hotels und sämtliche Campingplätze bevölkern.

Den Charme einer Festungsstadt hat Porto-Vecchio dadurch eingebüßt, dass Gewerbegebiete sich um das Zentrum gruppieren und den Blick auf die über die Ebene emporragende Altstadt versperren. Das ist der Preis dafür, dass sich der 11 200 Einwoh-

ner zählende Ort zum wirtschaftlichen Zentrum Korsikas entwickelt hat.

Dennoch ist Porto-Vecchio einen Besuch wert, denn die Stadt an der Ostküste zwischen Bonifacio im Süden und Solenzara im Norden hat einige Facetten – das spiegelt sich schon in der Aufteilung der Stadt wider, nämlich in die Altstadt, das Hafengebiet La Marina und die Nordstadt.

Die Altstadt betritt man durch das Stadttor **Porte Génoise**, das in die frühere Stadtmauer integriert war. Die steile Rue Dragut und die Rue Fontana Vecchia führen vom Hafen aus hinauf. In der **Altstadt** befindet sich die inzwischen schon fast obligatorische **Zitadelle** inmitten eines Geflechts von mittelalterlichen, engen Pflasterstein-Gässchen, Gewölbepassagen und Treppen. Alle Sträßchen und Durchgänge gehen vom **Cours Napoléon** ab, der die Altstadt komplett durchquert. Die Zitadelle bestand ursprünglich aus fünf Bastionen, die teilweise noch erhalten sind (zum Beispiel die **Bastion de France**) und von den Genuesen auf einem Felsgrat über dem Hafen errichtet wurden.

Das Herz der Altstadt schlägt auf dem **Place de la République** vor der Kirche **Saint-Jean Baptiste**. Dort pulsiert das Leben, es ist der zentrale Treffpunkt Porto-Vecchios. Straßenkünstler stellen ihre Werke aus, Platanen säumen den Platz und die zahlreichen Res-

Hinter dem mondänen Yachthafen erhebt sich die Altstadt von Porto-Vecchio.

Vor der Kirche Saint-Jean Baptiste spielt sich in Porto-Vecchio das Leben ab.

Durch das Tor Porte Génoise betritt man die Altstadt.

taurants außenherum an der Stadtmauer sind nicht nur in den Abendstunden gut gefüllt – vor allem die mit einer zum Hafen ausgerichteten Terrasse. Auch schicke kleine Boutiquen, Souvenirshops und Delikatessenläden findet man rund um den Place de la République. Der Ort ist der Inbegriff für mediterranes Flair.

Die Pfarrkirche Saint-Jean Baptiste mit dem eleganten Glockenturm wurde nach ihrer Zerstörung im Jahr 1868 mit alten Steinen neu aufgebaut. Ursprünglich befand sie sich inmitten der Zitadelle. Vom Stadttor Porte Génoise aus hat man einen schönen Rundumblick auf das Meer, den Hafen, das umgebende Tal, die Berge und die Salinen.

Begeben wir uns hinunter zum Hafen. In der Nähe des Hafens kann man bei Parking de la Marine Fahrzeuge unter einer Höhe von 2,20 Meter abstellen, es gibt einen Parkautomaten. Um den **Jachthafen** herum findet man zahlreiche Restaurants, Cafés und Eisdielen, östlich des Jachthafens befindet sich der Handelshafen, wo die Fähren aus Marseille und Sardinien anlegen. Im Hafengebiet **La Marina** legen auch die Ausflugsboote ab, die die Gäste in Tagestouren nach Bonifacio und/oder zu den Îles Lavezzi bringen. Inbegriffen sind meist das Mittagessen und mehrere Badestopps an den Traumstränden zwischen Porto-Vecchio und Bonifacio. Insgesamt geht es im Hafengebiet deutlich ruhiger zu als in der Altstadt.

SPECIAL

SALZSTADT

Die weißen Felder, die man südöstlich von Porto-Vecchio von der erhöhten Perspektive der Altstadt aus erblickt, sind Salzfelder. Sie befinden sich hinter dem Handelshafen, der sich wiederum an den Jachthafen anschließt. Sie wurden zwischen 1795 und 1815 aktiv von der Familie Roccaserra betrieben. Es waren die einzigen Salinen der Insel, das Salz wurde hauptsächlich zum Salzstreuen auf den Straßen und zum Chloren der Schwimmbäder verwendet. Nahrungszwecke standen bei der Salzgewinnung, die heute ganz eingestellt ist, nicht im Vordergrund. Das Gelände befindet sich jetzt in Privatbesitz, man kann es nicht besuchen.

Vom Hafen aus hat man einen Blick hinauf zur Zitadelle.

Die Einwohner Porto-Vecchios leben hauptsächlich in der Nordstadt. Für Touristen ist dieser Stadtteil nicht besonders attraktiv und teilweise auch nicht besonders einladend.

Neben den genannten Campingplätzen auf der Landzunge in der Nähe der Strände kann man stadtnah auf den beiden nördlich vom Zentrum gelegenen Plätzen Camping La Matonara und Camping Arutoli übernachten. An der nördlichen Seite der Bucht von Porto-Vecchio tummeln sich weitere Plätze – sie sind hier so zahlreich, dass nur die empfehlenswerten genannt werden: Camping Pezza Cardo, in unmittelbarer Nachbarschaft Camping Les Îlots d'Or und die beiden ebenfalls nahe gelegenen Plätze Camping Golfo di Sogno und Camping L'Oso. Neun Kilometer nordwestlich von Porto-Vecchio und im Hinterland, dafür sehr ruhig gelegen, gibt es außerdem den FKK-Platz Camping U Furu.

ÜBERRASCHUNGEN RUNDHERUM

Abwechslungsreich präsentiert sich das Umland von Porto-Vecchio: Nördlich lockt der gemütliche Urlaubsort **Pinarellu** mit einem langgezogenen Sandstrand hinter einem Pinienwald. Den Genuesenturm auf dem Inselchen **Île de Pinarellu** kann man per Kajak erreichen – am kleinen Hafen mit Restaurants, Snackbars und Eisdielen gibt es einen Verleih. Umrundet man die Insel mit dem Kajak, bietet sich auf deren Rückseite eine traumhaft schöne Badebucht inmitten roter Felsen. Übernachten kann man in Pinarellu auf dem naturnahen Platz Le California, der sich direkt an der Küste befindet.

Das kleine Inselchen von Pinarellu kann man per Kajak oder über einen kurzen Gang durchs Wasser erreichen.

Aus der Bronzezeit stammt die Festungsanlage Castellu d'Arraghju.

Von Pinarellu aus gelangt man über die D168A zum Dörfchen **Sainte-Lucie de Porto-Vecchio** mit einer kleinen Infrastruktur. Überquert man im Ort die RT10 und folgt der D168A weiter geradeaus, erreicht man nach fünf Kilometern den Aktivitätenpark **A Tyroliana - Parc Aventure et Canyoning en Corse du Sud** sehr idyllisch am Flüsschen Cavu gelegen – nach einer schweißtreibenden Kletteraktion kann man sich hier an verschiedenen Badestellen eine erfrischende Abkühlung gönnen.

Der Kletterpark von Sainte-Lucie de Porto-Vecchio ist höchst anspruchsvoll.

Zwischen Porto-Vecchio und Sainte-Lucie de Porto-Vecchio zweigt in westliche Richtung die D759 ab und führt zu der sehr empfehlenswerten, gut erhaltenen Festungsanlage **Castellu d'Arraghju**. Die Reste der torreanischen Siedlung aus der Bronzezeit liegen erhaben auf einem Berg, sodass neben der Besichtigung der Anlage auch ein Panoramablick auf dem Programm steht. Kernstück der Anlage ist ein ehemaliges Kastell, das im zweiten Jahrhundert v. Chr. erbaut wurde und von dem die Grundmauern, Gänge und Steintreppen erhalten sind. Ein kurzer, dafür steiler und steiniger Weg führt zu der Anlage hinauf; er startet am Restaurant La Casette d'Araggio (von hier aus ausgeschildert) im Weiler Araggio. Außerhalb des Ortes und etwas abseits der D759 befindet sich ein ausgeschilderter Parkplatz.

NATURSCHAUSPIELE IM ZENTRUM DER INSEL

Wir verabschieden uns vorübergehend vom Strandleben, dem Meer und der sanften Ost-

küste und wenden uns einmal mehr der Bergwelt Korsikas zu. Es geht hinein ins **Alta Rocca**, eine hufeisenförmig umschlossene Hochebene. Die Region zwischen Mittelgebirge und den Ausläufern des Bavella-Massivs bietet nicht nur zahlreiche Wandermöglichkeiten, sondern mit ausgedehnten Wäldern, verwunschenen Dörfern und prähistorischen Fundstätten viele Ausflugsziele.

Von der RT10 zweigt die Passstraße D368 Richtung Nordwesten ab. Dieser folgt man ins Gebirge hinein, die Straße wird immer kurvenreicher und führt stetig bergauf, ist aber gut ausgebaut. Im stetigen Zickzack erreicht sie das 609 Meter hoch und auf einen Felsvorsprung gesetzte, adrette Dorf **L'Ospédale**. Es dient vor allem als Sommerfrische für Einheimische und Urlauber aus Porto-Vecchio, wenn dort die größte Hitze herrscht – es wird sogar vermutet, dass L'Ospédale bereits von den Römern als Kurort genutzt wurde; so soll ein Steinbrunnen im Ort ebenfalls aus der Römerzeit stammen. Man findet hier in der Abgeschiedenheit Bars und Restaurants. Der umgebende, 4500 Hektar große Wald **Forêt Domaniale de l'Ospédale**, der vorwiegend aus Schwarzkiefern besteht, hat mit seinen von Moos bedeckten Felsen etwas Mystisches und ein Ausflug hierher zu einem der vielen Picknickplätze ist eine Wohltat an heißen Sommertagen.

Blick über das Alta Rocca bis hin zur Ostküste

SPECIAL

ZUFLUCHT VOR DER MALARIA

Alles hier oben heißt »L'Ospédale« (Hospital), was daher rührt, dass Porto-Vecchio durch seine Lage am sumpfigen Mündungsgebiet zweier Flüsse ständig von Mückenplagen heimgesucht wurde, die die gefährliche Krankheit Malaria übertrugen. Viele Menschen steckten sich an. Ende des 16. Jahrhunderts hatten Hungersnot und Malaria die Bevölkerung Porto-Vecchios sogar ausgerottet. Zwar wurde die Stadt in der Folgezeit neu besiedelt und 1762 wurde in den Bergen oberhalb der Stadt für die an Malaria Erkrankten ein Hospital errichtet. Mücken und Malaria blieben jedoch lange Zeit ein Problem, das man erst Ende der 1950er-Jahre in den Griff bekam.

Lac de l'Ospédale
Stausee im Alta Rocca-Gebirge
17 km
Zonza

Abwechslungsreich und landschaftlich herrlich geht's auf den Gipfel Punta di a Vacca Morta.

Der gleichnamige See **Lac de l'Ospédale** mit dem Staudamm Barrage de l'Ospédale ist ein Trinkwasser-Stausee, an dem sich der Outdoor-Anbieter **Xtreme Sud** angesiedelt hat. Hier kann man sich in einem riesigen Terrain im Hochseilgarten auf hohen Höhen austoben oder sich an einem von einem Guide geführten Canyoning-Abenteuer versuchen.

Bevor man den Stausee erreicht, macht die D368 einen deutlichen Rechtsknick. Fährt man an dieser Stelle geradeaus und folgt der Beschilderung Richtung **Cartalavone**, gelangt man nach drei Kilometern an den Startpunkt der Wanderung zur **Punta di a Vacca Morta**. Am Parkplatz am Ortsende und gegenüber der Gîte d'Étape geht es los, der Beschilderung »Da Mare a Mare« folgend

Das Bergdorf Zonza ist ein weiteres Bilderbuchdorf der Insel.

(orangefarbene Markierung). Es geht kontinuierlich steil bergauf; ausgestattet ist der Weg mit tollen Panoramablicken. Kurz vor dem Wiesensattel Foce Alta trifft von rechts ein gelb markierter Weg auf unseren, an dieser Stelle erreicht man später wieder den Rückweg. Danach folgt ein steiler Anstieg, der auf einer Hochebene endet; geradeaus blickt man auf den Gipfelaufbau mit dem Gipfelkreuz, wohin eine kleine, aber ungefährliche Kletterpartie führt. Von ganz oben aus ergeben sich herrliche Blicke bis ins Bavella, zur Küste und zum Stausee von L'Ospédale. Eine alternative Rückwegvariante führt in einer Schleife, die gelb markiert ist, zurück auf den Hinweg; damit ist die Wanderung insgesamt 5,1 Kilometer lang, es sind 369 Höhenmeter zu bewältigen.

Eine weitere Wanderung in der Nähe des Stausees ist die zum Wasserfall **Piscia di Gallo** – eine der Klassiker-Wanderrouten auf Korsika. Hierzu folgt man nach dem Stausee der D368 weiter nordwärts, bis drei Kilometer nach der Staumauer ein großer Parkplatz mit zwei Snackbars erreicht ist; das ist der Ausgangspunkt der Wanderung, die mit gelben Pfeilen markiert ist und zunächst abwärts einem Bachverlauf folgt. Dieser wird nach etwa zwei Kilometern überquert. Nach einem Auf und Ab vorbei an markanten Felsformationen passiert man einen augenfälligen Wackelstein, der auf Felsen balanciert. Danach bieten sich zunächst tolle Blicke in ein Tal und an die Küste, dann steigt man nach rechts zu einer Tafel ab (gesicherter Weg) und schließlich geht der Weg in einer steilen Kletterei hinab zu einem Bassin, in das sich der 70 Meter hohe Wasserfall Piscia di Gallo (Hahnenpiss) ergießt. Die Gehzeit hierher beträgt etwa eine Stunde (zweieinhalb Kilometer, 215 Höhenmeter). Der Rückweg ist derselbe wie der Hinweg.

ES WIRD (PRÄ-)HISTORISCH

Die D368 führt uns weiter in nördliche Richtung, es bleibt kurvenreich und wir passieren etwa drei Kilometer vor Erreichen der Ortschaft Zonza den Camping Municipal Zonza, der schattig im Kiefernwald und an einem Fluss direkt an der D368 liegt. **Zonza** ist ein etwas größeres, typisch korsisches Bergdorf mit kleinen Restaurants, Cafés und zwei kleinen Dorflädchen. Der Ort mit seinen 2600 Bewohnern erhebt sich auf 774 Meter Höhe über dem Hochplateau von Levie. Vier größere Durchfahrtsstraßen und vor allem die Lage an der Hauptverbindung zwischen Porto-Vecchio und Bavella haben Zonza zu einer guten Infrastruktur verholfen. Einen Besuch wert ist das **Musée de la Résistance** neben dem Touristenbüro. Es behandelt die Zeit der deutschen Besatzung in den Jahren 1942/43 und den korsischen Widerstand (museedelaresistancecorse.fr) Auf dem Camping Bavella Vista kann man am Ortsrand von Zonza höchst naturnah übernachten. Es folgt Richtung Bavella noch der sehr

Imposant stürzt sich der Wasserfall Piscia di Gallo in ein Becken.

Zonza
schön gelegenes Dorf am Beginn des Bavella-Massivs, Col de Bavella
D268
9 km
Passhöhe Col de Bavella

Levie liegt gefühlt am Ende der Welt und ist ein urigkorsisches Dorf.

schöne Platz Camping de la Rivière - dieser steht unter freundlicher Leitung und ist sehr empfehlenswert. In Zonza endet übrigens der Fernwanderweg GR20.

Wer genug Zeit hat, dem sei ein Abstecher nach **Levie** empfohlen. Kurvenreich, aber malerisch führt die D268 über den authentischen Ort Cusciocani mit dem schön in einem Flussdelta gelegenen Camping d'Orra

Im modernen prähistorischen Museum kann man ein berühmtes Skelett betrachten.

nach Levie, ein recht großes, entlegenes Straßendorf mit kleinen Lädchen, Lokalen, Unterkünften und zahlreichen Wanderwegen in der Umgebung. Die Hauptsehenswürdigkeit des Ortes ist die **Dame de Bonifacio**, das älteste auf Korsika gefundene Skelett. Die sterblichen Überreste der Dame aus der Mittelsteinzeit sind im **Musée de l'Alta Rocca** zu besichtigen, wo außerdem Mühlwerkzeuge, Alltagsgegenstände, Schmuckstücke und Tontöpfe aus der Stein- und Bronzezeit ausgestellt sind. Auch das Mittelalter ist mit Exponaten vor allem der Adelsfamilie della Rocca, Namensgeber der Bergregion, vertreten. Bei der Kirche (weithin sichtbar) befindet sich ein großer Parkplatz, auf dem man problemlos auch ein Wohnmobil abstellen kann.

Folgt man nach Levie der D268 weiter, macht die Straße zunächst einen Schlenker in nordwestliche Richtung, dann zweigt die D268 nach links ab, wir folgen dem Straßenverlauf jedoch geradeaus. Jetzt geht es gen Nordosten und schließlich, mitten im Nirgendwo, ist ein ganz besonderer Ort erreicht, die **Site archéologique de Cucuruzzu et Capula**. Es handelt sich hierbei um eine

Lauschige Straßencafés an der Ortsstraße von Levie vermitteln ein Flair von Dolce Vita.

megalithische Kultstätte der Torre-Kultur auf der Hochebene von Levie. Die beiden Anlagen, das Castellu di Cucuruzzu und das Castellu di Capula, sind in einen mystischen Märchenwald eingebettet und über einen Rundweg erschlossen. Dieser beginnt am Kassenhäuschen, wo man für zwei Euro mit einem Audioguide (auch in deutscher Sprache) ausgestattet wird, der zu den einzelnen Stationen interessante Informationen bereithält. Zusätzlich kann man vorab ein PDF von der Internetseite herunterladen.

Der Weg führt zunächst zwischen zwei Natursteinmäuerchen entlang, an einer Tafoni-Höhle und einem Granitsteinhäuschen vorbei und schließlich ist die erste Anlage aus der Bronzezeit erreicht, das Kastell von Cucuruzzu. Man staunt über die riesige Grundfläche der Festung (etwa 4000 Quadratmeter) und das dicke Mauerwerk aus mächtigen Granitblöcken. Das Castellu wurde um 900 v. Chr. errichtet und war etwa 600 Jahre lang bewohnt. Es ist dreigliedrig aufgebaut und besteht aus der eigentlichen Festung, einem Kult-Monument und einem torreanischen Dorf. Die Ausgrabungsstücke des Dorfes (das nicht zugänglich ist) befinden sich im Museum von Levie. Seit dem

KULTUR

VORGESCHICHTE ZUM ANFASSEN

Viele Tausend Jahre Menschheitsgeschichte werden in ansprechender und moderner Form im Musée de l'Alta Rocca in Levie präsentiert. Das liebevoll, interessant und multimedial gestaltete Museum zeigt neben einer permanenten Ausstellung zur Frühgeschichte des Alta Rocca auch wechselnde Sonderausstellungen. Die Ausstellungsstücke der frühesten menschlichen Siedlungszeit auf Korsika sind auf einer großzügig angelegten Fläche in Szene gesetzt, schön beleuchtet mit wechselnder Farbgestaltung. Das Highlight ist die berühmte »Dame von Bonifacio«, ein weibliches Skelett, das 1962 in einer Grotte bei Bonifacio gefunden wurde, rund 12 000 Jahre alt ist – und für dieses hohe Alter erstaunlich gut erhalten.
Im Eintritt inbegriffen ist ein Audioguide, den es auch auf Deutsch gibt.

Marienstatue auf dem Bavella-Pass

Auf prähistorischen Spuren beim Castellu di Cucuruzzu et Capula

Mittelalter ist die Gegend nicht mehr besiedelt, es fehlten zerstörerische Einflüsse, weswegen die Anlage gut erhalten ist. Als schmückendes Beiwerk genießt man zu dieser prähistorischen Besonderheit einen atemberaubenden Blick zum Bavella-Massiv.

Der Rundweg führt weiter zur zweiten Besiedlungsanlage, dem Castellu di Capula,

das ebenfalls aus der Bronzezeit stammt. Allerdings wurde es deutlich später als Cucuruzzu erbaut und war bis ins 13. Jh. n. Chr. besiedelt. Das zeigen auch die viel feiner verarbeiteten Steine des Mauerwerks. Auf dem Rückweg zum Kassenhäuschen wird eine Kapelle passiert, dann geht es über eine Natursteintreppe und einen breiten Zufahrtsweg zurück zum Parkplatz.

EINE DER SCHÖNSTEN BERGGRUPPEN KORSIKAS

Zurück in Zonza, wendet sich nun die Reiseroute endlich in Richtung des schon mehrfach genannten Bavella-Massivs. In der Ortsmitte von Zonza fahren wir auf die Gebirgsstraße **Col de Bavella** (D268), der wir in nordöstliche Richtung folgen. Bereits von Zonza aus bieten sich verheißungsvolle Blicke auf die Zinnen des Bavella – sie werden im Laufe der Fahrt dorthin mit jedem Kilometer imposanter. Vier Kilometer nach Zonza befindet sich rechter Hand das legendäre **L'Hippodrome de Viséo** – die höchstgelegene Pferderennbahn Europas (950 Meter Höhe). Jährlich finden hier drei

Veranstaltungen im Juli und drei weitere im August statt.

Neun landschaftlich reizvolle Kilometer nach Zonza trifft man auf der D268 schließlich auf die 1218 Meter hoch gelegene **Passhöhe** der Bergstraße. Bewacht wird dieser Punkt von der Marienstatue **Notre Dame de la Neige**; sie soll vor Gefahren im Gebirge schützen und ist immer Anfang August Ziel einer Wallfahrt. Hier gibt es auch einen Parkplatz, der innerhalb der Saison (Mai bis Oktober) kostenpflichtig und gut belegt ist.

An der Passhöhe starten ausgedehnte und beliebte Wanderungen. Am berühmtesten dürfte der Weg zum **Trou de la Bombe** sein. Ziel der Wanderung ist ein »Bombentrichter«, ein riesiges Loch in der Felswand. Als Alternative zu einem einfachen Hin- und identischen Rückweg kann man eine acht Kilometer lange Rundwanderung daraus machen. Vom Parkplatz an der Passhöhe geht es über die Straße und über einen breiten Forstweg mit sensationellen Blicken in südöstliche Richtung. Der Weiterweg führt nach rechts und durch einen Taleinschnitt bis zu einer Abzweigung, an der man nach links schwenkt. Der Sattel Bocca di Velaco wird überquert, danach geht es leicht bergab. An einer Weggabelung zweigt nach links der Rückweg ab – geradeaus marschiert man in

Selten sieht man die Zinnen des Bavella-Massivs so klar – oft versinken sie im Nebel.

SPECIAL

DIE KRONE DER INSEL

Spricht man vom Bavella-Massiv, meint man meist die Aiguilles de Bavella, die sogenannten Bavella-Nadeln. Der Gebirgszug besteht aus zahlreichen markanten Granittürmen, die bis zu 1855 Meter hoch sind. Sie gehören zur Nordgruppe des Bavella-Massivs und werden von der Passstraße Col de Bavella erschlossen. Es gibt sieben Hauptnadeln, die mit Turm I bis Turm VII bezeichnet werden, außerdem viele Nebennadeln; alle gemeinsam bilden die Spitzen der Krone Südkorsikas. Oft stecken diese Spitzen in dicken Nebelschwaden. Auch der Fernwanderweg GR20 streift die Felsnadeln – er führt südlich an ihnen vorbei, eine Variante führt sogar auf die Spitzen hinauf. Übrigens werden die Felsnadeln aus gutem Grund auch die »Dolomiten Korsikas« genannt.

Passhöhe Col de Bavella
Ausgangspunkt vieler Wanderungen, v.a. zu den Felstürmen
30,5 km
Solenzara

Das Felsenloch Trou de la Bombe ist ein Naturspektakel.

20 Minuten zu dem markanten Felsloch. Im Endspurt ist das Erreichen des Ziels eine rechte Kraxelei – aber ein Blick durch die Felsöffnung mit atemberaubendem Panorama entschädigt für die Mühe. Allerdings muss man hier Vorsicht walten lassen, vor allem bei starkem Wind, da das Gelände hinter dem Loch senkrecht mehrere Hundert Meter in eine Schlucht abfällt.

An der genannten Weggabelung geht es auf dem Rückweg nun nach rechts. Nach dem Boca Furesta und einer Wallfahrtskapelle ist nach einer guten Stunde wieder der Col de Bavella erreicht.

Geübte Wanderer können sich eine Tour rund um die Felstürme und auf sie hinauf vornehmen. Hierfür sind absolute Trittsicherheit, gute Kondition und Schwindelfreiheit unbedingte Voraussetzung. Es gibt einige Schlüsselstellen, die mit Seilen gesichert sind. Man muss nicht alle sieben Türme begehen, um das sensationelle Panorama zu erleben. Die Besteigung von Turm III (**Punta di a Vacca**, 1611 Meter hoch) ist eines der Highlights. Der Aufstieg ist steil und anstrengend mit zwei haarigen Kletterstellen. Wer eine solche Wanderung plant, sollte sich mithilfe eines Wanderführers gut auf die Tour vorbereiten.

SPECIAL

TIPPS FÜR DIE FLUSSWANDERUNG

Eine Flusswanderung kann man grundsätzlich in beliebiger Länge und je nach Kondition unternehmen. Man kann sich immer auch einsame Badebecken suchen und einfach nur in traumhafter Kulisse planschen. Dazu empfiehlt es sich, sich etwas weiter von der Einstiegsstelle, wo der meiste Trubel herrscht, zu entfernen – die Zahl der Mitwanderer durch den Fluss verliert sich zusehends. Die Popularität von Flusswanderungen lässt sich übrigens gut auch an der Auslastung der Parkplätze ablesen. Vor allem bei längeren Flusswanderungen sollte man unbedingt entsprechende Schuhe tragen; das können Badeschuhe mit profilierter Sohle sein, aber auch Turnschuhe, die nass werden dürfen. Auf keinen Fall sollte man eine Gumpentour barfuß angehen! Elektronische Geräte wie Handy und Kamera sollten wasserdicht verpackt sein.

Auch wenn man nicht wandern möchte – durch eine fantastische Szenerie hierherzufahren, auszusteigen, den atemberaubenden Blick in diese beeindruckende Bergwelt zu genießen ist ein absolutes Muss in jedem Korsika-Urlaub!

Unterhalb der Passhöhe findet man in der **Village de Bavella** Infrastruktur mit einer Auberge, Restaurants und einem Anbieter für Canyoning. Einen Campingplatz gibt es nicht – die nächstfolgenden befinden sich am Fluss Solenzara kurz vor dem gleichnamigen Ort, den wir auf der Weiterfahrt erreichen werden.

HIGHLIGHT GEBIRGSFLUSS

In Serpentinen geht es weiter über die D268, jetzt relativ steil bergab. Die Kurven werden noch enger und vor allem in der Hochsaison ist die Straße anspruchsvoll für Wohnmobilreisende. Das Bavella-Gebiet ist neben der prachtvollen Bergwelt berühmt für seine Flüsse und die Gumpen, die am Straßenverlauf zu einem erfrischenden Bad einladen. Auch Flusswanderungen starten am Bavellapass. Die erste führt durch die Kaskaden des Flusses **Polischellu**, der große Parkplatz hierzu befindet sich neun Kilometer nach der Passhöhe des Col de Bavella, weitere Parkmöglichkeiten folgen am Straßenrand. Man steigt an der Brücke über das Flüsschen ein. Die Badewanderung besteht aus stetigem Kraxeln, Schwimmen und Waten durch den Bach – und all das in der herrlichsten Berglandschaft. Manche Kaskaden kann man durchschwimmen oder durchwaten, manche muss man umklettern.

Nur einen Kilometer später ergibt sich die nächste Gelegenheit, durch den Fluss zu wandern, hier geht es zu den Gumpen des Flusses **Purcaraccia**. Man gelangt aber nicht direkt zum Fluss, sondern wandert zunächst etwa 40 Minuten weit bis zum Bachbett, überquert dieses und steigt auf der anderen Seite wieder auf. Bald nach dieser Stelle ist das erste Badebecken erreicht. Am steilen Weg aufwärts folgen weitere Becken und zahlreiche natürliche Rutschen hinein ins glasklare Wasser. Wenn man die obere Stufe eines großen Wasserfalls erklommen hat, trifft man auf ein letztes Becken. Dies ist der Umkehrpunkt der Wanderung.

Für viele Flusswanderer ist die bizarre Felsnase der Umkehrpunkt der Begehung des Fiumicelli.

Die D268 führt über die 608 Meter hoch gelegene Kuppe **Bocca di Larone** mit Aussichtspunkt (man kann hier auch parken, wenn man die Purcaraccia-Tour machen möchte) und nach fünfeinhalb Kilometern startet ein weiterer Gang durch den Fluss: Unter der Brücke Pont de Fiumicelli ist der Einstieg für die Wanderung durch den Fluss **Fiumicelli**. Wie die vorgenannten Flusswanderungen ist auch diese stark begangen, der Vorteil jedoch ist, dass man nach drei – allerdings recht anstrengenden – Kilometern durch und um das Flussbett herum über einen Wanderweg zurückgehen kann. Man muss also nicht die ganzen Strapazen, über Wasserfälle zu klettern und durch tiefe Becken zu schwimmen, noch einmal auf sich nehmen. Der deutlich sichtbar querende Wanderweg ist die Ausstiegsstelle; er führt zwei Kilometer weit durch einen Wald und

Nichts für schwache Nerven sind manche Passagen des Kletterparks im Bavella.

umgeht kurz vor Erreichen der Fahrstraße über einen Trampelpfad ein Privatgelände.

19 Kilometer nach der Bavella-Passhöhe befindet sich an der D 268 der Parkplatz für das nächste Flussabenteuer, hier erreicht man das untere Ende des Flusses **Vacca**. Diese Flusswanderung führt tatsächlich zu weitgehend einsamen Becken, weil die Vacca (noch) nicht so populär ist wie die umliegenden Flüsschen. Zunächst ist es noch der Fluss Solenzara, durch den man sich hindurcharbeitet. An einem Zusammenfluss mit dem Fluss Fiumicelli hält man sich links und folgt dem größeren Flusslauf, der Vacca. Diese fließt nach etwa eineinhalb Stunden Gehzeit mit dem Jallicu zusammen.

Einen halben Kilometer nach der Einstiegsstelle in die Vacca-Flusswanderung befindet sich linker Hand und am Fluss Solenzara der Camping U Ponte Grossu, ein Platz direkt an Badebecken und inmitten der Natur. Etwa zweieinhalb Kilometer nach dem Campingplatz folgt mit dem **Forest Adventure Park & Via Ferrata** einer der besten Kletterparks der Insel, der vor wenigen Jahren mit modernen Stationen stark erweitert wurde. Mit Seilrutschen geht es über den Fluss Solenzara, der anspruchsvolle, an Felsen hinaufführende Klettersteig Via Ferrata leitet mitten hinein in die Bergwelt. Direkt an den Kletterpark schließt sich ein weiterer sehr schöner Campingplatz am Ufer der Solenzara an, der Camping U Rosumarinu. Durch das **Solenzara-Tal** mit seinen zahlreichen Badebecken direkt an der Straße sowie Wassersportangeboten und den traumhaften Blicken auf das Bavella-Massiv geht es zurück gen Ostküste.

WO KORSIKA AM QUIRLIGSTEN IST

Siebeneinhalb Kilometer nach dem Camping U Rosumarinu gelangen wir an einer Kreuzung der D268 mit der RT10 in den Ort **Solenzara**. Es ist zwar nicht Mallorca – aber dennoch hat der Küstenabschnitt zwischen Solenzara und dem südlicheren Ghisonaccia eine ganz andere Ausstrahlung, als man es bislang auf der Insel erlebt hat. Die hohe Zahl an Touristen und die damit verbundene Infrastruktur zeugen von sonnenhungrigen Gästen, die ihren Urlaub gern am Strand verbringen. Das zeigt sich auch am Angebot der Freizeitaktivitäten, die sich weniger auf naturnahe Outdoor-Programme als vielmehr auf Badevergnügungen aller Art konzentrieren. Korsika wäre aber nicht Korsika, wenn auch

Panoramablick auf die »Perlmuttküste«

dieser Landstrich nicht reizvoll wäre; zudem gibt es zahlreiche Möglichkeiten, ins Hinterland zu »verschwinden« und sich die passenden Nischen zu suchen.

So ist also auch Solenzara ein hübscher Badeort an einem Küstenabschnitt namens **Côte des Nacres** (Perlmuttküste). Weite, lange, helle Sandstrände umgeben den Ort; der Hausstrand mit seinem feinen, gelblichen Sand heißt **Plage de Solenzara** und liegt an der Mündung des gleichnamigen Flusses. Sehenswert in Solenzara ist vor allem der Hafen, ehemals eine wichtige Anlaufstelle für den Handel mit der Insel Elba und heute ein **Jachthafen**. Um diesen herum spielt sich das Leben ab – Restaurants, Cafés und etliche Freizeitangebote sind hier zu finden.

Alle Freunde des Klettersports können sich im Zentrum von Solenzara im Hochseilgarten **Aqua & Natura Parc Aventure de Solenzara** austoben. Am Platz kann man sich auch einer geführten Canyoning-Tour anschließen, Paintball spielen oder ein Kajak oder ein Stehpaddel-Board ausleihen. Informationen erhält man unter corse-canyoning-parc.com oder unter der Telefonnummer +33 6 29 19 19 04. Nördlich des Ortes und direkt am Meer findet man auf dem Camping Côte des Nacres eine zentrale Übernachtungsmöglichkeit.

Solenzara
quirliger Ort an der Ostküste, viele Freizeitangebote
Ziel

AUSFLUG

DIE PERLMUTTKÜSTE VON OBEN

Das beschauliche Bergdorf Sari-Solenzara versteckt sich auf 450 Meter Höhe im Hinterland von Solenzara. Solenzara, die Küste und das Bavella-Massiv kann man bei einem kurzen Spaziergang auf den Monte Santu, den Hausberg von Sari-Solenzara, anschauen. In dem kleinen Ort am Ende der gewundenen Zufahrtsstraße folgt man der Beschilderung am Dorfbrunnen vorbei, die bei den letzten Häusern der Ortschaft in eine orangefarbene Markierung mündet und rechts den Berg hinaufgeht. An einer Betonmauer biegt man links ab und gelangt an ein Wasserreservoir. Weiter marschiert man einen schmalen Weg hinauf; kurz vor dem Gipfel wird es steil. Zurück geht es über einen Felsrücken Richtung Süden und über in den Felsen geschlagene Eisenstufen. Über die Ostseite des Berges kehrt man zurück in den Ort.

Linke Seite: Entspannung pur bieten die glasklaren Badebecken des Flusses Solenzara.

PRAKTISCHE HINWEISE

FÄHREN

Marseille–Porto-Vecchio, Nizza–Porto-Vecchio, Toulon–Porto-Vecchio, Porto Torres (Sardinien)–Porto-Vecchio

TOURISTENINFORMATIONEN

Office de Tourisme de Porto-Vecchio
Espace Jean-Paul de Rocca Serra, Rue Fred Scamaroni, 20137 Porto-Vecchio, Tel. +33 4 95700958, portovecchio-tourisme.corsica

Office de Tourisme de Zonza – Sainte-Lucie de Porto-Vecchio
Rez-de-Chaussée Mairie annexe, 20144 Sainte-Lucie de Porto-Vecchio, Tel. +33 4 95714899, zonza-saintelucie.com

Bureau d'Information Touristique de la Côte des Nacres
Place des anciennes Écoles, 20145 Sari-Solenzara, Tel. +33 4 95560611

KARTEN

IGN Korsika Porto-Vecchio – Parque National de la Corse 1: 25 000
Libris Wanderkarte 09. Corse du Sud (GR20) – Porto – Sagone – Pays d'Ajaccio – Vallée de Taravo – Alta Rocca – Aiguilles de Bavella – Rivages du Sud 1:60 000

Luxuriöser Platz Camping La Rondionara oberhalb des beliebten Traumstrandes

IGN Korsika Aiguilles de Bavella – Solenzara – Parque National de la Corse 1:25 000

CAMPINGPLÄTZE

C 500 **Camping La Rondinara**
(S. 191/F3) Route de la Plage de Rondinara, 20169 Bonifacio, Tel. +33 4 95704315, camping-rondinara.com
GPS-Daten: 41.472967, 9.263137
In unmittelbarer Nähe oberhalb des Plage Rondinara (eineinhalb Kilometer entfernt, zehn Minuten zu Fuß). Die Plätze sind nicht reservierbar, da nicht parzelliert. Der Betreiber empfiehlt im Sommer eine Anreise zwischen 10 und 12 Uhr am Vormittag, der Campingplatz ist sehr begehrt. Stromanschlüsse, Waschmaschinen, kleiner Laden und Restaurant vorhanden. Mit Pool, von dem man eine schöne Sicht auf die Bucht und das Meer hat.

C 501 **Camping Bella Vista** (S. 191/G1)
Route de Palombaggia, 20137 Porto-Vecchio, Tel. +33 4 705801, bellavista.corsica
GPS-Daten: 41.588382, 9.334290
Hochwertig ausgestatteter, sehr gepflegter Campingplatz nahe dem Strand von Palombaggia auf der einen und Porto-Vecchio auf der anderen Seite. Am Pool schöne Sicht auf das Meer. Ruhige Lage, viele Bäume, die Schatten spenden.

C 502 **Camping U Pirellu** (S. 191/G1)
Route de Palombaggia, 20137 Porto-Vecchio, Tel. +33 4 95702344, camping-palombaggia.corsica
GPS-Daten: 41.589397, 9.330237
Bei großer Hitze sind die schattigen Plätze in einem Eichenhain sehr angenehm. Steile Anfahrt, aber eben angelegte Stellplätze. Schöner Pool, kleiner Laden, der Plage de Palombaggia ist wenige Autominuten (drei Kilometer) entfernt. Viele Restaurants in der Umgebung, aber auch eins am Platz.

C 503 **Camping La Chiappa**
(S. 191/G1) Route de Palombaggia,
20137 Porto-Vecchio, Tel. +33 4 95700031,
chiappa.com
GPS-Daten: 41.591587, 9.361163
Auf dem äußersten Zipfel der Halbinsel von Porto-Vecchio gelegener FKK-Campingplatz. Von öffentlichen Wegen nicht einsehbar. Hier hat man bei den Stellplätzen die Wahl zwischen schattig oder sonnig, nahe am Meer oder zurückgezogen. Kühlmöglichkeiten, Stromanschlüsse (kostenlos) und Waschmaschinen vorhanden. Beheizter Pool, toller Meerblick.

C 504 **Les Jardins du Golfe**
(S. 191/G2) Route de Palombaggia,
20137 Porto-Vecchio, Tel. +33 6 44675949,
camping-jdg-portovecchio.com
GPS-Daten: 41.573465, 9.289953
Zwischen Kork- und Kiefernbäume eingebettete, schattige und ruhige Stellplätze kurz nach dem Abzweig zur Bucht von Porto-Vecchio. Gute Ausgangslage zum Strand von Palombaggia und zur Stadtbesichtigung von Porto-Vecchio. Mit Pool, Volleyball, Tischtennis und kleinem Laden (teuer). Animationsprogramm. Beeinträchtigungen durch Mücken möglich.

C 505 **Camping La Matonara**
(S. 191/F1) Rue Guidice di Cinarca les 4 Chemins, 20137 Porto-Vecchio,
Tel. +33 4 95703705, camping-matonara.fr
GPS-Daten: 41.595164, 9.274348
Der Campingplatz ist dem Zentrum von Porto-Vecchio am nächsten gelegen – alle Ziele der Stadt sind fußläufig erreichbar, sodass man das Wohnmobil für die Stadterkundung stehenlassen kann (500 Meter bis zum Stadtzentrum, ein Kilometer zum Hafen). Es sind ein kleiner Pool und ein Restaurant vorhanden. Anfahrt zu den Stellplätzen überwiegend steil, steinig und uneben, deshalb für größere Wohnmobile nicht zu empfehlen.

C 506 **Arutoli Camping** (S. 191/F1)
Route de l'Ospédale, 20137 Porto-Vecchio,
Tel. +33 4 95701273, arutoli.com

Naturnaher Camping Bavella Vista am Ortsrand von Zonza

GPS-Daten: 41.601769, 9.266057
Am Stadtrand von Porto-Vecchio unterhalb des Dörfchens Arutoli an der D 368, zwei Kilometer zur Innenstadt; allerdings führt der Weg an der viel befahrenen Straße entlang. Viele schattige Plätze in einem Korkeichen- und Pinienwald. Großer, von Palmen gesäumter Pool, gepflegte Anlage.

C 507 **Camping Pezza Cardo**
(S. 191/G1) Route de Pezza Cardo,
20137 Porto-Vecchio, Tel. +33 4 95722759,
pezzacardo.com
GPS-Daten: 41.620654, 9.299003
Ruhig gelegener, einfacher Campingplatz mit kleinem Pool, große, terrassierte Stellplätze. Das Meer ist 200 Meter entfernt.

C 508 **Camping Les Îlots d'Or**
(S. 191/G1) Route de Pezza Cardo, 20137 Porto-Vecchio, Tel. +33 4 95700130,
campinglesilotsdor.com
GPS-Daten: 41.622373, 9.300145
Langgezogener Platz, der an einem kleinen, schmalen und unspektakulären Strand (Bootsverleih) endet. Mit kleinem Laden (frisches Baguette am Morgen) und Bar-Restaurant mit sehr guten Pizzen. Stromanschlüsse, Wäscherei.

C 509 **Camping Golfo di Sogno**
(S. 191/G1) Route de Cala Rossa,
20137 Porto-Vecchio, Tel. +33 4 95700898,
golfo-di-sogno.fr
GPS-Daten: 41.630030, 9.312675
Der große Campingplatz ist eingebettet in eine üppige Bepflanzung aus Pinien, Eukalyptusbäumen und Mimosen und nahe

Eine naturbelassene Alternative zu den Stadtplätzen von Porto-Vecchio ist Camping la Ferme d'Alzetta.

einem Sandstrand. Sehr gut ausgestattet mit Wäscherei, Pizzeria, Sandwich- und Snackbar am Strand, außerdem Spielfelder, Kinderspielplatz und zwei Tennisplätze. Neuwertige Sanitäranlagen. Rund um die Uhr bewacht.

C 510 Camping l'Oso (S. 191/G1)
Route de Cala Rossa, 20137 Porto-Vecchio, Tel. +33 4 95716099,
campingloso.com
GPS-Daten: 41.630864, 9.324094
Nahe am Meer und an einem Fluss, der allerdings aufgrund einer aufgeschütteten, bewachsenen Böschung nicht zugänglich ist. Einfacher Platz, aber mit Pool, Snackbar, Tischtennisplatte und Waschmaschine ausgestattet. Ebener Campingbereich. In wenigen Minuten kann man zu Fuß einen kleinen Supermarkt erreichen.

C 511 Camping U Furu (S. 191/F1)
Route de Muratello, 20137 Porto-Vecchio, Tel. +33 4 95701083, u-furu.com
GPS-Daten: 41.617400, 9.211905
Abgeschiedener, im wilden Tal des Flüsschens Furcone und am Fuße der Berge gelegener FKK-Platz. Badestellen am Fluss, gepflegter Pool, Tischtennis. Alleinreisende Männer müssen den Mitgliedsausweis einer Naturisten- bzw. FKK-Organisation vorweisen.

C 512 Camping California (S. 189/G6)
Capu di Fora Pinarello,
20144 Sainte-Lucie de
Porto-Vecchio, Tel. +33 4 95714924,
campingcaliforniacorse.com
GPS-Daten: 41.666580, 9.379814
Schattiges Gelände mit Pinienbäumen nahe dem schönen Sandstrand mit direktem Zugang. Bar am Ende der Pinarellu-Bucht, Pizzeria und kleiner Laden vorhanden, etliche Freizeitaktivitäten wie Tennis und Kajakvermietung. Vorsichtshalber Bargeld mitnehmen, Kartenzahlung nicht garantiert. Zwei Kilometer vom Ort Pinarellu entfernt.

C 513 Camping la Ferme d'Alzetta
(S. 191/F1) Vacille del Monte, Muratello, 20137 Porto-Vecchio, Tel. +33 4 95700232, fermedalzetta.com
GPS-Daten: 41.586885, 9.200411
Auf einem Farmgelände und von Gemüsebeeten umgeben, befinden sich lauschige Stellplätze mit viel Privatsphäre mitten in der Natur. Eine sehr ruhige Alternative im Gegensatz zu den meist trubeligen Plätzen um Porto-Vecchio. Einfache Ausstattung, Waschmaschine, Strom und kleiner schattiger Spielplatz. Mo-Sa, 18-20 Uhr Verkauf von Hofprodukten.

C 514 Camping Municipal de Zonza
(S. 189/E5) D 368, Route de Zonza, 20124 Zonza, Tel. +33 4 95786274 (innerhalb der Saison),
+33 4 95786687 (außerhalb der Saison),
zonza-saintelucie.com/hebergement/camping-municipal-de-zonza.
GPS-Daten: 41.749930, 9.194660
Sehr naturnah in einem Kiefernwald und an einem Flüsschen; einfacher, aber großer Platz auf zwei Ebenen, sowohl Sonnen- als auch Schattenplätze. Bäcker-Service am Morgen. Angenehme Temperaturen im heißen Sommer (auch nachts kühler als an der Küste). Viele Wandermöglichkeiten in der Nähe.

C 515 Camping Bavella Vista
(S. 189/E5) D 420, 20124 Zonza,
Tel. +33 6 42167428, campingbavellavista.fr
GPS-Daten: 41.755070, 9.172630
Platz an einem Hang am nördlichen Ortsausgang von Zonza, terrassiert angelegt mit schönem Baumbestand, dadurch viel Schatten. Schmale Parzellen und steile Zufahrt, deshalb eher für kleinere

Wohnmobile und Campingbusse geeignet. An manchen Stellen des Platzes kann man die Bavella-Türme erblicken. Morgens kommt ein Bäcker auf den Platz, ansonsten keine Infrastruktur – Natur pur.

C 516 **Camping La Rivière** (S. 189/E5)
Route de Quenza, 20124 Zonza,
Tel. +33 6 22824748,
camping-riviere-zonza.com
GPS-Daten: 41.769126, 9.177209
Gut besuchter, dennoch ruhiger und schattiger Platz auf einem terrassierten, überschaubar großen Gelände mit eng beieinanderliegenden Stellplätzen, nah an einem Flussufer gelegen.

C 517 **Camping d'Orra** (S. 188/D5)
Route d'Orra, 20170 San-Gavino-di-Carbini, Tel. +33 4 95784817,
GPS-Daten: 41.721198, 9.156332
Im kleinen Weiler San-Gavion-di-Carbini zwischen Zonza und Levie liegt dieser sehr einfache, aber natürliche Platz mit Stellplätzen inmitten eines Pinienwaldes. Überdachte Grillmöglichkeit mit schönen Sitzgelegenheiten. Sehr preisgünstig.

C 518 **Camping U Ponte Grossu**
(S. 189/F4) D 268, Route Bavella,
20145 Sari-Solenzara,
Tel. +33 4 95482661,
upontegrossu.com
GPS-Daten: 41.834657, 9.322349
Inmitten der Natur des Bavella, direkt am Fluss Solenzara mit seinem glasklaren Wasser. Stellplätze mit Blick auf das Flussbett und ins Bavella-Gebirge. Sauber und schön angelegt; mit kleinem Laden/Restaurant. Vorsichtshalber Bargeld mitnehmen.

C 519 **Camping U Rosumarinu**
(S. 189/F3) D 268, Route Bavella,
20145 Sari-Solenzara,
Tel. +33 4 95574766, urosumarinu.fr
GPS-Daten: 41.844592, 9.342196
Landschaftlich attraktiv gelegener Platz im Bavella-Gebirge – naturnah, idyllisch, direkt am Fluss Solenzara. Schattige Stellplätze, aber eng beisammen, unter Eukalyptusbäumen, Korkeichen oder Laricio-Kiefern. Mit Restaurant, Waschmaschine und Gefriertruhe. Direkt am Platz ein sehr empfehlenswerter Hochseilgarten mit Klettersteig.

C 520 **Camping Côte des Nacres**
(S. 189/G3) RT10, 20240 Solenzara,
Tel. +33 4 95574065,
campingdesnacres.fr
GPS-Daten: 41.863178, 9.397242
Der Campingplatz im Norden von Solenzara grenzt ans Meer. Es gibt Stellplätze direkt am Strand, die allerdings ungeschützt in der Sonne liegen, und schattigere Plätze weiter hinten. Supermarkt, Restaurant vorhanden, in ein paar Minuten gelangt man zu Fuß an die Mündung des Flusses Solenzara, der Ort Solenzara ist ebenfalls zu Fuß (etwa 700 Meter) erreichbar.

Beliebter Platz am Fluss Solenzara: Camping U Rousmarinu

6 DIE SANFTE OSTKÜSTE MIT DER CASTAGNICCIA IM HINTERLAND

Kastanienwald, Obstplantagen und Bergdörfer hinter endlosen Sandstränden

Einen ganz eigenen Charme versprüht die Castagniccia: düster, geheimnisvoll und abgeschieden.

Im Endspurt zurück zum Fährhafen in Bastia unterwegs zu sein bedeutet, dass Korsika noch einmal all seine Reize ausspielt. Abermals offenbart sich der Abwechslungsreichtum dieser schönen Insel. Auf dem letzten Streckenabschnitt wetteifern nicht enden wollende Strände mit einem prächtigen Hinterland voller wilder Kastanienhaine und wundervollen authentischen Bergdörfern. Die sanften weißen Sandstrände und Naturschutzgebiete stehen im glanzvollen Kontrast zur Hügellandschaft der Castagniccia, deren höchsten Punkt der Gipfel des Monte San Petrone bildet.

Um die Ostküste und ihre Anziehungskraft nicht nur vonseiten des Badetourismus zu erleben, muss man die kurvenarme Schnellstraße RT10 zugunsten einiger kurvenreicher Bergstraßen verlassen – das ist mit dem Wohnmobil kein einfaches Unterfangen, aber eine kleine Rundfahrt über akzeptable Straßen ist dennoch möglich. Von Solenzara aus bleiben wir Richtung Norden zunächst noch an der Küste.

DIE SÜDLICHE COSTA SERENA

Gleich nach Verlassen des Ortes **Solenzara** trifft man auf den ersten der nun zahlreich folgenden Campingplätze direkt am Meer, den Platz Camping Eucalyptus. Der bei Solenzara startende Küstenabschnitt Richtung Norden heißt **Costa Serena** (Ruhige Küste) und erstreckt sich zwischen den Mündungen der beiden Flüsse Solenzara und Alesani. Er wird auch **Côte Orientale** genannt. Hier brilliert die Ostküste mit langen, hellen, von Pinien gesäumten und feinen Sandstränden, die die Region zu einem Magneten für Badegäste gemacht haben. Die Gegend war ursprünglich sumpfig und so reihen sich heute an diesem fruchtbaren Landstrich Obstplantagen, Weinfelder und Wiesen aneinander. Die beiden Küstenseen Étang de Diane und Étang d'Urbino gelten als Überbleibsel der früheren Sumpflandschaft, die ursprünglich das ganze Küstenflachland bedeckte.

Nach 18,5 Kilometern auf der RT10 und vorbei am Camping Sole d'Oru nahe einem Luftwaffenstützpunkt ist der Ferienort **Ghisonaccia** erreicht; es ist der Hauptort der Costa Serena. Entlang der RT10, die durch Ghisonaccia hindurchführt, reihen sich Restaurants und Boutiquen aneinander; zum langgezogenen Sandstrand führt die D144. Hier befinden sich die familienfreundlichen Campingplätze Arinella Bianca, Marina d'Erba Rossa (beide direkt am Meer) und Camping U Casone. Etwas außerhalb (südlich) von Ghisonaccia folgt nahe der RT10 der Camping Via Romana mit einer beeindruckenden Poollandschaft und einer gehobenen Ausstattung. Der Name stammt von der Freilegung eines Überrestes der **Römerstraße**, die

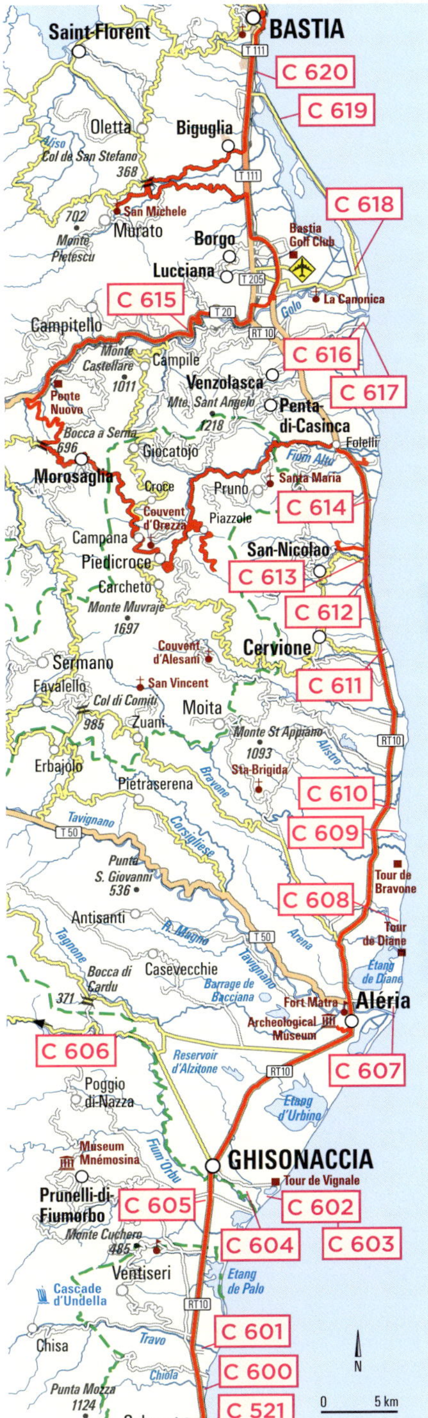

sich ursprünglich von Bonifacio entlang der gesamten Ostküste bis nach Bastia erstreckt

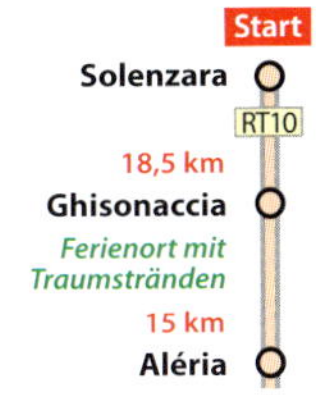

ROUTE 6

START- UND ENDPUNKT
Solenzara und Bastia

STRECKENLÄNGE
234 Kilometer

FAHRZEIT
3 bis 4 Tage

BESTE JAHRESZEIT
April bis November

Im Tal des Flusses Fium'Orbu versteckt sich von Kastanienwäldern umgeben der malerische Ort Ghisoni.

hat. Zu der beidseitig von Bäumen umrahmten Kopfsteinpflasterstraße biegt man etwa einen Kilometer südlich des Kreisverkehrs bei Migliacciaru rechts ab.

Am Rathausplatz von Ghisonaccia findet man die von außen eher unscheinbare Pfarrkirche **Église Saint-Michel**, die mit einem ungewöhnlichen Inneren beeindruckt: Das Gewölbe der Kirche ist mit neobyzantinischen Fresken verziert, die Szenen aus dem Neuen Testament darstellen.

Naturstrände gibt es an der Costa Serena zuhauf.

Attraktion Nummer eins des Ortes ist aber unbestritten das Strandleben, das sich auf mehrere endlos lange Sand- und Naturstrände erstreckt. Zahlreiche Ferienanlagen und nicht zuletzt die unmittelbar am Meer gelegenen Campingplätze tragen diesem Umstand Rechnung. Entsprechend viele Wassersportangebote gibt es auch, beispielsweise beim Anbieter **Fun Orizonte**, bei dem man sich vom Kajak über Jetski bis hin zum Katamaran an jedwedem Wassersportgerät austoben kann (fun-orizonte.com). Wer die Wanderschuhe schnüren und dies gern in einer geführten Gruppe tun möchte, ist bei **A Muvrella Randonnées** richtig (randonneecorse-amuvrella.com). Es geht im Rahmen von Tagesausflügen in die korsische Bergwelt, zum Beispiel ins Bavella und ins Alta Rocca.

IN DIE EINSAMKEIT DES HINTERLANDS

Vom erhaben liegenden Dörfchen **Prunelli-di-Fiumorbo** am Zugang zum Tal des Flusses Fium'Orbu hat man einen schönen Blick auf die Küste und die an die Hänge der Berge geschmiegten Dörfer. Das ist vor allem zum Sonnenuntergang ein romantisches Erlebnis.

Ein Ausflug mit einer kurzen Wanderung führt ab dem Weiler San-Gavino-di-Fiumorbo zum Wasserfall **Cascade de Buja**, einer der höchsten Fälle der Insel. Ausgangspunkt ist die dritte kleine Brücke nach dem Ort San Gavino, wo man das Wohnmobil in einer Rechtskurve am Straßenrand parkt. Für den zwei Kilometer langen, einfachen Weg benötigt man mit Badepause in der Gumpe des Wasserfalls etwa zwei Stunden.

Ein weiterer Abstecher ins Hinterland ab Ghisonaccia führt über eine abenteuerliche, aber atemberaubend schöne Bergstraße nach **Ghisoni**. Über die D344 geht es stets entlang des munteren Flüsschens Fium'Orbu durch dessen Flusstal. Die Straße wird immer enger, die Landschaft immer wilder. Für kleine Camper problemlos, für Wohnmobile stellen zwei kritische Passagen mit überhängenden Felsen einen kleinen Nervenkitzel dar, ausreichend Ausweichstellen sind aber vorhanden. Diese muss man auch nutzen, denn die Fahrt ist so malerisch, dass man ständig anhalten möchte. Bis auf ein kurzes, enges Teilstück kurz vor Ghisoni ist die Straße im weiteren Verlauf dann wieder bequem befahrbar.

Unterwegs ist die einsam gelegene Auberge U Sampolu (ausgeschildert) ein absoluter Geheimtipp. Nicht nur das korsische Ambiente, die idyllische Umgebung und der freundliche Service, sondern auch das leckere Essen (kreative Menüs, korsische Küche, faire Preise) laden zu einem Stopp ein (auberge-u-sampolu.fr).

Das charmante Bergdorf Ghisoni aus dem 16. Jahrhundert liegt am Rande des Flusstals inmitten dichter Kastanienwälder. Viele Wanderungen starten hier, darunter auch Fernwanderwege durch die ganze Region. Den passenden Übernachtungsplatz bietet der herrlich ruhig in einem Waldstückchen gelegene Camping U Valdo.

Der Weg zu einer schönen Badestelle beginnt eineinhalb Kilometer vor dem Ort an einer auffälligen Kiefer in Y-Form. Hier marschiert man steil hinab bis zum Bach, wo man sich rechts hält und nach ca. 30 Metern zwei kleinere Badebecken erreicht. Nach links (nicht bergauf!) überquert man den Bach kurz vor der Mündung des Fium'Orbu, an der Mündung überquert man ihn nochmals und findet tiefe Badebecken oberhalb des Baches.

Ein kurzer Spaziergang führt zum Wasserfall Cascade de Buja mit eiskaltem Badebecken.

KULTUR AN DER OSTKÜSTE

Zurück zur Küste: Auf den 15 Kilometern Fahrstrecke zwischen Ghisonaccia und Aléria passiert man zunächst das Naturschutzgebiet Pinia, das aus Dünen, Macchia und Strandkiefern besteht, dann die beiden Küstenseen Étang d'Urbino und Étang del Salé. Von Ghisonaccia aus kann man eine Wanderung am Strand entlang zum **Étang d'Urbino** unternehmen – das Ganze ist möglich quasi ohne Höhenunterschied und auch ohne Schuhe. Man folgt einfach dem Meer entlang in nördliche Richtung. Auf dem Rückweg kann man entscheiden, ob man über einen bequemen Weg übers Hinterland einen Rundweg aus der Tour machen möchte. Dann beträgt der Gesamtweg 14,2 Kilometer. Muschel-Liebhabern sei das auf einem Pon-

Der antike Teil Alérias liegt auf einem Plateau über der Tavignano-Ebene.

ton wie ein Pfahlbau errichtete Restaurant Ferme d'Urbino empfohlen, ein Ausflugsziel, das direkt am Binnensee nicht nur durch seine Lage, sondern auch durch sein Angebot an frischen Meeresfrüchten besticht (Tel. +33 4 95573089).

Geschichtlich höchst interessant wird es schließlich in **Aléria**, der einstigen Hauptstadt der Insel. Es ist eigentlich vielmehr ein Freilichtmuseum mit zahlreichen Funden und Relikten aus der Römerzeit. Die Stadt liegt auf einem 50 Meter hohen Plateau oberhalb des Flusses Tavignano.
Auf den ersten Blick ist Aléria ein wenig reizvoller, typischer Straßenort an der Ostküste. Das Zentrum **Cateraggio** befindet sich nördlich der RT10 südlich davon erhebt sich das alte Aléria mit der Genuesenfestung **Fort Matra** auf einem Hochplateau. Dieser Teil ist Anlaufstelle für geschichtlich interessierte Besucher – man kann sich sowohl bei einem Rundgang über das Ausgrabungsgelände der antiken Römersiedlung als auch bei einem Besuch des Fort Matra und dem darin beherbergten **Musée Jérôme-Carcopino** ein Bild von der römischen Vergangenheit des Ortes machen. Erst 1958 wurde mit den Ausgrabungen begonnen und es sind nur rund 30 Pro-

KULTUR

DIE RÖMER AUF KORSIKA

Schon um 3000 v. Chr. war das Gebiet um Aléria besiedelt. Die aus Kleinasien stammenden Phokäer gründeten den heutigen Ort 565 v.Chr. als Alalia. 259 v. Chr. eroberten die Römer im Ersten Punischen Krieg Alalia, zerstörten die Stadt und bauten sie unter Kaiser Augustus als Aleria prunkvoll wieder auf. Danach entwickelte sich die Stadt zu einem wichtigen Militär- und Handelsstützpunkt. Als das Römische Reich unterging, verlor auch Aleria an Bedeutung – im Jahr 456 n. Chr. wurde die Stadt schließlich von Vandalen völlig zerstört. Einige Merkmale einer römischen Stadt sind erhalten, die man auf dem Ausgrabungsgelände besichtigen kann, u. a. ein Forum und mehrere Tempel. Die Fundstücke aus den Ausgrabungen sind im Fort Matra ausgestellt, einem von den Genuesen im Jahr 1572 errichteten Gebäude.

Aléria
Ausgrabungsstätten aus der Römerzeit
32 km
Moriani-Plage

zent aller Ruinen und Fundstücke freigelegt.

Nebenbei kann man von der exponierten Lage auf der Anhöhe einen fantastischen Blick über die Plaine Orientale, das Tavignano-Tal und das Meer genießen.

Von seiner historischen Bedeutung abgesehen, hat sich Aléria zu einem modernen Touristenort mit guter Infrastruktur und zahlreichen Restaurants und Läden an der Hauptstraße entwickelt. Dank der Lage im fruchtbaren Mündungsgebiet des Tavignano ist der Weinanbau ein starker Wirtschaftsfaktor. Das Weingut **Président** bringt den wohl bekanntesten Wein der Insel hervor. Vor Ort kann man die Weine probieren, die Weinhandlung La Boutique du Réserve du Président befindet sich in der Route de la Mer im Ortsteil **Padulone**. Wer hier mehrere Weinsorten verkosten möchte, kann auf dem benachbarten Campingplatz Marina d'Aléria sein Fahrzeug stehenlassen und zu Fuß zum Campingplatz zurückkehren.

In Padulone liegt außerdem der gleichnamige Hausstrand des Ortes, der **Plage de Padulone**, mit seinem hellen Sand und der endlosen Weite ein beliebtes Ausflugs- und Urlaubsziel. Über das südliche Strandende wacht der Genuesenturm **Tour de Diana** auf einer Landzunge, die zugleich den Zugang zum **Étang de Diana** bildet. Ehemals ein natürlicher Hafen an der Küste, wird der Lagunensee heute von privaten Fischereigenossenschaften bewirtschaftet, die sich der Fisch- und Austernzucht widmen. Im schwimmenden Restaurant Aux Coquillages de Diana kann man sich von der guten Qualität der Meeresfrüchte überzeugen.

Zwischen dem See und dem Strand kann man entspannt spazierengehen, wandern

Das römische Forum Romanum in korsischer Miniaturausgabe

Ausgrabungsgegenstände im Museum Fort Matra

Direkt neben der schmalen Fahrstraße stürzt der Wasserfall Cascade de l'Ucelluline in die Tiefe.

und Vögel beobachten. Ein Rundweg führt zum genuesischen Wachturm. Bei guter Sicht reicht der Blick bis zur Insel Elba und zum Toskana-Archipel.

Die nördliche Costa Serena bietet jede Menge Unterkunftsmöglichkeiten für FKK-Urlauber, darunter auch zahlreiche Campingplätze. Nördlich des Étang de Diana liegt das 70 Hektar große und sehr gut ausgestattete FKK-Gelände Riva Bella Camping Naturiste direkt am Meer.

NOCH EINE KÜSTENETAPPE

Ab Moriani-Plage heißt der – schon zur Castagniccia gehörende – Küstenstreifen **Costa Verde**, die grüne Küste. Die Fahrt führt weiter über die RT10 und immer am Meer entlang in Richtung Santa-Lucia-di-Moriani, ein beschaulicher Ort auf 240 Meter Höhe in der Castagniccia. Auf dem kurzen Weg dorthin gibt es zahlreiche Übernachtungsmöglichkeiten auf Campingplätzen, alle am Meer gelegen: mit dem Centre de Vacances Naturiste Bagheera ein weiterer FKK-Platz und in direkter Nachbarschaft der nächste FKK-Platz Camping Corsica Natura Sarl. Es folgen weiter südlich der attraktive Camping Calamar mit Plätzen unter Eukalyptusbäumen und direkt am Meer sowie Camping Merendella, ebenfalls am Meer und mit schön angelegten Stellplätzen. Sowie schließlich im Ortsbereich von Santa-Lucia-di-Moriani Camping U Punticchiu.

Cervione ist ein an einen Hang gebetteter Ort am Rande der Castagniccia.

Von Santa-Lucia-di-Moriani lohnt ein Abstecher zunächst zu dem direkt an der D 34 gelegenen imposanten Wasserfall **Cascade de l'Ucelluline** (Wohnmobile parken vor einem Tunnel in einer Parkbucht mit Infotafel und Kreuz), danach geht es zur sehenswerten **Église San-Nicolao**, einer der größten Barockbauten Korsikas. Sie wurde zwischen 1686 und 1717 errichtet, der Kirchturm diente zudem als Wachturm. In der entlegenen, knapp 100 Seelen zählenden Gemeinde San-Giovanni-di-Moriani kann man mit der **Église Saint-Jean l'Evangéliste** eine Pfarrkirche mit dem höchsten Turm der Insel (39 Meter hoch) bewundern. Auf dem Rückweg zur Küste (über die D209) liegt wunderschön das Restaurant Auberge Bella Vista mit einer grandiosen Aussichtsterrasse (Tel. +33 6 61597491).

Viele Rundfahrten durch die Castagniccia starten in Cervione. Wir aber wollen uns noch ein wenig im Ort Santa-Lucia-di-Moriani umsehen, den Parc Galéa besuchen und dann südlich von Santa-Lucia-di-Moriani über die D506 in die Tiefen der Castagniccia vordringen. Diese Strecke eignet sich auch besser für ein Wohnmobil als die ab Cervione.

Der Ort **Cervione** selbst, über die D330 auch für Wohnmobile noch gut erreichbar (fünf Kilometer ab der RT10), schmiegt sich recht ansehnlich an den Hang des Berges **Monte Castello**. Die historische, lebhafte Ortschaft ist nicht nur ein angenehmer Urlaubsort mit einer kleinen Altstadt, Cafés, kleinen Läden und einem schnuckeligen Dorfplatz, sondern auch Ausgangspunkt für Wanderungen, die zum Beispiel auf den 632 Meter hohen Gipfel des Hausberges führen (das Dorf befindet sich auf 300 Metern).

Dominant sticht die barocke **Kathedrale Sainte-Marie et Saint-Erasme** mit ihrer mächtigen Kuppel aus dem Ortsbild heraus. Erbaut wurde das Gotteshaus Ende des 16. Jahrhunderts vom Bischof von Aléria. Im zugehörigen Bischofspalast residierte im Jahr 1736 Korsikas einziger König, der selbstgekrönte deutsche Hochstapler Theodor von Neuhoff. Er unterstützte den korsischen Widerstand mit Waffen, Geld und Nahrungsmitteln, musste aber flüchten, als er keinen Nachschub liefern konnte. Es gibt außerdem das kleine **Musée Ethnographique de l'Adecec** für Ethnologie, Archäologie und religiöse Kunst.

Linke Seite unten: Die Barockkirche Église San-Nicolao ist außen wie innen prächtig.

Wasserfall und Gumpe Bucatoggio bei Moriani-Plage lohnen einen Abstecher.

IM ZENTRUM DER COSTA VERDE

Das Zentrum der Region liegt in **Moriani-Plage** unterhalb des Ortes San-Nicolao mit einer kleinen Fußgängerzone, einer Strandpromenade und einem Strand – alles klein, fein und überschaubar. Gut ausgeschildert ist die **Ferme Bordeo** in Moriani, wo es qualitativ hochwertige Pflanzenessenzen und allerhand Duft- und Heilöle gibt, allesamt natürliche, korsische Produkte. Es gibt einen Direktverkauf im Hof, der schon aufgrund seines hübsch angelegten Heil- und Aromapflanzengartens einen Besuch wert ist. Informationen findet man unter essences-naturelles-corses.fr.

Es lohnt sich von Moriani-Plage aus auch ein Ausflug zur Gumpe **Bucatoggio** – längst kein Geheimtipp mehr, aber einfach zu erreichen und ein tolles Ziel für einen kurzen Spaziergang. Zwei Kilometer südlich von Moriani-Plage zweigt Richtung Westen die D344 ins Hinterland ab, von der aus man siebeneinhalb Kilometer weit Richtung Santa-Maria-Poggio fährt. Dort wird die Straße zur D330. Vom Ort aus folgt man den Hinweisschildern »Site Archéologique« und gelangt in die Ansiedlung Pianelli, wo man auf eine größere Parkfläche stößt, auf der man gut das Wohnmobil abstellen kann. Zunächst geht es an einer etwas unspektakulären Ausgrabungsstätte vorbei, dann erreicht man eine malerische Genuesenbrücke. An einem kleinen Kiesstrand unterhalb der Brücke könnte man einen Badestopp einlegen. Es folgt eine Kreuzung, an der wir uns rechts halten, Bäche überqueren und zuletzt über Steinblöcke klettern. Die Gumpe Bucatoggio ist nach etwas mehr als einem Kilometer und nur wenigen Höhenmetern erreicht.

Endgültig in **Santa-Lucia-di-Moriani** angekommen, begrüßt uns mit diesem Ort ein weiteres Feriendorf, geprägt von zahlreichen Ferienresidenzen, Restaurants, Bars und Einkaufsmöglichkeiten. Vorbei am Campingplatz Miami Beach, mehr eine Ferienanlage als ein Campingplatz, direkt am Strand gelegen und von Eukalyptusbäumen umgeben, steht der **Parc Galéa** auf dem Programm, bevor es tief hinein in die Castagniccia geht. Der noch recht neue Park, eine Mischung aus botanischem Garten und Museum für Geschichte und Geologie, befindet sich an der D30 in der Lieu-dit Maghiese in Taglio-Isolaccio. Der Besuch ist für alle ein Muss, die sich mit der korsischen Kultur wie auch mit der Flora und Fauna befassen wollen – und das auf ansprechende, multimediale Art. Für Kinder werden Workshops angeboten, für Erwachsene Vorträge und geführte Besichtigungen. Auf einer Fläche von neun Hektar verteilen sich Pflanzen, Ausstellungsräume, Installationen und ein schönes Außengelände. Es ist ein friedvoller Ort mit einem Touch Zen (parcgalea.com).

RUNDFAHRT DURCH DIE CASTAGNICCIA

Eine letzte, dafür umso schönere Schleife führt uns ins Hinterland und nun endlich hinein in die schon so oft erwähnte Castagniccia. Die Mikroregion Castagniccia fasst die Gemeinden Alesani, Orezza und Ampugnani

Moriani-Plage
klein und beschaulich, viele Ausflugsmöglichkeiten
3 km
Santa-Lucia-di-Moriani
idyllischer Küstenort
9,5 km
Abzweig der D506 in die Castagniccia
10 km
D46
8 km
Parata

in einer politischen Einheit zusammen. Sie ist nicht nur – vor allem zu Zeiten der herbstlichen Laubverfärbung – eine Augenweide, sondern hat sowohl kulturelle als auch politische Bedeutung. Während der korsischen Unabhängigkeitsbewegung versammelten sich die Freiheitskämpfer in den zahlreichen Klöstern, die damit zum Zentrum des Widerstandes wurden. Pasquale Paoli, der populärste Freiheitskämpfer, wurde in der Castagniccia geboren.

Dass die Dörfer der Castagniccia ausgestorben wirken, tut der landschaftlichen Schönheit keinen Abbruch. Die Kastanienwälder werden von den Bergen Monte San Petrone und Punta de Caldane überragt. In diesem zerklüfteten Gebirge verteilen sich die Dörfer – sie ragen aus den Kastanienwäldern heraus, thronen auf den Gebirgskämmen oder verstecken sich in Tälern. Die Straßen sind so kurvenreich wie kaum woanders auf Korsika, aber auf der im Folgenden skizzierten Route durch die Castagniccia mit einem kleinen bis mittleren Wohnmobil gut zu befahren.

Kurz nach dem beschaulichen Parc Galéa zweigt nach links die D506 von der RT10 ab. An der Strecke befindet sich nach etwas mehr als sechs Kilometern der Campingplatz Les Cascades – hierher gelangen auch größere Wohnmobile problemlos. Der Platz ist ruhig und direkt am Ufer des Fium'Alto gelegen und bietet eine gute Ausgangsposition für eine Rundfahrt durch die Castagnaccia.

Knapp zehn Kilometer nach dem Campingplatz und zunächst in Begleitung des

Eine gelungene Mischung aus Museumsgelände, Multimedia und Gartenlandschaft ist der Parc Galéa.

SPECIAL

NICHT EINFACH NUR KASTANIEN

Die Edelkastanie hat ihr heutiges, flächendeckendes Vorkommen in dieser Region den Genuesen zu verdanken. Sie pflanzten im 15. Jahrhundert die ersten Kastanienbäume und ordneten an, dass jeder korsische Grundbesitzer mindestens vier Bäume pro Jahr zu setzen habe. In den Höhenlagen zwischen 400 und 800 Metern gedieh die Edelkastanie besonders gut, sodass sie bald große Flächen bedeckte. Die Kastanie wurde vielseitig verwendet, als Viehfutter, zur Gewinnung von Mehl und das Holz für die Herstellung von Möbeln. So wurde die Kastanie zum »Brotbaum« und es entwickelte sich in der Folge Wohlstand und eine hohe Bevölkerungsdichte. Heute leben nicht mehr viele Menschen in den einsamen, in die Jahre gekommenen Dörfern.

Im unteren Bereich der Castagniccia begleitet der Fluss Fium'Alto die Fahrt.

Fium'Alto zweigt die D46 nach links. Mit einem (kleinen!) Wohnmobil biegen wir hier ab und folgen der Straße, zunächst im Zickzackkurs, acht Kilometer weit nach **Parata**. Der Mini-Weiler selbst hat nichts zu bieten – hier startet jedoch eine einsame, sieben Kilometer lange Wanderung zu der aussichtsreichen Kapelle **Chapelle di San Bertuli**. Neben schönen Blicken in die Castagniccia kann man die Abgeschiedenheit genießen und in der Bergerie di San Bertuli bei der Kapelle einkehren - sie ist von Mitte Juni bis Ende September bewirtschaftet. Auf dem vom Ortsende aus gekennzeichneten Weg sind 450 Höhenmeter zu überwinden.

Mit oder ohne diesen Wanderausflug geht es auf der D506 weiter Richtung Piedicroce. Dreieinhalb Kilometer nach dem Abzweig hinter Parata biegt man erneut nach links auf die D46 – diesmal liegt der kleine Zwischenstopp jedoch gut erreichbar fast direkt an der D506: die Heilquelle mit dem korsischen Mineralwasser **Orezza**. Ein hoher Eisengehalt gibt dem Heilwasser, das im Dorf Rapaggio munter aus einem Trinkbrunnen sprudelt, seine Farbe: Mit 32 Milligramm pro Liter zählt Orezza zu den eisenhaltigsten Wasserquellen der Welt.

Weitere dreieinhalb Kilometer nach dem Abzweig zur Orezza-Fabrik und nach mehre-

Parata
Wanderung zu Chapelle di San Bertuli
8 km
zurück zur D506
3,5 km D506
Abzweig D46 D46
Orezza
Führung durch die Mineralwasser-Fabrik
3,5 km D506
Piedicroce
größter Ort mit beeindrucknder Barockkirche D71
6 km
Carcheto
Ort im Herzen der Castagniccia, Barockkirche und Wasserfall
76 km
zurück nach Piedicroce D71
Col de Prato

SPECIAL

DAS EAU MINÉRALE NATURELLE D'OREZZA

1856 wurde das Quellwasser offiziell als Heilwasser deklariert. Man setzte es bei Blutarmut, Nervenkrankheiten, Leber- und Nierenleiden und sogar bei Malaria ein. Hier oben, in der entlegenen Castagniccia, werden heute jährlich etwa zwölf Millionen Flaschen mit dem heilenden Elixier abgefüllt. Im Rahmen einer Betriebsführung erhält man Einblick in den gesamten Produktionsprozess, allerdings sind die Zeiten der Führungen unregelmäßig (Tel. +33 4 95391000). Sind die Tore geschlossen, kann man sich am Brunnen an dem mit Kohlensäure versetzten Quellwasser gütlich tun und dieses auch in Flaschen abfüllen. Man sollte nur bedenken, dass dieses Wasser nicht behandelt und deshalb ein wenig mit Vorsicht zu genießen ist.

Zerfallenes, dadurch pittoreskes Kloster Couvent d'Orezza

ren Kehren kommt man in dem für die Verhältnisse der Castagniccia schon fast »großen« Ort **Piedicroce** an. Vom Kirchplatz der Barockkirche **Église Saint-Pierre et Saint-Paul** (mit Parkplatz für Wohnmobile) gewinnt man aus erhabener Position erste Eindrücke der Castagniccia. Folgt man der D71 einen knappen Kilometer nach Norden, erreicht man die Klosterruine **Couvent d'Orezza** – die verwitterten Gemäuer des Franziskanerklosters und der magische Ort sind ein absolutes Muss nicht nur für Fotografen. Es ist außerdem ein historischer Ort, denn hier wurde 1735 die korsische Unabhängigkeit ausgerufen.

Wer noch nicht genug von kurvigen Bergstraßen hat, kann einen Abstecher nach **Carcheto** unternehmen – der Ort ist über die D71 zu erreichen und liegt südlich von Piedicroce. Knapp sechs Kilometer weit fährt man ab der Abzweigung der D71 von der D506. Kein Dorf liegt so im Herzen der Castagniccia wie Carcheto. Man kann die ehrwürdige Barockkirche **Sainte-Marguerite** mit ihren naiven Wandmalereien im Inneren bewundern und einen kurzen Spaziergang zum Wasserfall **La Struccia** unternehmen, der sich 15 Meter tief in ein smaragdgrünes Becken ergießt. Am Dorfplatz geht es nach links und nach etwa einem Kilometer auf einem kurzen Fußpfad zum Fluss. 100 Meter nach der Quelle Funtana di l'Onda stürzt der Wasserfall zwischen Felswänden in ein natürliches und sehr kaltes Badebecken. Die Fahrt mit einem größeren Wohnmobil ist allerdings ab dem oberen Dorfteil von Carcheto nicht mehr möglich. Das bedeutet dann einen längeren Fußmarsch bis zum Ausgangspunkt und dem Wasserfall. Der Wasserfall ist mit »Cascade« gut ausgeschildert.

MONTE SAN PETRONE UND MOROSAGLIA

Wieder zurück im Ortsbereich von Piedicroce wechseln wir auf die D71 Richtung Norden. Nach elfeinhalb Kilometern passieren wir auf 985 Meter Höhe den Pass **Col de Prato**. Am letzten Juli- beziehungsweise ersten August-Wochenende findet hier der große Markt Fiera di a Bocca di u Pratu statt. Vor allem aber ist der Pass Ausgangspunkt für die Wanderung auf den **Monte San Petrone**, den Hausberg und höchsten Gipfel der Castagniccia. Der Wanderweg startet orange markiert zwischen den Häusern auf der Pass-

Morosaglia ist der Geburtsort des Nationalhelden Pasquale Paoli.

höhe, wo es auch gute Parkmöglichkeiten gibt. Zunächst geht es in südliche Richtung und über einen breiten Forstweg. Nach einem Abzweig führt der Weg, nunmehr mit roter Markierung, schattig durch Nadel- und Laubwälder, bevor er an einem Kamm links abknickt und deutlich steiler wird. Die Waldwanderung hat an heißen Tagen etwas für sich, allerdings hat sie den Nachteil, dass man erst ganz am Ende mit tollen Blicken für die Mühen belohnt wird, dann nämlich, wenn sich der Wald auf einer Hochebene allmählich lichtet.

Zum Gipfelkreuz und einer eingemauerten Statue des heiligen San Petru, Namenspatron des Berges, wird es zum Schluss hin noch einmal steil. Beides markiert jedoch nicht den höchsten Punkt des San Petrone; hierzu muss man noch eine kleine Kraxelei bewältigen. Vom 1767 Meter hohen Gipfel schließlich bietet sich ein grandioser Panoramablick über die Castagniccia. Im Bild befinden sich auch die höchsten Berge Korsikas, darunter der Monte Cinto und der Monte d'Oro. Bei der Tour auf den San Petrone sind 782 Höhenmeter zu bezwingen, die Gesamtstrecke beträgt 12,7 Kilometer, wofür man knapp fünf Stunden kalkulieren sollte.

Wir nehmen Kurs auf die nächste geschichtsträchtige Ortschaft: Vier Kilometer nach dem Col de Prato gelangen wir nach **Morosaglia** – kein Geringerer als Pasquale Paoli (1725–1807) ist in dem beschaulichen Bergdorf am nordwestlichen Rand der Castagniccia geboren. Im **Musée Maison Natale de Pasquale Paoli** (natürlich in Paolis Geburtshaus untergebracht) kann man sich einen Überblick über das Leben des Freiheitskämpfers verschaffen und sich außerdem über die Zeit der korsischen Unabhängigkeitsbewegung informieren. Ein zehnminütiges Video über Paoli läuft auch auf Deutsch; außerdem wird in einer kleinen Kapelle mit Kränzen und einem Grabstein des berühmten Korsen gedacht.

Es mag wohl diesem prominenten Einwohner geschuldet sein, dass Morosaglia auch als die Wiege des korsischen Patriotismus bezeichnet wird. Einen Stopp einlegen sollte man in einer der beiden Bars des ruhigen Ortes. Hier gibt es günstige Getränke, aber kein Essen – überhaupt bringt nur ein Bäckerwagen, der einmal täglich durch den Ort kommt, Essbares vorbei. Umgeben ist Morosaglia von einer fantastischen, einsamen und rauen Bergwelt.

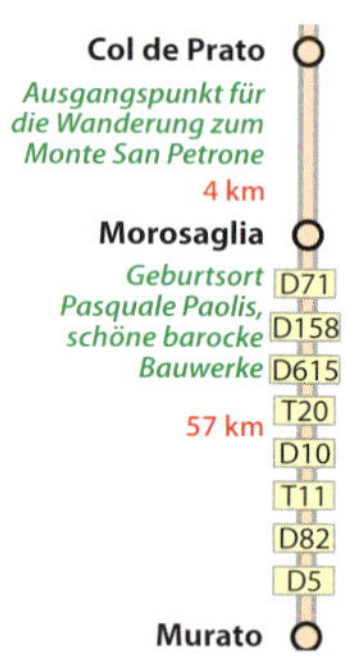

In der Dorf-Bar von Morosaglia gibt es auf der Terrasse Getränke mit Ausblick. Das Wohnmobil parkt am Straßenrand.

Mit diesem geschichtlichen und landschaftlichen Highlight beenden wir die Rundfahrt durch die Castagniccia an ihrem nordwestlichen Ende. Über die D71, die zunächst in die D158 und dann in die D615 übergeht, sind es noch kurvenreiche 13 Kilometer in nördliche Richtung, bevor der Weg auf der gut ausgebauten und bequemen, nach all den Kehren und engen Bergdörfern erholsamen T20 zurück zur Küste führt.

ENDSPURT MIT SCHMANKERLN

Da es in der Castagniccia außer dem Camping Les Cascades keine Campingplätze gibt, wird es an der Küste Zeit, eine Übernachtungsmöglichkeit aufzusuchen. Davon gibt es südlich von Bastia eine ganze Menge, oft innerhalb einer Ferienanlage. Einige Plätze sind ruhiger, andere auf große Besuchermengen und längere Aufenthalte ausgerichtet. Etwas südlich unseres Rückkehrpunktes an die Küste etwa befindet sich die etwas größere Anlage Le Domaine d'Anghione – direkt am Strand und mit jeder Menge Unterhaltungsprogramm. Corsica Camping Europa Beach liegt ebenfalls am Strand, ist aber naturnäher. Ganz in der Nähe der Kreuzung, wo die T20 auf die Küstenstraße RT10 trifft, befindet sich Camping L'Esperanza – nur einen

Die kleine Kapelle bei Paolis Geburtshaus zieren Memorabilien des Freiheitskämpfers.

Nur durch einen schmalen Streifen ist der Étang de Biguglia vom Mittelmeer getrennt.

kurzen Fußmarsch vom Meer entfernt, jedoch auch in der Nähe des Flughafens von Bastia.

Frisch gestärkt nach einer Übernachtung am oder nahe dem Meer geht es nun Bastia entgegen. Auf der Strecke bieten sich noch drei Ziele für einen Abstecher an: die höchst fotogene »Zebrakirche« San Michele de Murato, der Lagunensee Étang de Biguglia und die Pietra-Brauerei in Furiani. Mit diesen schönen Erlebnissen können wir die Fährabfahrt noch etwas hinauszögern.

Kirche im Zebra-Look: die fotogene Kirche San Michele de Murato

AM ÉTANG DE BIGUGLIA

An das Naturschutzgebiet des **Étang de Biguglia** gelangt man sowohl aus Richtung Süden und vorbei am Flughafen Bastia Poretta als auch von Norden. Da der Lagunensee rundum erschlossen und besiedelt ist, ergeben sich ausreichend Parkmöglichkeiten am Straßenrand. Der See selbst ist allerdings nur an wenigen Stellen zugänglich und es gibt Schutzzonen – die Besucher sollten sich an die Hinweis- und Verbotsschilder des Naturreservates halten.

Der Étang de Biguglia ist im Süden durch einen Kiefernwald und im Norden durch einen schmalen Streifen Sand vom Meer getrennt. Feiner Sand und klares Wasser machen ihn zum Badesee, wofür das nördliche Ende das geeignetere ist. Der Lagunensee ist mit einer Fläche von 1450 Hektar der größte der Insel. Er ist elf Kilometer lang und misst an der breitesten Stelle knapp zweieinhalb Kilometer. Er wird von fünf Flüssen gespeist und weist eine große Vielfalt an Tieren und Pflanzen auf, weshalb er als Naturschutzgebiet ausgewiesen ist. Neben zahlreichen Vogelarten (vor allem Zugvögel) stolzieren im

Aussichtsreich speist es sich auf der Panorama-Terrasse des Restaurants Chez Victor.

Sommer Flamingos durch die seichten Sumpfwiesen, im Winter ist der See ein Paradies für Enten. Aber auch Reptilien und Amphibien wie Frösche, Geckos und Sumpfschildkröten haben hier ihren Lebensraum. Im Norden des Sees befindet sich – auf dem schmalen Streifen zwischen Meer und See gelegen – der Campingplatz San Damiano.

NACH MURATO

Auf halber Höhe des Étang de Biguglia zweigt von der T11 die D82 in Richtung Murato ab. Nach zehn Kilometern wechselt man an einem Kreisverkehr auf die D5. Insgesamt fährt man 13,5 Kilometer auf breiter, gut ausgebauter Straße, bis man kurz nach der höchst idyllisch gelegenen und urkorsischen Bar Pagliaghju San Michele Chez Victor zur Kirche **San Michele de Murato** gelangt. Sie befindet sich an der linken Straßenseite.

Die pisanisch-romanische Kirche aus dem späten 13. Jahrhundert liegt auf einer einsamen Bergkuppe in 475 Meter Höhe inmitten einer hügeligen Landschaft. Dunkelgrüne Schiefer- und weiße Sandsteinblöcke wurden bänder- und schachbrettartig verarbeitet, was einen einzigartigen Zebra-Look ergibt. Im Inneren fällt das Augenmerk auf den vorspringenden Bogen, der Apsis und Kirchenschiff miteinander verbindet und wegen der Verarbeitung von grünen und schwarzen Steinen das Muster von außen wiederholt. Naive Tier- und Menschendarstellungen sowie Ornamente zieren außerdem den Innenraum der kleinen Kirche, der allerdings nur während der Saison zu besichtigen ist.

Ein Essen inklusive grandioser Aussicht kann man anschließend im nur wenige Schritte von der Kirche entfernten Restaurant Chez Victor genießen. Das sowohl im Innen- als auch im Außenbereich charmante Berg-Restaurant bietet köstliches und typisch korsisches Essen. Ein Aufenthalt dort ist vor allem zum Sonnenuntergang ein unvergessliches Erlebnis (Tel. +33 4 95460949).

Ein letztes Mal führt die Route zurück an die Küste und nach Bastia. Unterwegs ist eine Einkehr im idyllisch am Flussufer versteckten Restaurant Chez GHJU au Jardin d'Antoine eine Empfehlung (an der D82, zwei Kilometer nach dem großen Kreisverkehr, ausgeschildert). An den Tischen auf der

Am frühen Morgen ist der ansonsten umtriebige Place Saint-Nicolas wie leergefegt.

Rasenfläche neben dem rauschenden Fluss schmeckt das leckere korsische Essen gleich noch mal so gut (Tel. +336 34615126).

BERÜHMTES KASTANIENBIER

In Bastia stehen schließlich Sightseeing sowie ein Besuch bei der berühmten **Brasserie Pietra** in der Route de la Marana in Furiani auf dem Programm. Die am Stadtrand von Bastia gelegene Brauerei, die das allgegenwärtige Kastanienbier herstellt, kann man im Rahmen einer Führung besichtigen. Dabei erfährt man, dass die diversen Biere schon zahlreiche Preise und Medaillen gewonnen haben – und dass es bis Mitte der 90er-Jahre kein einziges korsisches Bier gab, bis dahin trank man nur Wein und Import-Bier auf der Insel. Die benötigten Kastanien stammen natürlich aus der nahen Castagniccia, wo sie per Hand für die Brauerei gepflückt werden. Die Produktpalette reicht vom hellen Pietra Bionda über das leicht bittere Serena bis zum ungefilterten Colomba sowie einigen aromatisierten Bieren.

Leute gucken und lecker frühstücken in einem Café am Platz

Im Stadtgebiet von Bastia gibt es keine Campingplätze – aber neben dem oben genannten Camping San Damiano am Étang de Biguglia wäre der Campingplatz Les Sables Rouges eine Option für die letzte Nacht auf Korsika.

MEHR ALS NUR EIN FÄHRHAFEN

Bastia, Ankunfts- und Abfahrtshafen für die meisten Korsika-Urlauber, hat nicht nur den größten Hafen der Insel, sondern ist auch

das wirtschaftliche Zentrum. Die meisten Gäste schauen sich Bastia nicht näher an, für sie ist die Stadt nur ein Durchgangsort auf dem Weg in den Urlaub. Doch das wird dem mediterranen Ort nicht gerecht, denn auch hier gibt es eine Zitadelle, einen schönen Jachthafen mit hübschen, alten Häusern drumherum und einen von Palmen gesäumten Platz mit Restaurants und Cafés.

Direkt neben dem Fährhafen liegt der **Place Saint-Nicolas** aus dem 19. Jahrhundert, einer der größten Plätze Frankreichs. Hier kann man in einem der Restaurants einkehren oder bei einem Kaffee an der Westseite des Platzes den großen Fährschiffen beim An- und Ablegen zuschauen. Es findet jeden Sonntag und jeden zweiten Freitag des Monats ein großer Textil- und Haushaltswarenmarkt

Über dem Hafen erhebt sich die Barockkirche Saint-Jean-Baptiste.

Bastia Fährhafen
schöner alter Hafen, Zitadelle, sehenswerte Altstadt
Ziel

Die meisten Urlauber kommen mit der Fähre im Hafen von Bastia an.

Die Strandpromenade verbindet den Place Saint-Nicolas mit dem Hafen.

statt. Rund um den Place Saint-Nicolas, zu dem die Fußgängerzone Rue Napoléon führt, gruppieren sich weitere Ziele Bastias: Westlich des Platzes kann man auf dem **Boulevard Paoli** einen Einkaufsbummel starten, südlich des Platzes gelangt man in die Altstadt **Terra Vecchia** mit steilen Gassen, schmalen, engen Häusern, Bars und Läden.

Das Zentrum der Altstadt bildet der **Place du Marché** mit dem Rathaus. Samstag- und sonntagvormittags ist hier Bauernmarkt. Auch die größte Kirche Korsikas, die aus dem 17. Jahrhundert stammende Barockkirche **Saint-Jean-Baptiste**, befindet sich in der Altstadt – sie sticht weithin aus der Hafenkulisse heraus und gilt als Wahrzeichen Bastias. An die Altstadt schließt sich der **Vieux Port**, der alte Hafen an. Mit seinen alten Häusern, der Basilika im Hintergrund und den wie an einer Perlenkette aufgereihten Restaurants an der Promenade gibt er ein wunderbares Postkartenmotiv ab. Der hufeisenförmig angelegte alte Hafen bildet den Gegenpol zum großen Fährhafen mit den kleinen Booten und dem Blick auf die Zitadelle.

Apropos **Zitadelle**: Über eine Treppe von dem schattigen, terrassenförmig angelegten Park **Jardin Romieu** aus erreicht man durch

KULTUR

BEWEGTES AUF UND AB

Die Ursprünge der Stadt Bastia gehen auf den Fischerhafen Porto Cardo des Dorfes Cardo zurück, das in den Hügeln oberhalb der Hafenstadt liegt. Im 14. Jahrhundert baute Genua Porto Cardo zu einer Befestigungsanlage aus, worin die neue Namensgebung begründet liegt: Bastia leitet sich ab vom italienischen »Bastiglia« (Festung). 1453 wurde Bastia zur Hauptstadt Korsikas ernannt, das Festungsviertel Terra Nova wurde mit einer Mauer umgeben. Der alte Hafenort entwickelte sich zu einem wichtigen Handelsstützpunkt. 1811 jedoch musste Bastia unter der Herrschaft Napoleons den Hauptstadt-Status an Ajaccio abgeben. Im Zweiten Weltkrieg wurde die Stadt schwer beschädigt. Seit der politischen Neustrukturierung 1975 ist Bastia Präfektursitz des Départements Haute-Corse mit derzeit fast 45 000 Einwohnern.

So präsentiert sich das durchaus charmante Bastia den Reisenden, die mit der Fähre ankommen.

den Doppeltorbogen Porte Louis XVI. den Bastions-Stadtteil **Terra Nova**, wo die Zitadelle innerhalb einer Festungsanlage steht. Darin befinden sich neben Bars, Restaurants, Gässchen, Treppen und Wegen das **Musée de Bastia** (im Gouverneurspalast) sowie die **Cathédrale Sainte-Marie de l'Assomption** und die **Kapelle Sainte-Croix**. Das Musée de Bastia ist ein Stadtmuseum, das anhand von Sammlungen den Schwerpunkt auf die Geschichte der Stadt sowie die Macht- und Handelsgeschichte legt.

An Bord der Bimmelbahn Petit Train kann man sich die genannten Attraktionen recht gemütlich anschauen. Die Fahrt startet am Place de Saint-Nicolas, führt durch die Altstadt bis zur Zitadelle, beinhaltet eine Führung zur Kathedrale Sainte-Marie sowie zur Kapelle Sainte-Croix und kehrt über den Vieux Port wieder zurück. Von April bis Juni und im September/Oktober finden die Fahrten stündlich von 9 bis 11 und 14 bis 17 Uhr statt, im Juli und August um 10, 11, 14.30, 15.30 und 16.30 Uhr.

Gute Parkmöglichkeiten für das Wohnmobil findet man entlang der Ostseite des Place Saint-Nicolas und am Hafen. Bastia verfügt zwar über einige Parkhäuser, die meisten lassen aber nur eine Fahrzeughöhe unter 1,90 Metern zu.

Wer noch etwas mehr Zeit in und um Bastia verbringen möchte, kann am kleinen Kieselstrand **Plage de Toga** im Norden der Stadt oder südlich an der **Plage de l'Arinella** baden gehen. Beide Strände sind jedoch eher für eine kurze Abkühlung geeignet. Einen Ausflug wert ist außerdem der Hausberg **Serra di Pigno**. Vom fast 1000 Meter hohen Gipfel, den man mit dem Fahrzeug über den Col de Teghime (D264 und D81) erreichen kann, bietet sich ein herrlicher Panoramablick über den Nordteil Korsikas – was besonders in den Abendstunden sehr eindrucksvoll ist. Wer sich sportlich betätigen möchte, kann beim Anbieter Objectif Nature in 3 Rue Notre-Dame-de-Lourdes aus verschiedenen Naturprogrammen wählen: Eine Kajakfahrt, Canyoning, Reiten und Wandern sind möglich, es werden aber auch Fahrräder oder Motorräder verliehen (corsica-loisirs-aventure.fr). Motorräder und Motorroller kann man bei Toga Location am Jachthafen mieten und damit selbstständig auf Entdeckungstour gehen (corsica-moto-location.com).

PRAKTISCHE HINWEISE

TOURISTENINFORMATIONEN

Office de Tourisme de la Corse Orientale
Fium'Orbu-Castellu
55, Route Ghisoni, 20240 Ghisonaccia,
Tel. +33 4 95561238,
corseorientale.com

Office de Tourisme de l'Oriente
80, Avenue Saint-Alexandre Sauli,
20270 Aléria, Tel. +33 4 95570151,
tourisme-oriente.corsica

Office de Tourisme de la Costa Verde
Maison du Developpement,
Moriani-Plage, 430, Route de Moriani,
20230 San-Nicolao, Tel. +33 4 95384739,
costa-verde.fr

Office de Tourisme Intercommunal de Bastia
Place Saint-Nicolas, 20200 Bastia,
Tel. +33 4 95542040,
bastia-tourisme.com

KARTEN

IGN 4349 OT Vescovato, Castagniccia, PNR de Corse (Korsika, Frankreich) 1:25 000 (topographische Wanderkarte IGN)

IGN Korsika Bastia 1:25 000: Golfe de St-Florent
Ajaccio/Bastia: IGN72518 (IGN Map)

Mit Strand-Stellplätzen ausgestattet ist Camping Eucalyptus.

CAMPINGPLÄTZE

C 600 **Camping Eucalyptus** (S. 189/G3)
RT10/Bord de Mer, 20240 Solaro,
Tel. +33 4 95396552,
camping-eucalyptus-corse.com/
GPS-Daten: 41.878296, 9.396554
Ortsnaher Campingplatz für einen Aufenthalt in Solenzara. Sonnige Stellplätze direkt am Strand, der nicht überlaufen ist – tolle Sonnenaufgänge. Es gibt auch Schattenplätze unter Eukalyptusbäumen, die jedoch nah an der Straße liegen und dementsprechend laut sind. Baguette-Service an der Rezeption.

C 601 **Camping Sole d'Oru** (S. 189/G3)
Marine de Solaro, 20240 Solaro,
Tel. +33 4 95336950, soledoru.net
GPS-Daten: 41.892984, 9.399684
Platz vier Kilometer nördlich von Solenzara, über eine Stichstraße erreichbar. Direkter Zugang zum Sandstrand, wenig Schatten. Stromanschlüsse, Waschmaschine und Trockner vorhanden. Kleiner Laden und Restaurant mit korsischen Spezialitäten, Tennisplatz, Volleyball und Tischtennis.

C 602 **Arinella Bianca** (S. 189/G1)
769, Strada di Bruschettu,
20240 Ghisonaccia, Tel. +33 4 95560478,
arinellabianca.com
GPS-Daten: 41.995056, 9.445120
Luxuriöser, entsprechend hochpreisiger und riesiger Familien-Campingplatz mit Spa- und Wellness-Angebot, Kinder- und Jugendclub, Restaurant, Bar, Lebensmittelmarkt und Boutique. Außerdem großartige Poollandschaft und schattige, schön bepflanzte Stellplätze. Direkt am endlos langen Strand gelegen. Jede Menge Sportangebote: Tennis, Basketball, Volleyball und Tischtennis.

Ein Geheimtipp ist der natürliche Platz Camping U Valdo.

C 603 **Marina d'Erba Rossa**
(S. 189/G1) Route de la Mer,
20240 Ghisonaccia, Tel. +33 4 42168990,
marina-erbarossa.com
GPS-Daten: 41.999748, 9.447364
Toplage mit direktem Zugang zum breiten, langen Sandstrand, zusätzlich Pool auf dem Platz mit Riesenrutsche. Sehr kinder- und familienfreundlich, mit Animationsprogramm, Spielplatz, Kinderclub und Kinderbetreuung. Restaurant innerhalb der Anlage. Schattige Stellplätze unter Pinien.

C 604 **Camping U Casone** (S. 189/G1)
Route de la Mer, 20240 Ghisonaccia,
Tel. +33 4 95560271, ucasone.net
GPS-Daten: 41.999387, 9.435860
Nicht direkt am Strand, aber vom unteren Ende des Campingplatzes nur 700 Meter bis zum Meer. Außerdem sind zwei Pools vorhanden. Mit Stromanschlüssen und sehr großzügigen, schattigen Stellplätzen. In einer Bar kann man morgens Baguettes und Croissants kaufen, außerdem gibt es ein Restaurant mit guten Pizzen.

C 605 **Camping Via Romana**
(S. 189/G1) Via Romana, 20243 Casamozza di Fium'Orbu, Tel. +33 4 95570702,
camping-viaromana.com
GPS-Daten: 41.986689, 9.398873
Südlich von Ghisonaccia und nahe der T 10 an der ehemaligen Römerstraße. Gepflegte Anlage mit mehreren Pools, auch Kinder- und Babybecken, sehr familienfreundlich, aber ohne umfangreiche Animation. Außerdem kleiner Laden mit Baguette-Service. Tennisplatz, Stromanschlüsse, in der Nähe ein großer Supermarkt. Der Strand ist fünf Autominuten entfernt.

C 606 **Camping U Valdo** (S. 185/H6)
Pinzolo, 20227 Ghisoni,
Tel. +33 7 84316984
GPS-Daten: 42.099183, 9.215960
Kleiner, einfacher, abgeschiedener und höchst idyllischer Platz mit Bergblick mitten in der Einsamkeit der Natur. Terrassierte Stellplätze mit Schatten und sehr viel Privatsphäre. Waschmaschine und eine Bar sind vorhanden, Backwaren-Service am Morgen.

C 607 **Marina d'Aléria Capfun**
(S. 185/H6, 186/D6) Plage de Padulone,
20270 Aléria, Tel. +33 4 95570142,
marina-aleria.com
GPS-Daten: 42.111466, 9.550035
Luxuriöse und sehr gepflegte Anlage mit Pool und Spa-Bereich, direkt am naturbelassenen Strand. Viele Annehmlichkeiten (umfangreiches Sportangebot, zum Teil gebührenpflichtig), sehr kinderfreundlich mit Kinderlagune und Wasserspielplatz. Abgegrenzte und schattige Stellplätze mit Stromanschlüssen. Brötchenservice vorhanden. Die sanitären Anlagen sind in die Jahre gekommen.

C 608 **Riva Bella Camping Naturiste**
(S. 186/D5) Route de Riva Bella,
20270 Aléria, Tel. +33 4 95388110,
naturisme-rivabella.com
GPS-Daten: 42.160900, 9.554057
Großzügiger FKK-Platz im Ortsteil Linguizzetta direkt am Meer und am nördlichen Ende des Étang de Diana. Mit hervorragender Ausstattung: ein Restaurant/Beach-Bar, ein kleiner Laden (Épicerie) mit regionalen Bioprodukten sowie ein Thalasso- und Spa-Zentrum mit Sportmöglichkeiten wie Yoga oder Fitness auf dem Meer. FKK ist vom 1. April bis 5. November möglich, der Platz ist das ganze Jahr über geöffnet. Schattige Stellplätze im Pinienwald, sonnige direkt am Meer.

Abgelegen am Fuße der Castagniccia: Camping Les Cascades

C 609 Centre de Vacances Naturiste Bagheera (S. 186/D4)
20230 Bravone, Tel. +33 4 95388030,
bagheera.fr
GPS-Daten: 42.215003, 9.550465
Weitläufige FKK-Anlagemit vier Sternen direkt am Strand zwischen Aléria und Santa-Lucia-di-Moriani. Es gibt Stellplätze direkt am Meer, im Wald oder Plätze mit viel Privatsphäre. Der Platz grenzt an einen Nacktbadestrand. Restaurant, Sauna sowie Sport- und Unterhaltungsprogramm.

C 610 Camping Corsica Natura
(S. 186/D4) Linguizzetta,
20230 San-Nicolao, Tel. +33 4 95389130,
corsica-natura.com
GPS-Daten: 42.225406, 9.549385
Zweiter FKK-Platz neben dem Centre de Vacances Naturiste Bagheera, ebenfalls direkt am Meer; sehr gepflegt mit kilometerlangem und breitem, flach ins Wasser abfallendem Sandstrand (mit Duschen, Restaurant und Bar am Strand).

C 611 Camping Calamar (S. 186/D2)
Prunete, 20221 Cervione,
Tel. +33 4 95380354 (innerhalb der Saison) und +33 4 95340844 (außerhalb der Saison)
GPS-Daten: 42.321656, 9.545192
Sehr großer Platz mit Waschmaschine und Trockner. Begehrte Stellplätze in unmittelbarer Strandnähe und ruhigere Plätze im hinteren Bereich. Schöner, nicht überlaufener Strand, an dem es ein Restaurant mit Kinderspielplatz gibt. Gute Basis für einen erholsamen Strandurlaub wie auch für Ausflüge ins Hinterland.

C 612 Camping Merendella
(S. 186/D1) Moriani-Plage,
20230 San-Nicolao, Tel. +33 4 95385347,
merendella.com
GPS-Daten: 42.363366, 9.529985
Teilweise mit Hecken und Holzbohlen abgegrenzte Stellplätze, die direkt am privaten Strand liegen (dafür sind sie etwas teurer); ansonsten mit viel Grün angelegte Schattenplätze, die Plätze im vorderen Bereich grenzen an die stark befahrene Straße. Saubere Sanitäranlagen, mietbare Kühlfächer, Pool, Restaurant/Bar. Außerdem Sportangebot, Kinderspielplatz, Waschmaschinen und Trockner.

C 613 Camping U Punticchiu
(S. 186/D1) 20230 Santa-Lucia-di-Moriani,
Tel. +33 4 95385779 (Sommer) und +33 6 22744303 (Winter),
GPS-Daten: 42.391865, 9.531716
Eben angelegter Platz am Ortsrand von Santa-Lucia-di-Moriani, direkt am langen Strand. Die Stellplätze sind nicht parzelliert, man kann sich ein Plätzchen aussuchen. Waschmaschinen vorhanden, außerdem Restaurant, kleiner Laden, Tischtennis und Animationsprogramm am Abend.

C 614 Camping Miami Plage
(S. 186/D1) Lieu-dit Figaretto,
20230 Poggio-Mezzana,
Tel. +33 4 95369585,
GPS-Daten: 42.410496, 9.532885
Saubere und gepflegte Anlage am Naturstrand mit direktem Zugang. Ruhige Lage, Baguette-Service am Morgen und Restaurant am Platz. Schattige Stellplätze unter Eukalyptusbäumen, Strom- und Wasseranschlüsse sowie Münzwaschmaschine vorhanden. Verschiedene Freizeitaktivitäten (Beachvolleyball, Basketball).

C 615 Camping Les Cascades
(S. 186/G6) Lieu-dit Casette,
20213 Pruno, Tel. +33 4 95369191 ,
GPS-Daten: 42.435640, 9.450825
Einfacher, ruhiger Platz mit Pool, am Fuße der Castagniccia, sechs Kilometer vom Küstenort Folelli entfernt. Überschaubares

Areal direkt am Fluss – alles in allem viel naturnäher und geruhsamer als die Plätze an der Ostküste, aber ein wenig in die Jahre gekommen.

C 616 **Camping Le Domaine d'Anghione** (S. 183/H5) 3731, Strada d'Anghione, Anghione, 20213 Castellar-di-Casinca, Tel. +33 4 30051509, domainedanghione.com
GPS-Daten: 42.477894, 9.529517
Am Strand und mit direktem Zugang dazu liegt der Platz der gehobenen Klasse. Ausgestattet mit einer ansprechenden Poollandschaft samt Kinderbecken, außerdem Animationsprogramm für Kinder und Jugendliche zwischen 13 und 17 Jahren und Themenabende. Der Platz bietet etliche Freizeitaktivitäten an: Fußball, Handball, Basketball, Volleyball, Tennis, Tischtennis und Minigolf, des Weiteren ist eine Kegelbahn vorhanden.

C 617 **Corsica Camping Europa Beach** (S. 183/H5) Route de la Mer, Pinarello Plage, 20213 Querciolo, Tel. +33 4 95364428, corsicacamping-europabeach.fr
GPS-Daten: 42.483935, 9.530618
Schattiger und ruhiger Platz am Ende einer Stichstraße mit Stellplätzen unter Mimosen, Erlen, Pinien und Eukalyptusbäumen, direkter Strandzugang. Kleiner Laden sowie Restaurant/Bar mit Terrasse und schönem Blick aufs Meer. Für Aktive gibt es Tischtennis, Billard und Tischfußball, außerdem einen Tretbootverleih.

C 618 **Camping L'Esperanza** (S. 183/H5) Plage de Pineto, 20290 Lucciana, Tel. +33 4 95361509, camping-esperanza.fr
GPS-Daten: 42.545174, 9.522384
Nahe dem Étang de Biguglia, aber auch des Flughafens Bastia Poretta und einer Raffinerie und nahe dem Strand Plage de Pineto. Großes Gelände in einem Waldstück mit Nadelbäumen. Alles sehr einfach und ohne Ausstattungsmerkmale. Eher für kurze Aufenthalte nach der Ankunft in Bastia oder vor der Abreise geeignet (Stadtzentrum von Bastia ist 22 Kilometer entfernt).

C 619 **Camping San Damiano** (S. 183/G4) 1075, Lido de la Marana, 20620 Biguglia, Tel. +33 4 95336802, campingsandamiano.com
GPS-Daten: 42.629016, 9.467145
Zwischen Lagunensee und Meer mit direktem Zugang zum feinen Sandstrand mit Restaurant und Strandbar. Stellplätze entweder mit Palisadenzaun oder Hecke voneinander abgegrenzt. Zusätzlich verfügt der hochwertig ausgestattete Platz über einen Pool mit Babybecken. Außerdem Animationsprogramm (auch für Kinder), Spielplatz und Tischtennis. Ein großer, gut sortierter Lebensmittel- und Souvenirladen ist ebenfalls vorhanden.

C 620 **Camping Les Sables Rouges** (S. 180/C6, 183/G3) Plage de l'Arinella, 20600 Bastia, Tel. +33 4 95333608, lessablesrouges.com
GPS-Daten: 42.673496, 9.445098
Einfach gestaltete Anlage, eher Stellplatz, zwar ohne Charme und kein für Korsika klassischer Platz, aber gut geeignet für die letzte (oder auch erste) Nacht auf Korsika. Einziger Platz in Stadtnähe, direkt am Strand Arinella gelegen. Lärm durch Musik im Restaurant und die nahe am Platz vorbeifahrende Diesellok (nur tagsüber) auch außerhalb der Hauptsaison möglich.

Camping San Damiano hat Stellplätze in erster Reihe am Sandstrand.

» REISE-INFORMATIONEN VON A BIS Z

Absoluter Seltenheitswert: Korsika zeichnet sich dadurch aus, dass das Gebirge oft bis ans Meer heranreicht.

Corsica Sardinia Ferries ist eins der gängigsten Fährunternehmen für die Anreise nach Korsika.

ANREISE

Die einzige Möglichkeit, mit dem Wohnmobil auf die Insel zu reisen, ist eine Fahrt mit der Fähre. Dies ist indes völlig unproblematisch, weil es zahlreiche Anbieter sowie Abfahrts- und Ankunftshäfen gibt und die gewaltigen Schiffe zudem auf den Transport großer Gefährte ausgerichtet sind.

Vom französischen Festland aus befördern die Reedereien Corsica Sardinia Ferries, Moby, Corsica Linea und La Méridionale die Gäste auf die Insel. Die Abfahrtshäfen sind Marseille, Nizza und Toulon, die Ankunftshäfen auf Korsika Bastia, Ajaccio, L'Île-Rousse, Porto-Vecchio und Propriano.

Von Italien aus bedienen Corsica Sardinia Ferries und Moby als einzige Reedereien die Verbindungen ab Genua, Savona, Piombino und Livorno. Ankunftshäfen sind Bastia, Ajaccio und L'Île-Rousse.

Bei der Buchung ist auf die korrekte Angabe der konkreten Wohnmobil-Maße zu achten. Für Fahrzeuge, die länger, höher oder breiter sind als ein normaler Pkw, zahlt man einen Aufpreis. Die meisten Überfahrten pro Tag bietet Corsica Sardinia Ferries an. Der am häufigsten angefahrene Hafen auf Korsika ist Bastia. Er ist in diesem Reiseführer auch Ausgangspunkt der beschriebenen Routen. Zwar kann man an jedem anderen Fährhafen der Insel ebenfalls in die Routen einsteigen, aber Bastia bietet den besten Startpunkt, da von dort zwei Einstiege direkt und zwei weitere mit einer überschaubaren Fahrdistanz erreichbar sind. Wo immer einer der oben genannten Fährhafen auf der Route oder an deren Start- bzw. Endpunkt liegt, wird im Abschnitt »Praktische Hinweise« auf die entsprechenden Fährverbindungen verwiesen.

ÄRZTLICHE VERSORGUNG

In allen großen Städten der Insel (Bastia, L'Île-Rousse, Calvi, Ajaccio, Sartène, Bonifacio, Porto-Vecchio und Corte) gibt es Krankenhäuser, die »Hôpital« heißen. In den Städten praktizieren auch flächendeckend niedergelassene Ärzte (»Médecin généraliste«) und Zahnärzte (»Dentiste«), Apotheken (»Pharmacie«) sind ebenfalls vorhanden. Nicht so gut bestellt ist es mit der ärztlichen Versorgung im Inland der Insel. Die kleinen

Bergdörfer bieten keine medizinische Notfallversorgung.

Bei einem Notfall kann man sich grundsätzlich zunächst an eine Apotheke wenden, denn die Pharmazeuten in Frankreich sind hochqualifiziert. Sie haben zwar an Sonn- und Feiertagen geschlossen, es gibt jedoch immer eine Notfallapotheke, deren Adresse in den Fenstern der Apotheken ausgehängt ist. Ist der Gang in ein Krankenhaus unumgänglich, geht man in die Notaufnahme (»Urgence«) oder in eine Notfallstation (»Service d'assistance médicale d'urgence«). Hier sollte man sich auf lange Wartezeiten einstellen, außerdem wird in der Regel eine Notfallgebühr fällig. In dringenden Fällen kann man sich bei der Arzt- oder Krankenhaussuche auch an die Polizei unter den Notrufnummern 17 oder 18 wenden. An manchen Standorten betreiben deutschsprachige Ärzte eine Praxis auf Korsika.

Mitglieder in der gesetzlichen Krankenkasse brauchen für Korsika lediglich ihre normale Versichertenkarte – damit wird man im Krankheitsfall versorgt und bekommt im Heimatland eventuell entstandene Kosten erstattet. Mögliche Zuzahlungen oder Eigenanteile, die in Frankreich in Rechnung gestellt werden, müssen die gesetzlich Krankenversicherten selbst bezahlen. Eine Auslandsreisekrankenversicherung deckt solche Ausgaben ebenfalls ab und kommt im Notfall auch für einen krankheits- oder unfallbedingten Rücktransport auf.

AUSRÜSTUNG

Das A und O an Ausrüstung bei einer Korsika-Reise ist das Equipment für das Wandern. Sehr gute, knöchelhohe und gut profilierte Wanderschuhe für alpines Gelände sind unabdingbar – und sollten zwingend vorher gut eingelaufen werden. Funktionsshirts, eine wind- und wasserabweisende Wanderhose und eine ebensolche Jacke (empfehlenswert ist eine Softshelljacke mit Kapuze) gehören zu jeder Jahreszeit ins Gepäck, da in gebirgigen Regionen wie beispielsweise dem Bavella auch im Hochsommer das Wetter schnell umschlagen kann. Wichtig sind auch eine

Dürfen auf keinen Fall im Gepäck fehlen: robuste, bergtaugliche Wanderschuhe

Kopfbedeckung, Sonnenschutzmittel mit hohem Lichtschutzfaktor sowie eine Sonnenbrille. Auch für Wanderer, die trittsicher sind, empfiehlt es sich aufgrund des mitunter ungewöhnlich unwegsamen Untergrundes, Wanderstöcke zu benutzen.

Was die Kleidung anbelangt, so kann man sich im Sommer auf konstant gutes Wetter einstellen; neben T-Shirts und kurzen Hosen sollte man aber eine leichte Sommerjacke und einen warmen Pullover für die Campingplätze in höheren Lagen einpacken. Auf keinen Fall Badehose und Strandtuch vergessen! Ein Regenschutz kann zu keiner Jahreszeit schaden. Ansonsten gibt es auf der Insel in den großen Supermärkten alles für den täglichen Bedarf zu kaufen, sodass man neben den Dingen für den persönlichen Gebrauch kaum in eine Versorgungsnotlage gerät.

BADEN

Baden ist eines der Highlights auf Korsika: Nicht nur im Meer, sondern auch in den wildromantischen Gebirgsflüssen und den von ihnen gebildeten Badebecken (auf Korsika sind das Gumpen) wird Baden und Schwim-

Um in den Genuss eines spontanen Bades in einer Gumpe zu kommen, sollte man immer Badesachen dabeihaben.

men zu einem besonderen Erlebnis. Bei Wanderungen in Flussnähe sollte man stets Badeausrüstung im Rucksack haben. Die flachen und paradiesisch schönen Sandstrände der Ostküste sind wie geschaffen für einen längeren Strandurlaub, während die Küste im Westen der Insel rau und zerklüftet ist und auf diese Weise einsame und malerische Badebuchten erschaffen hat.

BEZAHLEN

Bezahlt wird in Euro; alle gängigen EC- und Kreditkarten werden grundsätzlich akzeptiert, manchmal im Supermarkt oder an der Tankstelle aber auch grundlos abgelehnt. Es empfiehlt sich deshalb, eine ausreichend große Menge an Bargeld mitzunehmen, da zudem auf nahezu allen Campingplätzen nur bar bezahlt werden kann.

CAMPINGPLÄTZE

Korsika ist ein Paradies für Camper. Egal ob mit Zelt, Wohnmobil oder Gespann: Campingplätze gibt es wie den sprichwörtlichen Sand am Meer. Die meisten Plätze kann man nicht reservieren, was – außer in der Hochsaison – unproblematisch ist, da im Falle einer Vollbelegung der nächste Platz nicht weit entfernt ist. Deshalb kann man zwar je nach Anreise-Uhrzeit nicht immer zuverlässig auf seinem Traumplatz unterkommen, findet aber meist einen ebenso wundervollen Platz. Die Empfehlungen in diesem Reiseführer beziehen sich auf Campingplätze, die für Wohnmobile geeignet sind. Gespanne und Zelte sind nicht explizit berücksichtigt. Bei hoher Platzdichte wurde eine Selektion vorgenommen. Schlecht gewartete oder nicht schön gelegene Plätze wurden nicht berücksichtigt.

Auf Korsika ist Wildcampen verboten (aber aufgrund der Fülle an Plätzen auch nicht wirklich erforderlich). Stellplätze im herkömmlichen Sinn gibt es auf Korsika nur ganz wenige. Die meisten davon haben eher Parkplatzcharakter und sind ohne Infrastruktur – zudem kann man in der Hochsaison wegen der zahlreichen parkenden Tagesgäste kaum ein Plätzchen ergattern. Es gibt jedoch ein paar wenige herausragend schöne Stellplätze, die uneingeschränkt zu empfehlen sind. Diese sind jeweils im Informationsteil am Ende der Route bei den Campingplätzen mit aufgelistet.

DIPLOMATISCHE VERTRETUNGEN

Deutsches Generalkonsulat in Marseille
10, Place de la Joliette, Les Docks, Hôtel de Direction, 1er Étage, 13002 Marseille,
Tel. +33 4 91167520

Österreichisches Honorarkonsulat in Marseille
67, Rue de Rome, 13001 Marseille,
Tel. +33 6 72427830

Schweizerisches Generalkonsulat in Marseille
7, Rue d'Arcole, 13006 Marseille,
Tel. +33 4 96101410

Campen auf Korsika ist schlichtweg ein Traum.

EINKAUFEN UND ÖFFNUNGSZEITEN

Korsika ist eine Insel und infolgedessen ist alles etwas teurer als auf dem Festland. Prinzipiell gibt es alles, was man auch bei uns kaufen kann. Manches sollte man von zu Hause mitnehmen, da es auf Korsika sehr teuer oder schwierig zu bekommen ist – zum Beispiel Sonnencreme, die man schon an Deck der Fähre braucht, ein gutes Anti-Mückenspray oder Speicherkarten für die Kamera und Batterien.

Offizielle beziehungsweise einheitliche Ladenöffnungszeiten gibt es nicht. In der Hauptsaison haben viele Läden und die großen Supermärkte ganztags geöffnet, auch am Sonntag (kleinere Supermärkte nur am Vormittag). Unter der Woche haben die großen Supermärkte durchgehend von etwa 8 bis 20 Uhr geöffnet, die kleineren haben mitunter eine Mittagspause von ca. 12 bis 14.30 Uhr (ganz kleine Läden im Landesinneren öffnen erst ab 15/16 Uhr wieder). Häufig sind die Geschäfte montagvormittags geschlossen. In den Touristenorten der Ostküste setzt sich immer mehr das »Shopping de Nuit« durch – dann sind im Juli und August die Läden freitagabends bis Mitternacht geöffnet.

EINREISE

Für EU-Bürger ist ein gültiger Personalausweis oder Reisepass ausreichend (entspricht der Schweizer Identitätskarte).

HAUSTIERE

Für die Einreise mit Haustieren gilt die EU-Heimtierverordnung, der zufolge die Halter einen EU-Heimtierausweis mitführen müssen. Die Tiere müssen mittels eines implan-

Außer in den großen Städten sind die Supermärkte klein und überschaubar, aber mit gutem Sortiment.

Korsika ist ein ausgesprochen hundefreundliches Urlaubsziel.

tierten Mikrochips identifizierbar und gegen Tollwut geimpft sein. Die Impfung muss bei Einreise mindestens 21 Tage zurückliegen und darf nicht älter als zwölf Monate sein. Pro Tierhalter dürfen nur fünf Tiere einreisen. Hunde müssen mindestens 15 Wochen alt sein. Sogenannte Listenhunde sind prinzipiell zur Einfuhr verboten. Hierüber sollte man sich im Zweifelsfall dringend vorab informieren.

Gut ausgerüstet wird jede Wanderung zum Erfolg.

Haustiere auf den Fähren sind bei den beiden großen Anbietern Corsica Sardinia Ferries und Moby kein Problem. Es gibt auf den Schiffen sogar extra Hundekabinen und einen Sanitärbereich für die Notdurft; die Tiere dürfen sich allerdings – natürlich angeleint – an Bord überall aufhalten, außer im Restaurant-Bereich. Das Haustier braucht für die Fährüberfahrt ein eigenes Ticket. Sowohl für die Fähre als auch für den Aufenthalt auf der Insel sollte man sicherheitshalber einen Maulkorb im Gepäck haben.

Auf vielen korsischen Campingplätzen sind Hunde erlaubt, an den kleineren Stränden, die nicht überwacht sind, stören sie niemanden und auch sonst ist Korsika ein sehr hundefreundliches Reiseziel.

KLIMA

Alle vier Jahreszeiten sind auf Korsika vertreten. Die Sommer sind heiß und regenarm, die Winter mild, in den Bergen schneereich. Insgesamt ist es auf der Mittelmeerinsel wärmer als in Deutschland. Eine schöne Urlaubszeit ist der Herbst, da die Temperaturen noch angenehm sind, aber die Besucherzahlen nicht mehr so hoch.

KORSISCHE PRODUKTE

Eines der bekanntesten Produkte der Insel ist das mit Kastanienmehl gebraute Bier Pietra. Dieselbe Brauerei vertreibt das Produkt Corsica Cola (das es allerdings seit einiger Zeit nur noch vereinzelt zu kaufen gibt). Typisch korsisch ist natürlich der Wein. Es gibt acht Weinanbaugebiete, die hervorragende Weine hervorbringen, das bekannteste ist Patrimonio südwestlich vom Cap Corse. Von der Ostküste stammt der Wein Réserve du Président, den man in gut sortierten Lebensmittelläden auch bei uns kaufen kann. Es gibt ihn in Rot, Weiß und Rosé. Am Cap Corse wird der Likörwein Mattei Cap Corse produziert und in der Tiefebene von Aléria wird der Whiskey Mavela gebrannt.

Feigenmarmelade, Kastaniencreme, Myrtengelee und Kastanienhonig sind als korsische Produkte sowohl in kleinen Delikatess-

Korsische Spezialitäten und lokale Produkte eignen sich gut als Mitbringsel.

läden als auch in großen Supermärkten erhältlich und erkennbar entweder an dem aufgedruckten Maurenkopf oder an den Umrissen der Insel. In Käseläden und Metzgereien sowie auf den zahlreichen Märkten gibt es Schafs- und Ziegenmilchkäse und kräftige Wildschweinsalami.

NOTRUF

Folgende Notrufnummern wählt man auf Korsika:

Generelle Notfälle
(meist englischsprachig): 112
Krankenwagen: 15
Polizei: 17
Feuerwehr: 18
Seenotrettung: 196 oder 1616 (vom Handy aus)

OFFIZIELLE FEIERTAGE

In Frankreich und auf Korsika gelten folgende Tage als offizielle Feiertage:
1. Mai: Tag der Arbeit
8. Mai: Ende des Zweiten Weltkriegs
39 Tage nach Ostersonntag: Christi Himmelfahrt
49 Tage nach Ostersonntag: Pfingstmontag
14. Juli: Nationalfeiertag
15. August: Mariä Himmelfahrt und Napoleons Geburtstag
1. November: Allerheiligen
11. November: Ende des Ersten Weltkriegs
25. Dezember: Weihnachten

WANDERN

Die gebirgigste Insel des Mittelmeers ist ein Wanderparadies ohnegleichen. Es gibt Küstenwanderungen, Wege durch Täler und über Macchia-Hänge, Bergtouren und alpine Gewalttouren auf einen der vielen Zweitausender. Die meisten Wege sind mit Farbe und/oder Steinmännchen markiert, manchmal weisen Holzschilder den Weg. Die entsprechende Wanderkarte sollte man vor allem bei längeren Touren im Rucksack haben – die Karten sind auf Korsika günstiger, detaillierter und einfacher erhältlich als zu Hause. Eine digitale Version ist eine gute Alternative. Immer dabeihaben sollte man gute Kleidung (siehe »Ausrüstung«) und ausreichend Wasser (zwei Liter pro Person). Außerdem ein aufgeladenes Handy, idealerweise ausgestattet mit digitalem Kartenmaterial, das auch offline funktioniert. Sonnenschutz darf ebenfalls nicht fehlen.

REGISTER

Der markante Maurenkopf begegnet uns überall und in jeder erdenklichen Art auf Korsika.

P.S.: DA FÄLLT MIR NOCH WAS EIN!

Im Band *Asterix auf Korsika* bringt der berühmte Gallier zusammen mit Obelix den verbannten Korsen Osolemirnix zurück in seine Heimat. Das Vorwort der Autoren lautet: »Für den größten Teil der Menschheit ist Korsika die Heimat des Kaisers Napoleon, der ebenso wenig aus der Geschichte wegzudenken ist wie unser alter Freund Julius Cäsar. Aber Korsika ist auch das Land, wo es Blutrache gibt, die Siesta, politische Intrigen, aromatischen Käse, wilde Schweine, Esskastanien und alterslose Greise, die einfach nur zuschauen (…) wie die Zeit vergeht. Korsika ist aber noch mehr. Es gehört zu den bevorzugten Fleckchen Erde, die Eigenart, ja sogar Persönlichkeit besitzen, denen weder die Zeit noch die Menschen etwas anhaben können. Korsika ist eine der bezauberndsten Gegenden der Welt und trägt zu Recht den Namen ›Insel der Schönheit‹.

Doch wozu diese Einleitung, wird man sich fragen. Weil die Korsen, denen man nachsagt, sie seien Individualisten von überschäumendem Temperament, doch gleichzeitig beherrscht und gelassen in ihrem Gehabe, gastfreundlich, ihren Freunden treu, heimatverbunden, redegewandt und mutig, noch eine andere Eigenschaft haben: Sie sind leicht beleidigt.«

Deutlicher geht es nicht: Der korsische Menschenschlag ist ein besonderer. Und extrem rebellisch. Seit Jahrhunderten kämpfen die Korsen um ihre Unabhängigkeit. So hatten wir mitten in der entlegenen Castagniccia, dem Zentrum aller korsischen Widerstandsbewegungen, eine Unterhaltung mit einem älteren Herrn. Mit großer Leidenschaft erklärte er uns, dass wir uns keinesfalls in Frankreich, sondern auf Korsika befänden – ein riesiger Unterschied! Korsika sei eine französische Kolonie, die – und hier legte er die Handflächen flehend aneinander – hoffentlich bald endlich den ihr schon längst zustehenden Status der Eigenständigkeit erlangen werde.

So temperamentvoll wie ihre Bewohner, so lebendig, außergewöhnlich und ambivalent ist die Insel, auf der ich Ihnen einen fantastischen Aufenthalt wünsche!

Herzlichst, Ihre

In gleicher Reihe erschienen ...

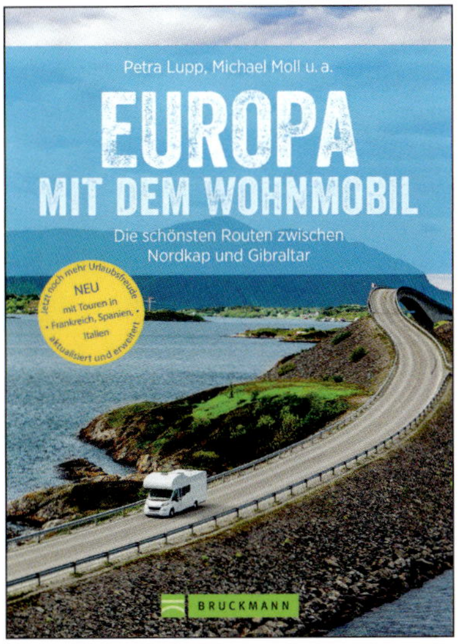

ISBN 978-3-7343-1323-3

ISBN 978-3-7343-2068-2

ISBN 978-3-7343-0974-8

ISBN 978-3-7343-1834-4

BRUCKMANN

www.bruckmann.de

Kaum an einem anderen Fleckchen Erde trifft der Spruch »Der Weg ist das Ziel« mehr zu als auf dieser wunderschönen Mittelmeer-Insel.

» STRASSENATLAS

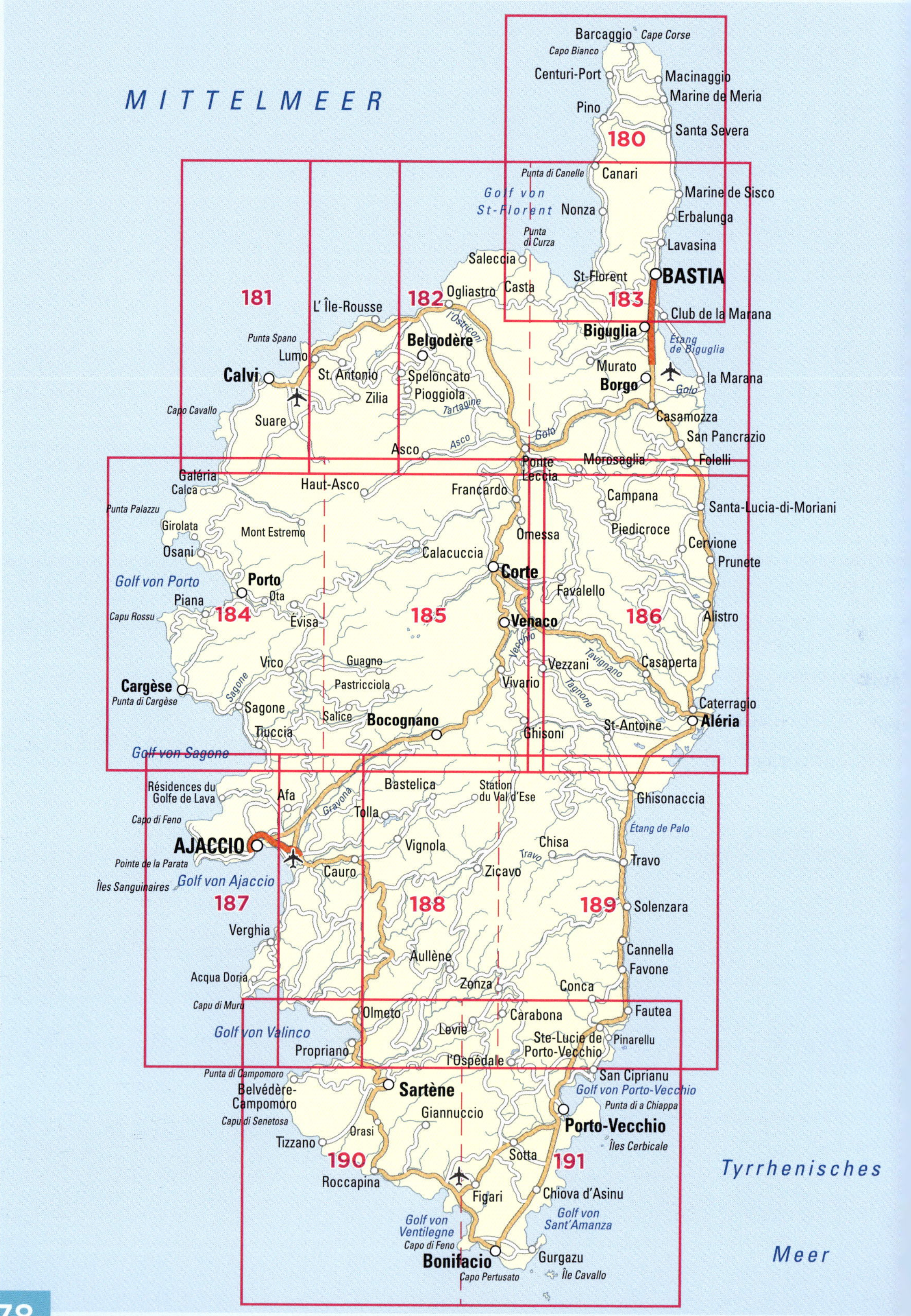
MITTELMEER
Tyrrhenisches Meer
Barcaggio
Cape Corse
Capo Bianco
Centuri-Port
Macinaggio
Marine de Meria
Pino
Santa Severa
180
Punta di Canelle
Canari
Marine de Sisco
Golf von St-Florent
Nonza
Erbalunga
Punta di Curza
Lavasina
Saleccia
St-Florent
BASTIA
181
182
Ogliastro
Casta
183
L' Île-Rousse
l'Ostriconi
Club de la Marana
Biguglia
Étang de Biguglia
Belgodère
Punta Spano
Lumio
Murato
Calvi
St. Antonio
Speloncato
Borgo
la Marana
Zilia
Pioggiola
Golo
Tartagine
Capo Cavallo
Suare
Casamozza
Asco
San Pancrazio
Golo
Ponte Leccia
Morosaglia
Folelli
Galéria
Calca
Haut-Asco
Francardo
Campana
Punta Palazzu
Santa-Lucia-di-Moriani
Girolata
Mont Estremo
Omessa
Piedicroce
Osani
Calacuccia
Cervione
Prunete
Golf von Porto
Porto
Corte
Ota
Favalello
Piana
Capu Rossu
184
Évisa
185
186
Alistro
Venaco
Vico
Guagno
Vezzani
Casaperta
Cargèse
Punta di Cargèse
Pastricciola
Vivario
Tavignano
Sagone
Sagone
Tagnone
Caterragio
Salice
Bocognano
Aléria
Tiuccia
Ghisoni
St-Antoine
Golf von Sagone
Résidences du Golfe de Lava
Afa
Bastelica
Station du Val d'Ese
Ghisonaccia
Gravona
Tolla
Capo di Feno
Étang de Palo
AJACCIO
Vignola
Chisa
Pointe de la Parata
Travo
Travo
Cauro
Zicavo
Îles Sanguinaires
Golf von Ajaccio
187
188
189
Solenzara
Verghia
Cannella
Aullène
Favone
Acqua Doria
Zonza
Conca
Capu di Muro
Olmeto
Carabona
Fautea
Golf von Valinco
Levie
Ste-Lucie de Porto-Vecchio
Pinarellu
Propriano
l'Ospédale
Punta di Campomoro
San Ciprianu
Belvédère-Campomoro
Sartène
Golf von Porto-Vecchio
Punta di a Chiappa
Giannuccio
Capu di Senetosa
Porto-Vecchio
Orasi
Îles Cerbicale
Tizzano
190
Sotta
191
Roccapina
Figari
Chiova d'Asinu
Golf von Ventilegne
Golf von Sant'Amanza
Capo di Feno
Bonifacio
Gurgazu
Capo Pertusato
Île Cavallo

LEGENDE

1	Route 1 - GENUESISCHE WACHTÜRME AUF DEM MARKANTEN ZEIGEFINGER
2	Route 2 - VON DER WÜSTE DURCHS GRÜNE TAL ZUM OBSTGARTEN KORSIKAS
3	Route 3 - BIZZARE FELSENANDSCHAFTEN UND GESCHICHTSTRÄCHTIGE GASSEN
4	Route 4 - DER SÜDEN - DAS TYPISCHE KORSIKA MIT MEDITERRNEM FLAIR
5	Route 5 - KARIBISCHE TRAUMSTRÄNDE UND WEITE BUCHTEN IM SÜDOSTEN
6	Route 6 - DIE SANFTE OSTKÜSTE MIT DER CASTAGNICCIA IM HINTERLAND

T 205	Schnellstraße	C 10	Campingplätze
T 10	Fernstraße	S 10	Stellplätze
D 14	Hauptstraße		Sehenswürdigkeit - Kultur
	Nebenstraße		Sehenswürdigkeit - Natur
	Sonstige Straße		Kirche
	Fahrweg		Kloster
	Eisenbahn		Klosterruine
	Flüsse		Schloss
	See		Schlossruine
	Bebauung		Museum
	Natur-, Nationalpark		Höhle
	Staatsgrenze mit Grenzübergang		Windmühle
			Leuchtturm
			Aussichtspunkt
			Flughafen

HUBER KARTOGRAPHIE

N

0 5 km

1 : 190.000

A
B
C
D
1
2
3
4
5
6
Cap Corse
Île de la Giraglia
S 105
Tour de Tollare
Tour d'Agnello
Baie de Capandola
Capo Grosso
Cima di a Campana
245
Monte Maggiore
359
Capo Bianco
Tour Sta. Maria
Santa Maria
Îles Finocchiarola
Moulin Mattei
Site Naturel de la Capandula
Baie de Tamarone
Cannelle
Col St-Nicolas
303
Centuri-Port
Île de Centuri
D 80
C 104
Macinaggio
C 106
Centuri
Bettolacce
Rogliano
Monte di a Funa
444
Meria
Tour de Meria
Marina di Meria
Monte Fornello
576
Monte Castello
485
Meria
Golfe d'Aliso
St-François
Tour de Sénèque
Lissandru
C 103
Pino
Luri
D 80
D 180
Punta di Stintinu
Monte Grofiglieta
837
C 102
Anc. Couv. d'Oveglia
Col de la Serra
131
Monte Alticcione
1139
Bocca di San Rocco
377
Tour de l'Osse
Monte di a Croce
1161
C 101
Monte Cucaru
935
Cap
Marine de Pietracorbara
Punta di Canelle
Canari
Cima di e Follicie
1324
Pietracorbara
Tour de Castellare
C 100
Santa Catalina
D 80
San Martinu
Corse
Sisco
Marina di Sisco
S 107
Monte Merizatodiu
778
D 80
Monte Stello
1307
Tour de Sacro
Nonza
Pierrago
Notre-Dame-des-Neiges (Santa Maria di e Nevi)
Couvent
Monte Capra
1266
Erbalunga
Brando
Lavasina
Monte Pruno
1238
Sta Maria di Lota
D 80
D 31
Miomo
Plage de Saleccia
Punta di Curza
Golfe de St-Florent
C 108
SAN-MARTINO-DI-LOTA
D 80
Plage de Loto
Cima di Gratera
1033
C 109
Farinole
D 31
Etang du Loto
Tour de Mortella
D 81
Ville di Pietrabugno
Sainte-Lucie
Punta Vecchiaia
Fiume Albino
Tour de Toga
Patrimonio
Église St-Martin
C 110
Serra di Pigno
960
Anse de Fornali
C 114
BASTIA
SAINT-FLORENT
D 81
D 264
C 111
C 620
Furiani

183

E
F
G
H
1
2
3
4
5
6
MITTELMEER
182
184
Isula del Brocciu
L'ÎLE ROUSSE
Punta di Vallitone
C 208
C 210+211
Bocca di Carbonaja
115
Corbara
Monticello
Couvent de Corbara
Barrage de Codole
Golf de Spano
Algajola
T 30
C 209
Punta Spano
Île de Spano
Port de Sant' Ambrogio
Pigna
Baie Agajo
Monte d'Ortu
238
D 151
Sant' Antonino
Église de la Trinità
Golfe de Calvi
Golfe de la Revellata
Lumio
D 71
Aregno
CALVI
Citadelle
C 212
Cateri
Punta Bianca
Grotte des Veaux Marins
San Pietro
D 151
Bocca di Salvi
509
Avapessa
C 216+217
C 214
2
D 71
Regino
Notre Dame de la Serra
Église San Raineru
Fiume Seccu
D 71
Muro
C 218
C 215
C 213
Balagna
D 151
Feliceto
Monte Tolu
1332
D 81b
D 151
Capu di a Veta
703
Baie de Nichiareto
Église de l'Annonciation
D 151
Bartasca
Ancien Couvent d'Alzi Pratu
S.Parteo
1680
Cap Cavallo
3
283
Bocca Serria
146
Bocca di Melaghia
Santa Restituta
Capu Rutalbu
680
Capu Pianu
848
D 81
CALENZANA
Monte Grosso
1958
Melaja
C 219
Capu a e Vacche
627
Cima Gallichiccia
1755
Torre Truccia
Suare
GR 20
Torre Mozza
Capu Porcarellu
637
2010
Punta Radiche
Capu di a Mursetta
Bocca di Marsolinu
443
Capu Ghineparu
891
Capu Joru
1637
Figarella
Baie de Crovani
Étang de Crovani
Capo di l'Argentella
801
Ref. de l'Ortu di u Piubbu
Monte Corona
2143
D 81b
Monte Martino
425
Chaos de Bocca Rezza
363
Capu Lauroni
2145
Bocca Bassa

A B C D
1 2 3 4 5 6
MITTELMEER
Punta di Mignola
Plage de Saleccia
Alga
Monte S. Colombano 239
Baie de l'Acciolu
Cima d'Ortella 413
Punta di l'Acciolu
Désert des Agriates
Monte G 421
Anse de Pinzuta
Cima d'Ifana 479
Bocca di Vezzu 311
Piobetta
Plage de Perajola
C 201
D 81
320 Punta d'Arco
Isula del Brocciu
L'ÎLE ROUSSE
C 207
C 208
T 30
D 513
Lozari
Parc de la Saleccia
RT 301
Ostriconi
Bocca d'Alzia 99
842 Mont Filetto
Vallitone
Bocca di Carbonaja 115
Capu Mirabo 257
Regino
396 Punta di Parasu
Lozari
141
Monte Ambrica 1063
Corbara
Monticello
Bocca di Campi Tostari
Couvent de Corbara
Col de Casella
Capu Niello 436
C 209
Pigna
Barrage de Codole
405
T 30
Sant' Ambrogio
D 151
Sant' Antonino
Belgodère
Col de S. Colombano 692 820
Novella
D 71
Aregno
Église de la Trinità
Cima di l'Alturaja
Lama
C 212
Cateri
D 151
509
San Colombano
844
605
RT 301
Église San Raineru
Avapessa
D 71
Regino
Speloncato
Bocca Capanna
C. di Tornabue 1285
Cima di Muterenu
D 71
Muro
Feliceto
D 151
Église de l'Annonciation
D 151
Monte Tollu 1332
928 Bocca a Croce
Cima di u Cugnolu 1113
Cima di Luda 904
Navaccia
Ancien Couvent d'Alzi Pratu
Santa Restituta
S.Parteo 1680
C 206
Vallica
Bartasca
CALENZANA
Monte Grosso 1958
Melaja
Tartagine
Tartagine
Cima Gallichiccia 1755
Cima di Modico 1231
Couvent de Caccia
GR 20
2010 Punta Radiche
Monte Terello 1310
C 202+203
Capu-Joyu 1637
C 204
D 47
Grotte de Petralbellu
Ref. de l'Ortu di u Piubbu
Monte Corona 2143
Monte Padru 2390
Asco-Tal
Cima di la Statoghia 2304
Asco
Gorges de l'Asco
Ponte Leccia
Capu Ladroncellu 2145
Punta di Ciuffello

181

185

180
186
E
F
G
H
1
2
3
4
5
6
Punta di Canelle
Canari
935
Cima di e Follici
Tour de Castellare
Marine de Pietracorbara
San Martinu
Santa Catalina
Marina di Sisco
C 100
S 107
D 80
Corse
Sisco
Monte Merizatodio
778
Tour de Sacro
Monte Stello
1307
Notre-Dame-des-Neiges (Santa Maria di e Nevi)
Pierrago
Nonza
Couvent
Monte Capra
1266
Brando
Erbalunga
Lavasina
Monte Pruno
1238
Sta Maria di Lota
D 31
Miomo
Golfe de St-Florent
C 108
SAN-MARTINO-DI-LOTA
Cima di Gratera
1033
Farinole
C 109
Tour de Mortella
Punta Vecchiaia
D 81
Fiume Albino
Ville di Pietrabugne
Sainte-Lucie
Tour de Toga
C 110
Patrimonio
Église St-Martin
Serra di Pigno
960
Anse de Fornali
Buggiu
C 114
SAINT-FLORENT
BASTIA
T 111
C 111
C 113
D 264
C 620
Col de Teghime
536
Fiuminale
D 38
Poggio
Furiani
C 112
D 82
Monte a Mazzola
229
Monte â Torre
852
Réserve
D 62
Ruaghiola
Aliso
Cima di u Zuccarello
955
Naturelle
C 619
340
Monte di Tuda
Oletta
Biguglia
-Pietro-Tenda
Église San Pietro
Col de San Stefano
368
D 5
D 162
de l'Etang
Bevinco
Monte Torricelle
835
de Biguglia
San Michele
Murato
Monte Pietesco
702
Menhir
Monte
1077
Cima di Taffooni
1117
Borgo
T 205
D 507
D107
Bastia Golf Club
Aéroport de Bastia-Poretta
San Parteo
C 618
Bocca di Campu
451
Lucciana
Cima di Tanoria
1224
Monte Maggiore
1102
Campitello
Golo
La Canonica
T 20
1245
RT 10
C 616+617
VESCOVATO
607
Monte Castellare
1011
Campile
Bocca di Pirellu
Venzolasca
Ponte Nuovo
San Giovanni
Monte Sant'Angelo
1218
Loreto-di-Casinca
Penta-di-Casinca
Santa Maria
D 515
591
Bocca a Serna
Giocatojo
C 615
D 506
Folelli

A
B
C
D
1
2
3
4
5
6
181
187
S 303
C 300
C 301
C 302
C 304
C 305
C 306
C 307
C 308
3
D 81
D 351
D 84
D 70
Tour Maraghiu
Marsolinu
Vegnu
1389
Forêt D
Capu Furmicu
1710
Galéria
l'Ambiu
Anse d'Elpa Nera
Baie de Focolara
Capu Tondu
839
Fangu
Punta di Chiumi
672
Punta â Scala
1410
Capu Ovaggia
595
Filosorma
Punta Palazzu
Baie d'Elbo
Isola di Gargali
Île le de Gargalo
Baie de Solana
Réserve Naturelle de Scandola
Punta di Literniccia
855
408
Col de la Palmarella
Capu Rossu
968
Capu Buge
1306
Punta Salisei
932
Capu Manganellu
1028
Col de la Croix
Golfe de Girolata
Capu di Eltru
1495
Capu di a Media
1619
Santa Maria Couvent
Punta Muchillina
Capu di Curzu
852
Monte Seninu
619
Capu Seninu
Capu Tosu
1494
a Tossella
1412
Capu a u Quercetu
1238
Onca
262
Capu Paolu
Golfe de Miserinu
Capu Acitoriu
1147
Capu a u Frassellu
1517
Golfe de Porto
Porto
Cascade d'Aïtone
Ota
Evisa
Punta di Ficajola
Les Calanches
Capo d'Orto
1294
Gorges de Spelunca
Punta di a Guardiola
Col d'Osini
404
Capo Rosso
Tour de Turghiu
Piana
Col de Lava
491
Capu di u Vitullu
1331
Capu a la Pulmonaccia
1175
Marignana
Capu Macendole
1227
Capu S.Angelu
1272
Monte Ravu
727
Pozzi
Golfe de Topiti
Lomberlaccio
Capu di Calazzu
1131
Balogna
Tour d'Orchinu
Punta d'Orchinu
Golfe de Chiuni
Bocca di a Torraccia
101
Capu di Bagliu
701
Capu â Cuma
748
Sagone
Vico
904
Punta di a Cuma
Tour d'Omigna
Golfe de Peru
CARGÈSE
Église grecque
Marina di Cargèse
Grotte de Molendinu
Bubia
Cathédrale Sant'Appiano
Figure d'Appriciani
Tour de Sagone
Capu a la Vetta
546
Capu di e Saltelle
920
Sagone
Monte al Frate
575
Punta di Trio
Anse de Sagone
Liamone
Punta di a Vio
869
Golfe de Sagone
Tiuccia
Tour de Capigliolo
Punta Capigliolo
Golfe de la Liscia
Sari-d'Orcino
Punta di Palmentoju

182
188
186
Parc Naturel Régional Corse
Forêt de Carozzica
C 205
D 147
Haut-Asco
Capu Stranciacone 2151
Punta Gialla 2101
Punta Cavallare
Cima a i Mori 2180
Castiglione
Croce d'Arbitro 825
Punta Jumentella 1992
Punta a Corniaccia 1531
Capu a u Perdatu 2586
Capu Terri Corscia 2109
Capu Tubani 1433
Capu d'Alici
Monte Cinto 2706
Punta Minuta 2556
Lac Cinto
Ref. Tighjiettu
Ref. de l'Erco
Berg. de Petra Pinzuta
C 311+312
Scala di Santa Regina
Castirla
Omessa
D 84
D 18
T 20
Grotte des Anges
Le Niolo
Albertacce
Calacuccia
Lac de Calacuccia
C 310
Casamaccioli
Punta Scupiccia 1510
Punta Licciola 2237
Cascade de Radule
Monte Acutu 1641
Pianu di Roma 1568
Col d'Ominanda 654
Pinerole 1951
Monte Cecu 754
Collo di San Quilico 559
Monte Tomboni 1062
Santa-Lucia-di-Mercurio
Punta Finosa 1855
CORTE
Citadelle
Belvédère
C 314
C 315
C 316
C 317
C 318
Bocca a l'Arinella 1592
Gorges du Tavignano
Gorges de la Restonica
Forêt Dom. de Valdo-Niolo
Capu di Valandru 1537
Capu di a Candela 1802
Capu di u Facciatu 2117
Ref. de la Sega
D 623
Forcelle 1764
Monte Corbaja 1871
D 39
T 50
Punta Artica 2327
Monte Tozzu 2007
Punta di Castelli 2180
GR 20
Lac de Nino
Cimatella 2099
Capu a u Chiostru 2295
Bergerie de Grotelle
Lac d'Oriente
Monte Cardu 2433
Venaco
Col de Bellagranaje 723
D 43
C 400
Refuge de Manganu
Capu a la Moneta 1750
Lac de Melo
Lac de Capitello
Lac de Bellebone
Monte Rotondo 2622
Punta Felicina 2437
Ref. de Petra Piana
Occhiu Variu 866
Soccia
Orto
Punta di Grafalellu 1476
Fort de Pasciolo
Punta di Pinzi Corbini 2021
Vivario
Santa Maria
D 343
Forêt Domaniale de Libio
Forêt Comm. de Guagno
Punta a i Muzzolini
C 401
Monte Tretorre 1502
Capu Grossu 1306
Bocca d'Oreccia 1427
Ref. de l'Onda
Monte d'Oro 2389
Col de Sorba 1311
Punta Muru 1565
Runta d'Omellina 1565
D 69
Fôret de Pastricciola
Punta Migliarellu 2254
Punta a la Gialgarella 1465
Punta Laccione 1982
Cascades des Anglais
Cascade de l'Ancone
Col de Vizzavona
Monte Calvi 1461
Punta Grossa 1048
Muratellu 972
Punta di a Malandria 986
Punta Cardetu 669
Punta di l'Oriente 2112
C 606
Bocognano
Punta Capitellu 1679
Ref. de Capannelle
Bocca di Tartavellu 885
Punta Falconaja 979
Menhir
Cascade du Voile de la Mariée
Punta Stronditata 2121
Lac de Bastiani
Monte Renoso 2352
Punta Sant' Eliseo 1271
San Giovanni Égl.
Punta d'Aia di Fiori 951
Monte Niellu
Punta Capanelli
E F G H
1 2 3 4 5 6

183
185
186
189
A
B
C
D
1
2
3
4
5
6
Riscamone
D 39
Ferletta
Morosaglia
D 71
Stoppia Nova
Col de Prato
985
La Porta
Quercitello
D 515
Croce
Monte San Petrone
1767
D 506
Piazzole
Couvent d'Orezza
Campana
Piedicroce
Rapaggio
Pruno
Santa Maria
Croce Niolo
1000
Talasani
T 10
Petra Giusta
1183
San-Giovanni-di-Moriani
Petrignani
D 34
Moriani-Plage
C 614
C 613
C 612
Monte Olmelli
1285
San-Nicolao
D 330
RT 10
Carcheto
Monte Muvraje
1697
D 39
D 71
Castellu d'Osari
1109
Santa Cristina
Castagniccia
la Madonna
Punta di a Nevera
815
CERVIONE
C 611
D 71
Prunete
Sermano
Santa Maria
Alando
Monte di Castellu
1408
Couvent d'Alesani
Rocher de Muteri
1267
San Vincent
Favalello
Col di Comiti
985
Sant' Andrea di Bozio
Col de San Cervone
899
Punta di Mangaio
1036
Col de San Gavinu
697
Moita
Alesani
D 14
Erbajolo
Zuani
1093
Monte St Appiano
1012
Alistro
Punta Cerviu
1189
D 16
Quarciu
526
Sta-Brigida
Tour d'Alistro
D 314
D 14
Corsigliese
Santa Maria Chap
Pietraserena
C 610
C 609
San Giovanni
Punta di Ruja
509
Genoese Bridge
Tavignano
Bravone
D 14
Tour de Bravone
Sbiri
RT 10
Punta di a Ringhella
834
724
Punta S. Giovanni
536
Punta di e Corte
412
D 243
Punta Corsu
Punta Suarella
243
D 16
Antisanti
T 50
Arena
C 608
Etang de Terrenzana
Punta di a Cavina
1279
Tagnone
Rio Magno
Punta di Capizzolu
728
Casevecchie
Tour de Diane
D 343
Etang de Diane
Punta di Locuniello
1240
Bocca di Cardu
460
Punta di Finocchiaia
Barrage de Bacciana
Tavignano
Défilé de Stretto
Punta Scalalojo
846
371
D 343
Fort Matra
ALÉRIA
C 607
Archeological Museum
Reservoir de Teppe Rosse
Tagnone
Etang de Sale
D 344
Défilé de l'Inzecca
443
D 343a
D 343
Punta Razzete
Punta d'Uccello
1055
Lugo-di-Nazza
597
Reservoir d'Alzitone
RT 10
Monte di Core
Poggio di Nazza
Saltaruccio
Monte d'Oru
D 344
Etang d'Urbino

184
188
190
E
F
G
H
1
2
3
4
5
6
Punta di Palmentoju
Monte Sant Angelu
348
464
684
Punta San Sistro
876
Punta Mulendinu
C 406
D 81
Col de Listincone
232
Rocher des Gozzi
716
Bocca di Carbinica
Lava
Tour Pelusella
Punta Ficaggiola
444
289
Golfu di Lava
Loriaggiu
Muro Cino Rocher
574
612
Bocca di Sarzoggiu
Tavaco
Carazzi
Gravona
4
Punta di Pietra Rossa
283
Capo di Feno
Tour de Feno
Punto di Pozzo di Burgo
779
203
Col de Pruno
Chat.de la Punta
D 81
la
Gravona
T 22
T 20
888
Monte Aragnascu
Anse de Minaccia
Canal
de
AJACCIO
Bastelicaccia
C 403
C 407
Citadelle
4
T 21
D 3
Prunelli
Aéroport d'Ajaccio Campo dell'Oro
C 404
T 40
D 111
Chapelle des Grecs
Tour de Capitello
C 405
Mutuléju
678
Punta Grimaldella
Morgone
Punta della Parata
Tour de la Parata
Passe des Sanguinaires
Îles Sanguinaires
Isola di Porri
Isola di Cale d'Alga
Tour de Castellucciu
Mezzo Mare (Grande Sanguinaire)
Porticcio
D 555
D 302
Bocca di Ribaldella
465
D 55
Agosta
Col de Belle Valle
552
Tour de l'Isolella
Bocca d'A
di Bastian
638
Pietrosella
Golfe d'Ajaccio
730
Punta di Rossagio
Bocca d'Arghellaju
Isola Piana
D 55
Anse de Portigliolo
Punta di a Castagna
Tour de la Castagna
Punta di u Monte
661
554
Bocca di Chenova
629
D 302
Punta dell'Orcu
328
529
Bocca di Gradello
Punta di u Caraponu
624
Côti-Chiavari
D 355
D 55
D 757
Tour de Capo di Muro
Punta di Tavis
227
D 155
le Taravo
Filitosa
Punta di u Furconu
221
D 757
D 57
Capo di Muro
Cala d'Orzu
Punta Tonda
280
Baie de Cupabia
Menhir u Paladinu
D 57
Site Préhistorique i Callanci-Saparata Alta
Tour de Capo Nero
Capo Nero
Tour de Capannelle
Serra-di-Ferro
D 155
D 157
C 410
Monte Barbato
515
871
C 409
C 408
D 157
C 411
C 412
Punta di Porto Pollo
Tour de la Calanca
PROPRIANO
Golfe de Valinco

185
187
190
A
B
C
D
1
2
3
4
5
6
C 402
C 404
C 405
C 408
C 410
C 411
C 412
C 413
C 414
Bocca di Sarzoggiu
612
1114
Tavaco
Punta Grotelli
Punta d'Isa
Monte Niellu
2157
Punta di Fenu
1621
Monte Aculone
1507
Punta Catione
1265
Gravona
Peri
Renoso
1239
Punta d'Antraca
1300
Monte Rossu
969
Bastelica
Punta Petra Maia
1674
Punta di a Cuperchiata
1939
D 27
D 3
Col de Mercuju
715
1209
Punta Santa Petru
Lac de Tolla
Punta di Forcheli
1330
Punta di a Veracaccia
1515
Sialari
888
Monte Aragnascu
T 20
Punta di a Gattaia
855
Prunelli-Tal
Monte Pinzutu
538
Monticchi
Prunelli
Cascade de San Alberto
Punta di Mantelluccio
1679
Punta di l'Usciolo
1438
Tasso
Sampolo
Bastelicaccia
Punta di a Veracaccia
1243
D 757
Punta
766
T 40
Punta d'Urghiavari
1346
D 757a
Zica
668
Punta Suarera
Mutuléju
678
Punta Grimaldella
Morgone
Punta de Serra Cimaggia
1162
Fontaine d'Altaccia
D 83
865
Col de Granace
Corrano
Punta di l'Er
1368
D 69
Porticcio
D 555
D 302
Bocca di Ribaldella
465
Col de Belle Valle
552
757
Col St-Georges
905
Punta Castellare
Grosseto-Prugna
D 2
Santa-Maria-Sicché
Punta Filasca
624
Albitreccia
Punta di u Castellu
664
Forciolo
Olivese
1721
Punta di Sistaja
Bocca d'Aja di Bastiano
638
D 55
Guarguale
Zigliara
Punta di a Menta
1471
Pietrosella
423
T 40
Mon. Préhist. de Foce
D 302
730
Punta di Rossagio
Cognocoli Monticchi
Bocca di Mercanti
Col de la Vaccia
1193
1295
Punta d'Abra
434
le Taravo
Punta di la Mascaraccia
Bocca d'Arghellaju
Punta di u Monte
661
554
Bocca di Chenova
629
Punta di u Cavalelli
1419
Punta d'Ariola
1442
Chiuvone
Punta dell'Orcu
328
529
Bocca di Gradello
Site Protohistorique Castellucciu
D 757
D 420
Petreto-Bicchisano
Punta di a Tacculaja
1332
D 355
D 757
Punta Contra Maggiore
582
T 40
Col de St-Eustache
995
Aullène
Punta di Cuciurpula
1164
Quenza
Monte S.Petru
1400
Filitosa
Casalabriva
D 420
Maison
Punta di u Furconu
221
D 57
583
Col de Celacciа
Punta di Carbone
1003
Zerubia
D 69
Menhir u Paladinu
D 757
Site Préhistorique i Callanci-Saparata Alta
Punta Finocchiaia
1008
Cargiaca
D 57
Serra-di-Ferro
D 155
D 157
Punta di Buturetto
871
Monte Barbato
515
Monte Pelosu
976
Punta Tighiarella
760
Olmeto
Loreto-di-Tallano
Rizzanese
U Castello
1033
Site Arch. de Capula
D 268
D 157
Santa-Maria
St-Jean Baptiste
Levie
Tour de Colomba
Fozzano
Sainte-Lucie-de-Tallano
Olmiccia
Tour de la Calanca
Baraci
Couvent St-François
D 59
PROPRIANO
D 19
D 268
Monte Piano Maggiore
683
Fiumicicoli
D 69
Casteddu d'l'Accia
T 40
Pont de Spin
u Frate e a Sora
Codi

186
191
E
F
G
H
1
2
3
4
5
6
GHISONACCIA
Prunelli-di-Fiumorbo
Museum Mnemosina
Chapelle San-Giovanni
Fiumorbo
Monte d'Oru 611
1683
D 344
d'Urbino
Col de la Verde
Bocca d'Oro 1926
Ref. de Prati
Punta di a Cappella 2042
GR 20
Poggio
Fium' Orbu
Tour de Vignale
C 603
C 604
C 602
C 605
l'Abatesco
Monte Cuchero 485
Catastiggio
Punta di Quarciu-Grossu 1045
Punta di Juva 1004
Monte Formicola 1981
Cascade d'Undella
Ventiseri
Etang de Palo
RT 10
Punta di Monte Sordu 1365
Chisa
Ref. d'Usciulu
Travo
Punta di u Pinellu 960
1717
Punta Lattonaccia
6
C 601
Chiola
C 600
Monte Malo 1850
Punta di Sorba 498
Monte Vitullu 1321
Punta Mozza 1124
C 520
Solenzara
C 519
Monte Incudine 2134
Ref. d'Asinao
Punta Muvrareccia 1899
Punta di Malanda 1166
C 518
5
D 268
Sari-Solenzara
Asinao
Aiguilles de Bavella
Col de l'Arone
Punta di l'Uncinutu 606
Monte Santu 599
RT 10
1085
Punta di Ferriate
Col de Bavella 1218
Ref. de Paliri
GR 20
Monte Pianu 723
Anse de Cannella
Punta Batarchione 978
16
Punta Velaco 1483
Favone
Anse de Favone
D 268
Punta di Petra Bianca 433
C 514
Punta Quercitella 1461
Punta di Lora 614
Punta d'Usciolo 770
Tarcu
Anse de Tarcu
Tarcu
Massif de Zonza-Est
Punta d'Ortu 695
Punta di Telica 368
5
Conca
Monte Calva 1381
Monte Laeto 555
D 368
Forêt Dominiale de l'Ospedale
Bocca di a Parata
Fautea
Tour de Fautea
27
Bocca d'Illarata 991
Punta Pinosa 666
Cavu
Monte Calva 1227
RT 10
D 168a
Pinarello
1058
Monte Rossu
Cascade de Piscia di Callo
Cagio-Marghese
601
Punta Valle Maggiore
Lecci
Golfe de Pinarellu
Île de Pinarellu
1213
D 468
Punta Corbu
Pointe di a Mola 852
C 512
Casteddu

187
A
B
C
D
1
2
3
4
5
6
Punta di Campomoro
Tour de Campomoro
D 121
Menhirs
C 415
Punta di Forcone
689
D 69
Belvédère-Campomoro
Bocca di
479
Punta
d'Arboli
558
Menhir de
Capu di Locu
181
Punta di
Manna Mulina
Punta di Cucari
402
Site Préhistorique
d'Alo-Bisuje
SARTÈNE
Bocca
Albitrina
291
Monte Grosso
625
T 40
Punta di
u Monte
446
Cala d'Agulia
Punta d'Eccica
Ilot d'Eccica
Cala d'Arana
Cala di Conca
Menhir de
Vaccil-Vecchiu
Region Sartenais
Giuncheto
Punta d'
134
D 48
Avena
Orasi
Tour de Senetosa
Capu di Sentosa
Punta
Capannaccia
194
Bocca
di Croce d'Arbitru
l'Uomo
di Cagna
1217
Giannuccio
467
l'Ortolo
Punta
Patania
296
Punta di Soliara
617
Alignement
de Palaggiu
Navara
4
Menhirs
de Stantari
Tizzano
198
Punta di
a Villa
225
Golfe de Tizzano
Punta di a
Petra Nera
C 416
Capo di Zivia
(Pinte Lattoniccia)
Alignement
de Fontanaccia
T 40
Punta di
Valanincu
423
Cioccia
Golfe de
Murtoli
Canella
Lion de
Roccapina
Site de
Roccapina
Golfe de
Roccapina
Roccapina
T 40
Pianottoli-
Caldarello
Capu
di Roccapina
Cala di Roccapina
Monte Milèse
165
Tour d'Olmeto
Tour de
Caldarello
Cala di Furnellu
Cala d'Arbitru
Îlot des Moines
Îles Bruzzi
Baie de Figari
Golfe de
Îles de la
Baie de S
Capo
M I T T E L M M E E R
A
B
C
D

189
PORTO-VECCHIO
BONIFACIO
C 500
C 501
C 502
C 503
C 504
C 505
C 506
C 507+508
C 509
C 510
C 511
C 513
C 418
C 419
C 420
C 421
C 422
C 423
Golfe de Porto-Vecchio
Réserve Naturelle des Îles Cerbicale
Parco Nazionale dell´ Arcipelago di la Maddalena
Archipel des Lavezzi
Golfe de Santa Giulia
Golfe de Porto Novo
Golfe de Rondinara
Golfe de Santa Manza
Tour de Sponsaglia
Tour de Santa Manza
Rondinara
Site Préhistorique de Tappa
Site Préhist. de l'Araguina
Ruines romaines de Piantarella
Golf de Sperone
Capo Pertusato
Saint-Cyprien
Île San Ciprianu
Baie de San Ciprianu
Punta di a Varra
188
Punta di a Chiappa
Piccovaggia
Île de Farina
Punta di u Cerchiu
323
Île Forana
Îles Cerbicale
Rocher de la Vacca
Île de Maestro Mana
Île Piana
Île Pietricaggiosa
Île du Toro
Punta di l'Oru
192
Punta di a Caccia
265
Col de San Pietro
121
Punta di Rafaellu
253
Bocca d'Aresia
69
Plateau d'Arapa
335
Monte Rossu
141
Etang de Balistra
Îles Gavetti
Île Porraggia
Île Ratino
Île Cavallo
Îles Perduto
Île San Bainzo
Île Lavezzi
Isola la Presa
Cala Muro
Isola Razzoli
Isola Piana
Cala di Trana
Monte Budello
88
Isola Budelli
Isola Barrettini
Punta Marginetto
Punta Falcone
Isole Marmorata
Isola Spargiotto
Isola Municca
Col de Bacinu
809
Punta di Litia
1026
Punta Senza Nome
395
Sotta
Punta d'Arcinivale
352
Oriu
Punta di Stavolincu
319
Barrage de Figari
317
Monte Corbu
243
127
90
Col de Foce de Lera
Piscia
Stabiacciu
Caniggione
Carcerone
Ventilegne
Canali
Vacca Morta
1314
D 368
D 59
D 859
D 58
RT 10
E
F
G
H
1
2
3
4
5
6
191

IMPRESSUM

Verantwortlich: Kerstin Thiele
Lektorat: Michaela Zelfel
Layout: Elke Mader
Repro: Cromika / LUDWIG:media
Kartografie: Heike Block, Huber Kartographie
Herstellung: Alexander Knoll
Printed in Europe by GPS Group

★★★★★

Sind Sie mit diesem Titel zufrieden? Dann würden wir uns über Ihre Weiterempfehlung freuen. Erzählen Sie es im Freundeskreis, berichten Sie Ihrem Buchhändler, oder bewerten Sie bei Onlinekauf. Und wenn Sie Kritik, Korrekturen oder Aktualisierungen haben, freuen wir uns über Ihre Nachricht an Bruckmann Verlag, Postfach 40 02 09, D-80702 München oder per E-Mail an lektorat@verlagshaus.de.

Unser komplettes Programm finden Sie unter www.bruckmann.de

In diesem Buch wird aus Gründen der besseren Lesbarkeit das generische Maskulinum verwendet. Weibliche und anderweitige Geschlechteridentitäten werden dabei ausdrücklich mitgemeint, soweit es für die Aussage erforderlich ist.
Bildnachweis: Alle Bilder des Umschlags und des Innenteils stammen von der Autorin, außer: Heike Lange: S. 94o., S. 94u., S. 98; Matthias Kautt: S. 45, S. 81.
Umschlagvorderseite: Am nördlichsten Zipfel Korsikas!
Umschlagrückseite: Camping A Stella, Patrimonio

Die Deutsche Nationalbibliothek verzeichnet diese Publikation in der Deutschen Nationalbibliografie; detaillierte biblio-grafische Daten sind im Internet über http://dnb.d-nb.de abrufbar.

5. aktualisierte Auflage

Infanteriestraße 11a, 80797 München
ISBN 978-3-7343-1322-6